Pierre-Claude Aïtcin & S

Écostructures en béton

Comment diminuer l'empreinte carbone des structures en béton

Version française établie par P.-C. Aïtcin

avec le concours de

Jean-Louis Granju et Gilles Escadeillas

EYROLLES

ÉDITIONS EYROLLES
61, bd Saint-Germain
75240 Paris Cedex 05
www.editions-eyrolles.com

Des mêmes auteurs :

Pierre-Claude Aïtcin, *Bétons haute performance*, Eyrolles, 2001 (épuisé)
Binders for Durable and Sustainable Concrete, Taylor & Francis, 2009
High Performance Concrete, Taylor & Francis, 2007
avec Sidney Mindess, *Sustainability of Concrete*, Taylor & Francis, 2011

Sidney Mindess, J. Francis Young et David Darwin, *Concrete*, 2ᵉ éd., Prentice Hall, 2002
avec Mark Gavin Alexander, *Aggregates in Concrete*, Taylor & Francis, 2005
avec Arnon Bentur, *Fibre Reinforced Cementitious Composites*, Taylor & Francis, 2006

Jean-Louis Granju, *Béton armé : théories et applications selon l'Eurocode 2*, Eyrolles, 2011
Introduction au béton armé, collection « Eurocodes », coédition
Eyrolles/Afnor, 2012

Gilles Escadeillas, « Les Ciments aux fillers calcaires : contribution à leur optimisation par l'étude des propriétés mécaniques et physiques des bétons fillérisés », thèse, 1988

Sauf mention contraire, les photographies sont des auteurs

Adaptation française de l'ouvrage publié en 2011 par Spon Press (Taylor & Francis) sous le titre *Sustainability of Concrete*

Mise en pages : GraphieProd/Jean-Louis Liennard
Schémas : Lionel Auvergne

© Groupe Eyrolles, 2013
ISBN 978-2-212-13611-1

PEFC

Imprimé en France - JOUVE- Mayenne
N° 2101704V - Dépôt légal : juin 2013

Table des matières

Avant-propos

Encore un livre sur le béton comme s'il n'y en avait pas déjà assez.

Cependant, ce livre est particulier. Il ne propose pas de révolutionner la conception et la construction des ouvrages en béton ni ne se veut une encyclopédie sur le béton. Il est centré sur les points qui nécessiteront des changements significatifs si l'on veut construire des édifices plus durables, soutenables et économiques avec des ciments contenant de moins en moins de clinker de ciment Portland.

Des changements majeurs devront avoir lieu dans l'industrie du béton si l'on veut diminuer l'empreinte carbone du béton. Tout d'abord l'utilisation du ciment Portland pur ne sera plus la règle générale mais plutôt l'exception. Par conséquent, il sera nécessaire d'apprendre comment utiliser de façon appropriée les liants binaires, ternaires et même quaternaires qui contiennent un certain nombre d'autres matériaux cimentaires. Le deuxième changement concernera une plus grande utilisation de béton ayant un rapport eau-liant (E/L) plus faible, non seulement pour obtenir des résistances et des modules élastiques plus élevés mais aussi pour leur plus grande durabilité et leur plus faible empreinte carbone. On démontre au § 3.7 que l'utilisation d'un béton de faible rapport E/L, du fait de la plus grande résistance qu'il peut atteindre, permet une réduction significative de la section des éléments de structure, donc une réduction significative de la quantité nécessaire de béton et, par conséquence, de la consommation de granulats et de ciment, des coûts de transport, de la main-d'œuvre nécessaire pour placer le béton dans les coffrages et une économie sur les coffrages eux-mêmes. Un troisième changement concernera l'usage plus fréquent du mûrissement interne pour favoriser une meilleure hydratation des matériaux cimentaires contenus dans les ciments composés et pour réduire et même éliminer les effets d'un retrait endogène initial important dans les bétons à haute performance.

Un autre objectif de ce livre est de présenter quelques-unes des dernières avancées dans la science du béton. En fait, en utilisant les plus récentes découvertes technologiques, en observant, en analysant et en modélisant les propriétés des matériaux concernés, une nouvelle science du béton est née. Celle-ci nous permet de mieux comprendre ce matériau et de le rendre ainsi plus durable, plus soutenable et plus économique. Évidemment, le béton continue toujours d'obéir aux lois de la physique, de la chimie et de la thermodynamique sans oublier les lois du marché. Mais, maintenant, nous sommes arrivés à comprendre réellement comment. Chaque jour, il devient de plus en plus évident que le béton est non seulement le fruit d'une technologie simple mais aussi d'une science complexe.

Actuellement, grâce à ces nouvelles connaissances, il est plus facile de comprendre le comportement du béton depuis sa fabrication dans le malaxeur jusqu'à ses performances en service dans des structures en béton complexes exposées à différents types de charge et d'environnement. Ce n'est que le début d'une nouvelle ère pour le béton.

Tout au long de ce livre, nous mettrons l'accent sur la signification du rapport E/L (Eau-Liant) qui, pour nous, est de loin le paramètre le plus important du béton. Ce rapport gouverne la plupart des propriétés pratiques du béton, particulièrement sa résistance en compression, même s'il n'est pas toujours facile de transformer le rapport E/L en MPa. Bentz et Aïtcin (2008) ont récemment démontré que ce concept de base développé d'abord par Féret et plus tard par Abrams, il y a cent ans, est bien plus qu'un mystérieux nombre abstrait. En fait, c'est une façon indirecte d'exprimer la proximité des particules de liants dans la pâte de ciment quand le béton commence ses mutations qui le transformeront d'un mélange plus ou moins fluide en une roche artificielle. Plus le rapport E/L est faible, plus les particules de liants sont initialement rapprochées les unes des autres dans la pâte de ciment et plus résistant et durable sera le béton. Ce livre n'a pas pour but de présenter la formulation et les caractéristiques des bétons modernes tels que les bétons à hautes performances (BHP), les bétons autoplaçants (BAP), les bétons compactés au rouleau (BCR) ou les bétons à très hautes ou ultra hautes performance (BTHP ou BUHP) dont la voie a été ouverte par les bétons de poudre réactive (BPR). Nous avons préféré laisser traiter ces sujets par d'autres auteurs plus qualifiés.

Au contraire, ce livre présente une vision plus générale ; il a été conçu comme un complément aux excellents livres de référence qui traitent des principes de la fabrication, de la conception et de l'entretien des structures en béton quand l'empreinte carbone et la durabilité deviennent des priorités. Nous citerons simplement ces livres de références lorsque nécessaire de façon à éviter toute répétition.

Les défis et les limites de ce livre sont ceux énoncés par Adam Neville (2006) : une meilleure compréhension des pratiques du béton dans le but d'obtenir un meilleur béton pratique.

Pierre-Claude AïTCIN et Sidney MINDESS
Sherbrooke et Vancouver, 2012

CHAPITRE 1

Soutenabilité

1.1 Introduction

Nous vivons dans un monde ayant des ressources naturelles et énergétiques limitées et malheureusement, à l'heure actuelle, nous utilisons ces ressources à un rythme qui ne pourra pas être soutenu indéfiniment. En outre, l'énergie dépensée dans l'exploitation de ces ressources et la façon dont nous la consommons engendrent beaucoup de pollution et une dégradation de l'environnement. En particulier, ce que l'on appelle les émissions de gaz à effet de serre résultant de cette utilisation des ressources (essentiellement du gaz carbonique, du méthane et des oxydes d'azote) contribue de façon significative au changement global du climat. Ainsi, si nous voulons maintenir notre niveau de vie actuel et permettre aux pays en voie de développement d'atteindre ce même niveau de vie, nous devons porter beaucoup plus d'attention à la façon dont nous gérons notre environnement. Ceci conduit inévitablement au concept de développement durable plus communément défini comme : « *Un développement qui satisfait les besoins présents sans compromettre ceux des générations futures* » (Brundtland, 1987).

Cette définition sous-entend la nécessité de prendre une approche holistique de la soutenabilité, en considérant non seulement les conséquences environnementales mais aussi sociétales et économiques de notre comportement, comme on peut le voir schématiquement dans la Figure 1.1.

Il convient donc de reconsidérer l'utilisation du ciment Portland et du béton à la lumière de ce concept de développement durable. Comme on le verra plus en détail dans le reste de ce livre, les industries du ciment et du béton ont un effet non négligeable sur l'environnement : elles utilisent de très grandes quantités de matériaux bruts extraits dans des carrières, leur production requiert une grande quantité d'énergie de telle sorte que la fabrication du ciment Portland émet de grandes quantités de CO_2.

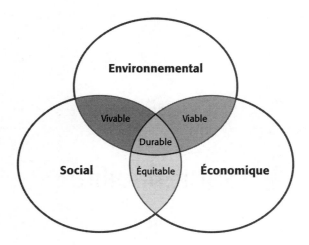

Figure 1.1 Approche holistique de la soutenabilité (adaptée de *Concrete Center* 2007).

Le béton est l'un des matériaux de construction le plus utilisé dans le monde en raison de son faible coût, de la disponibilité quasi universelle de ses constituants, de son adaptabilité et de sa durabilité (Tableau 1.1). Il constitue la base de nos sociétés modernes ; il suffit de penser aux structures en béton dans lesquels nous vivons et travaillons, aux routes et aux ponts en béton que nous utilisons, aux barrages d'irrigation et hydroélectriques en béton qui retiennent de l'eau qui est ensuite distribuée dans des conduites en béton.

Tableau 1.1 Production annuelle mondiale de matériaux et produits en 2007 (en tonnes).

Béton	≈ 13 milliards
Ciment Portland	2,36 milliards
Acier	1,34 milliard
Charbon	6,5 milliards
Pétrole brut	≈ 3,8 milliards
Blé	606,4 millions
Sel	200 millions
Sucre	162 millions

À l'heure actuelle sont produits plus de 5 millions de mètres cubes de béton dans le monde.

Le ciment Portland est produit en soumettant des matières premières ayant une composition chimique bien précise (essentiellement du calcaire et des argiles, des marnes ou des schistes) à des températures de l'ordre de 1 400 à 1 500 °C pour produire des nodules de clinker qui seront broyés par la suite. Ce processus de fabrication requiert une énergie de 4 900 MJ par tonne de ciment produite, ce qui se traduit par environ 900 MJ par tonne de béton. Par comparaison, un baril de pétrole contient une énergie égale à 6 100 MJ. Ceci signifie que, tous les ans, l'énergie requise pour produire du ciment Portland est équivalente à 26 jours de la production mondiale de pétrole ou encore 7 % de l'énergie générée par le pétrole.

Durant la production du ciment Portland, on émet en moyenne une tonne de CO_2 par tonne de ciment produite. Dans chaque usine, la quantité de CO_2 produite peut varier selon l'efficacité du procédé de fabrication utilisé, de la qualité des matières premières et de la proximité de l'usine de la source d'approvisionnement en matériaux bruts. Cela représente 7 % des émissions mondiales de CO_2. Ce niveau d'émission reste inférieur aux émissions produites par les centrales thermiques qui produisent de l'énergie à partir de charbon ou aux quantités de CO_2 émises par l'industrie du transport (Figure 1.2) mais elle demeure quand même significative et nécessite de faire des efforts pour être réduite.

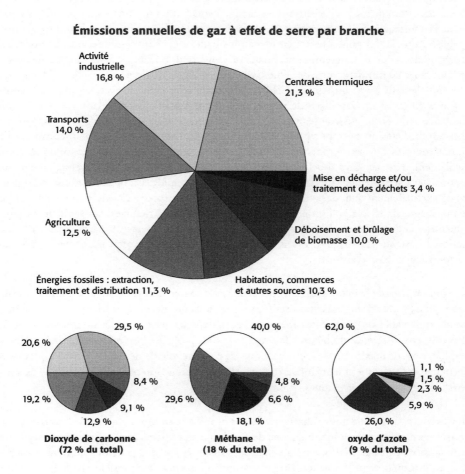

Figure 1.2 Sources des gaz à effet de serre (Rohde, 2006). Reproduit selon les termes de la *GNU Free documentation*, licence v1.2. (Courtoisie de Wikipedia)

En plus d'utiliser du ciment Portland, l'industrie du béton utilise de très grandes quantités de granulats, environ 10 milliards de tonnes de sable, de gravier et de roches concassées et plus d'un trillion de litres d'eau par an, ce qui peut avoir localement des effets écologiques considérables.

Sans aucun doute, l'utilisation du béton va continuer à croître considérablement dans les prochaines décades puisqu'un certain nombre de pays en voie de développement en Asie, en Afrique et dans certaines parties de l'Amérique du Sud commencent à s'industrialiser à une grande échelle. Ainsi, les problèmes de la diminution des ressources naturelles et des émissions de gaz à effet de serre vont très sûrement devenir de plus en plus prégnants. Par conséquent, il est impératif de transformer l'industrie du béton en une industrie plus soutenable. Avec les connaissances actuelles, cet objectif peut être facilement atteint.

Alors que la soutenabilité devient un facteur clé lors de la conception des structures en béton, il est important de mettre l'accent sur les changements que les industries du ciment, du béton et de la construction devront mettre en œuvre pour rendre les structures en béton plus soutenables. Au-delà des points passés en revue plus haut, il est enfin essentiel que les nouvelles constructions durent longtemps sans besoin de réparation. En effet, il est désastreux de devoir reconstruire les infrastructures de génie civil tous les 35 ou 50 ans parce qu'elles n'avaient pas été initialement bien construites. Cela est beaucoup trop coûteux avec, en plus, des coûts sociaux élevés et un gaspillage de matériaux qui contribue à la dégradation accélérée non seulement de notre environnement mais aussi de celui dont nos enfants et petits-enfants hériteront. Dans un futur prévisible, le béton restera le matériau de choix pour construire les infrastructures qui satisferont une grande partie de nos besoins socio-économiques, non seulement dans les pays développés mais aussi dans ceux en voie de développement qui connaissent actuellement un développement industriel rapide. En outre, la plupart des gens vivent actuellement dans des grandes villes où le béton est exposé à un environnement de plus en plus agressif dû à la pollution urbaine de telle sorte que, si rien n'est fait rapidement pour améliorer la durabilité du béton, nos infrastructures en béton seront rongées par la carbonatation, les attaques sulfatiques, les sels de déverglaçage et même par certaines bactéries (*Bacillus ferrooxidans* et bien d'autres).

Quand on regarde le béton dans une perspective de soutenabilité, on se rend compte que de nombreuses erreurs ont été commises (et sont encore commises) dans les pays développés, il serait regrettable de répéter ces mêmes erreurs dans les pays en voie de développement. Récemment, la science du béton a fait de très grands progrès. Il est maintenant temps de les exploiter à leur maximum de façon à ce que les pays en voie de développement en prennent avantage et construisent leurs infrastructures de façon beaucoup plus soutenable que ce qui a été fait dans les pays développés.

Il n'est plus possible de nous débarrasser de nos problèmes environnementaux dans la cour du voisin ou dans un pays lointain en voie de développement parce que ces problèmes vont très vite nous revenir par effet boomerang, les pays riches et les pays pauvres sont dans le même bateau puisqu'il s'agit d'un problème global qui transcende les frontières artificielles créées par les hommes. Il est impératif de diminuer l'impact environnemental des structures en béton : il est temps de les construire plus soutenables. Alors, que doit-on faire ?

1.2 Étapes vers la soutenabilité

On peut choisir un certain nombre d'approches pour rendre le béton plus soutenable:
- utiliser des bétons de résistances plus élevées;
- concevoir des bétons plus durables;
- remplacer jusqu'à 50 % du ciment Portland par des ajouts cimentaires;
- utiliser des fillers;
- fabriquer le ciment Portland de façon plus efficace;
- utiliser des combustibles alternatifs pour la fabrication du ciment;
- utiliser du béton recyclé et d'autres déchets industriels comme source de granulats;
- utiliser les poussières de four dans quelques applications;
- utiliser moins d'eau;
- améliorer les calculs structuraux et les codes de construction.

Évidemment, certaines de ces approches seront plus efficaces que d'autres mais en les prenant toutes en compte on pourra obtenir une meilleure efficacité de l'industrie du béton d'un point de vue environnemental et économique. La plupart de ces approches seront discutées en détails dans la suite de ce livre. Pour donner une vue d'ensemble, chacune est succinctement présentée ci-après.

1.2.1 Fabrication plus efficace du ciment Portland

De nos jours, en moyenne, il faut consommer 4,9 GJ pour produire une tonne de ciment, ce qui inclut non seulement l'énergie nécessaire pour la cuisson dans le four mais aussi celle utilisée pour extraire et transporter les matériaux bruts, pour les concasser, pour les broyer et, après cuisson, pour moudre le clinker et enfin transporter le ciment lui-même. C'est déjà beaucoup moins que l'énergie requise pour produire une tonne de ciment au cours des vingt dernières années. En effet, l'industrie est passée d'un procédé de fabrication humide à un procédé sec et a mis en œuvre des unités de préchauffage et de précalcination très efficaces. Les fours à ciment sont aussi devenus plus courts mais avec un plus grand diamètre, ce qui améliore leur efficacité. Il faut cependant noter que la quantité théorique d'énergie à apporter par le combustible pour produire une tonne de clinker est d'environ 1,7 GJ. La cuisson consommant la plus grande part des 4,9 GJ signalés plus haut, il y a encore possibilité d'améliorer l'efficacité des fours. Mais ces mesures n'auront finalement que très peu d'effet sur les émissions des gaz à effet de serre.

1.2.2 Utilisation de combustibles alternatifs

Étant donné que les coûts des combustibles ont augmenté ces dernières années, on a vu se développer l'utilisation de combustibles alternatifs autres que les traditionnels charbon, gaz et fuel pour chauffer les fours. Ces combustibles alternatifs incluent notamment, à l'heure actuelle, des solvants usagés, des huiles recyclées, des pneus usagés, des ordures ménagères, des matériaux organiques selon les disponibilités locales. Bien que l'utilisation de ces combustibles alternatifs n'ait pas d'effet particulier sur la quantité d'énergie requise ou sur les émissions de gaz à effet de serre pour produire du ciment, elle permet d'économiser sur les combustibles traditionnels tout en utilisant et éliminant ce qui autrement aurait été des déchets.

1.2.3 Utilisation d'ajouts cimentaires

Probablement, le moyen le plus efficace pour diminuer à la fois l'énergie consommée et les gaz à effet de serre pour produire une tonne de ciment est de substituer des ajouts cimentaires à une partie du ciment Portland. Chaque kilogramme substitué réduit l'énergie nécessaire pour produire le ciment et représente un kilogramme de moins de CO_2 émis. On trouve déjà sur le marché un certain nombre d'ajouts cimentaires dont plusieurs ont déjà été utilisés abondamment dans l'industrie.

Ils peuvent être soit co-broyés avec le clinker, soit mélangés au ciment après broyage, soit enfin substitués à une part du ciment dans les usines à béton. Ce sont tous des matériaux pouzzolaniques, c'est-à-dire qu'ils contiennent un matériau siliceux amorphe qui réagit à température ambiante avec la chaux libérée durant la réaction d'hydratation des silicates bicalcique et tricalcique pour former ce que l'on appelle un C-S-H secondaire. Ces matériaux sont essentiellement des sous-produits d'autres industries. En Amérique du Nord, ils peuvent être substitués jusqu'à raison de 50 % au ciment Portland, et même plus dans le cas des laitiers. En Europe, le taux maximum de substitution est 35 % et peut atteindre 95 % pour les laitiers dans le cas de certains CEM III/C. Ce sont :

- Les cendres volantes. Elles se présentent sous la forme d'une fine poudre (constituée de sphères vitrifiées), récupérée dans les systèmes de dépoussiérage des fumées des centrales thermiques qui brûlent du charbon ou de la lignite. C'est l'ajout cimentaire le plus utilisé, habituellement à des taux de substitution de 10 à 15 % en Amérique du Nord bien qu'on puisse retrouver des taux de substitution plus élevés dans beaucoup d'applications. En Europe, le maximum est 35 %, c'est le cas des ciments CEM II/B-V et CEM II/B-W. Malhotra (1994) a démontré que, si on maintenait le rapport E/L inférieur à 0,30, on pouvait remplacer jusqu'à 60 % du ciment Portland par une cendre volante et obtenir un béton ayant une résistance et une durabilité excellentes. Les cendres volantes tendent à ralentir les gains de résistance à court terme, mais sur une plus longue période (quelques mois) elles permettent d'obtenir un béton plus résistant et plus durable.

- Les laitiers de haut fourneau (ou tout simplement laitiers). Ils sont des sous-produits de la fabrication de la fonte. Ils contiennent essentiellement de la silice, de l'alumine et de la chaux dans des proportions qui rappellent celles du ciment Portland. En Amérique du Nord, ils peuvent être substitués au ciment Portland dans des proportions variant de 25 à 85 %. Ils sont beaucoup plus utilisés en Europe où le taux de substitution habituel est de 50 % dans les ciments CEM III/A mais il peut atteindre 95 % dans certains ciments CEM III/C. Les laitiers peuvent aussi être introduits directement dans les bétons au niveau de la centrale à béton, mais leur substitution est limitée à 30 % si un ciment CEM I est utilisé (50 % pour les bétons d'ingénierie) et 20 % si un ciment CEM II/A est utilisé (NF EN 206-1/CN).

- Les fumées de silice. Elles sont un sous-produit de la fabrication du silicium ou du ferro-silicium. Se présentant sous forme de microsphères, elles sont 100 fois plus fines que le ciment Portland ; ce sont les pouzzolanes de loin les plus réactives. On les emploie surtout dans la production de béton à haute performance ayant des résistances en compression supérieures à 100 MPa. À cause de leur coût élevé et parce que des hauts taux de substitution peuvent créer des problèmes de maniabilité, on les utilise à des taux de substitution de l'ordre de 5 à 10 %. En Europe, les fumées de silice sont le plus souvent utilisées à un taux de substitution de 8 % et leur proportion est limitée à 10 % dans les ciments CEM II/A-D.

- Métakaolin ou argile calciné. Le kaolin est l'argile servant à la fabrication de la porcelaine. C'est un alumino-silicate hydraté. Quand il est chauffé entre 750 et 850 °C, il perd son eau de constitution et le matériau obtenu est appelé métakaolin. Il constitue une pouzzolane très réactive mais moins efficace que la fumée de silice. Son utilisation n'est pas encore très courante mais plusieurs gisements de ce minéral sont maintenant exploités pour être employés dans le ciment et le béton. En France, depuis fin 2012, les métakaolins sont des additions normalisées (NF P 18-513) et peuvent être introduits normativement dans les bétons à des taux de substitution maximum de 20 % de la masse de ciment. Les argiles ordinaires peuvent également être déshydratées à passablement la même température que le kaolin et acquièrent alors des propriétés pouzzolaniques. En fait, les argiles calcinées furent les premiers matériaux pouzzolaniques utilisés par les Phéniciens et plus tard par les Romains.

- Les pouzzolanes naturelles. Les Grecs et, plus tard, les Romains découvrirent que certaines cendres volcaniques (riches en silice vitreuse) pouvaient améliorer la durabilité des mortiers de chaux. Les Romains employèrent une cendre volcanique dont la meilleure variété se trouvait près du village actuel de Pozzuoli, dans la baie de Naples au pied du Vésuve. D'où son nom de pouzzolane. Les pouzzolanes naturelles réagissent lentement à température ambiante. En Amérique du Nord, elles sont utilisées à des taux d'addition jamais supérieurs à 15 %. En Europe, leur substitution est autorisée jusqu'à un taux de 35 % dans les ciments CEM II/B-P. Peu utilisées sur le continent, elles sont d'usage plus courant dans certaines iles d'origine volcanique.

- La balle de riz (c'est l'écorce qui protège le grain de riz) broyée. Elle a un squelette siliceux représentant environ 20 % de sa masse. Quand on la brûle à environ 750 °C, la cendre recueillie est essentiellement composée de silice vitreuse très pouzzolanique.

- Autres pouzzolanes. Il y a quelques autres matériaux ayant des propriétés pouzzolaniques encore peu utilisés. Ils seront décrits brièvement dans le Chapitre 5.

1.2.4   Fillers

Les fillers sont des matériaux qui ne réagissent pas ou pratiquement pas chimiquement avec le ciment Portland mais dont la présence dans un béton peut sans aucun doute être bénéfique grâce à leur action physique. Le plus commun des fillers est du calcaire très finement broyé (facilement disponible dans les usines à ciment). Il peut aussi s'agir de silice finement broyée. Les codes nord-américains actuels permettent d'employer jusqu'à 5 % de substitution de filler calcaire bien que les recherches récentes ont démontré que l'on pouvait ajouter jusqu'à 12 % de filler calcaire sans effet pernicieux sur le ciment (Hooton *et al.*, 2007, Bentz *et al.*, 2009 et Thomas *et al.*, 2010). En Europe, le taux de substitution peut atteindre 35 % dans les ciments CEM II/B-LL.

1.2.5   Les poussières de four

Les poussières de four correspondent aux matériaux fins transportés par les gaz chauds dans le four à ciment et récupérés dans le système de dépoussiérage. Ces poussières diffèrent du clinker de ciment Portland parce qu'elles n'ont pas été complètement portées à haute température. Elles sont produites en quantité substantielle, de l'ordre de 9 tonnes pour 100 tonnes de clinker de ciment Portland. Elles sont habituellement traitées comme des déchets mais elles peuvent remplacer le ciment Portland dans un certain nombre d'applications telles que la stabilisation des sols ou dans la production de matériaux à faible résistance (Lachemi *et al.*, 2007; Lachemi *et al.*, 2009).

1.2.6 Fabrication de béton plus durable

Actuellement, la plupart des bétons sont conçus sur la base de leur résistance en compression à 28 jours sans grand égard à leur durabilité. Malheureusement, cette attitude a conduit à la perte prématurée de plusieurs structures en béton.

La façon probablement la plus efficace de rendre le béton plus soutenable est d'augmenter sa durée de vie effective. Il est relativement facile d'aller jusqu'à la doubler en utilisant des adjuvants de façon appropriée et en diminuant le rapport E/L. Les réparations et/ou reconstructions ainsi évitées constituent une économie notable d'énergie et, avec elle, une diminution des gaz à effet de serre. Alternativement, cela ouvre la possibilité de faire deux fois plus de béton qu'à l'heure actuelle sans augmenter l'empreinte carbone calculée sur le cycle de vie de la structure.

1.2.7 Utilisation de bétons à haute performance

On peut démontrer qu'un béton à haute performance (BHP) est plus soutenable qu'un béton ordinaire. Par exemple, quand on construit un poteau ou encore plus une colonne (poteau de forte section) avec un béton de 75 MPa plutôt qu'avec un béton de 25 MPa, on n'utilise qu'un tiers des granulats et la moitié du ciment requis pour supporter la même charge (voir Chapitre 2). Même en flexion, l'économie de matériaux peut être de 25 à 30 %.

1.2.8 Granulats recyclés

Le béton récupéré lors de la démolition de vieilles structures en béton, y compris les dalles, dallages et chaussées en béton, peut être traité pour produire des granulats réutilisables dans un nouveau béton. Ce processus de production est semblable à celui utilisé avec des granulats produits en carrière : concassage, élimination des matériaux contaminants, tamisage et lavage. En général, l'utilisation de granulats de béton recyclé conduit à la fabrication de bétons moins résistants et moins durables que les bétons faits avec des granulats vierges pour un même rapport E/L. Les granulats de béton recyclé sont plutôt utilisés comme gros granulats; certaines spécifications découragent l'utilisation de granulats fins ou limitent à 30 % cette utilisation. Toutefois, il y a beaucoup d'applications dans lesquelles les granulats de béton recyclé peuvent être utilisés de façon économique et en toute sécurité.

1.2.9 Séquestration (captage et stockage) des émissions de CO_2

Séquestrer le CO_2 produit constitue une des façons de diminuer l'impact de la fabrication du ciment sur les émissions de gaz à effet de serre. Beaucoup de recherches sont faites actuellement dans ce domaine. Cette technologie existe déjà bien qu'à une faible échelle. Il convient que le CO_2 soit stocké dans des formations géologiques souterraines ou injecté à grande profondeur dans l'océan où il se dissoudra. On peut aussi se servir de ce CO_2 pour mûrir des blocs de béton ou des éléments préfabriqués (Shao et Shi, 2006 ; Shi et Wu, 2009). C'est une façon intéressante de séquestrer du CO_2. Les réactions du CO_2 avec le ciment sont présentées ci-après.

- Réaction de carbonatation à court terme (Young *et al.*, 1974) :

$$(CaO)_n SiO_2 + (n-x) CO_2 + y H_2O \longrightarrow C_x SH_y + (n-x) CaCO_3$$

- Quantité de CO_2 fixée (Steinour, 1959) :

$$\% \, CO_2 = 0,78 \, CaO + 1,1 \, MgO + 1,4 \, Na_2O + 0,9 \, K_2O$$

Ce sont les réactions qui se produisent durant la carbonatation du béton exposé à l'atmosphère. Les avantages de mûrir le béton dans une atmosphère riche en CO_2 comprennent l'accélération de la réaction d'hydratation et des gains de résistance à court terme, l'élimination de la chaux hydratée formée durant l'hydratation du ciment réduisant les efflorescences et la perméabilité. À l'heure actuelle, on considère activement la faisabilité économique de cette technologie à l'échelle industrielle ; tant que le béton a un faible rapport E/C ou E/L, elle n'induit pas de risque de corrosion des aciers.

1.2.10 Utilisation de moins d'eau

Tel que mentionné plus tôt, la production annuelle de béton se traduit par la consommation de plus d'un milliard de litres d'eau. Les rapports E/L actuels se situent aux alentours de 0,50 et quelquefois plus. En Europe, il est plus fréquemment voisin de 0,60 pour les bétons courants. Une réduction du rapport E/L à des valeurs inférieures à 0,40 entraînera non seulement une amélioration des propriétés du béton et la fabrication d'un béton plus durable, mais aussi des économies d'eau.

1.2.11 Amélioration des méthodes de calcul et des codes de construction

À l'heure actuelle, le béton est spécifié principalement par référence à sa résistance en compression à 28 jours et les différentes méthodes, très étroitement codifiées, prescrites pour calculer leur composition traitent souvent la durabilité et autres performances comme des considérations secondaires. Généralement, cela entraîne beaucoup de gaspillage, conduit à l'utilisation de teneurs en ciment beaucoup trop élevées et tend à étouffer toute innovation de la part des producteurs de béton. Il serait beaucoup plus rationnel de passer de spécifications normatives à des concepts de performance équivalente (comme définis dans la norme française NF EN 206-1/CN de décembre 2012). Ceci pourrait inciter les producteurs à utiliser de façon très efficace les ressources dont ils disposent pour produire des bétons adaptés au mieux aux exigences de chaque projet.

Évidemment, il n'est pas toujours possible de suivre toutes ces suggestions dans le cadre d'un projet particulier en raison de limites sur la disponibilité des matériaux, d'exigences spéciales du projet, etc. Cependant, les ingénieurs et les spécificateurs devraient être informés des nombreuses façons possibles de rendre le béton plus soutenable.

CHAPITRE 2

Terminologie et définitions

2.1 Introduction

Ceux qui ont déjà lu *High performance Concrete* (Aïtcin, 1998) vont penser que c'est une manie de commencer le présent livre par un chapitre consacré à la terminologie et aux définitions. En 1998, Aïtcin écrivait :

« Les discussions sur la terminologie sont toujours très délicates et peuvent même être sans fin mais il faut admettre que bien souvent, dans un livre technique, la qualité de l'information est réduite par un manque de consensus sur la signification exacte des termes utilisés. L'auteur ne prétend pas que la terminologie utilisée est forcément la meilleure ; il désire seulement établir de façon claire la signification exacte des termes employés. Le lecteur est libre de ne pas être d'accord avec la pertinence et la validité de la terminologie proposée mais en l'acceptant momentanément, il comprendra mieux les concepts et les valeurs exprimés dans ce livre. L'acceptation de ces définitions est essentielle pour tirer le maximum de la lecture de ce livre. Tel que mentionné par A.M. Neville, le choix d'un terme plutôt qu'un autre correspond à un choix purement personnel et n'implique pas une plus grande précision de la définition (Neville, 1996). »

Pratiquement quinze ans plus tard, en 2012, nous demeurons convaincus de la nécessité de recommencer cet exercice. Étant donné que notre carrière professionnelle s'est déroulée en Amérique du Nord, nous avons toujours utilisé la terminologie préconisée par l'American Concrete Institute (ACI). C'est cette terminologie que nous avons adoptée pour l'essentiel dans le livre originel destiné à l'Amérique du Nord sauf quelques digressions occasionnelles. Les transpositions rendues nécessaires pour adaptation aux habitudes et normes françaises ou européennes seront signalées au fur et à mesure des besoins.

2.2   Ciment, ajout cimentaire, ciment composé, filler, ajout et liant

La norme ACI 116 R contient 41 entrées commençant par le mot «ciment» pour définir quelques-uns des ciments utilisés dans l'industrie du béton et de l'asphalte et 5 entrées additionnelles contenant l'expression ciment Portland avec un (P). Il n'y a aucune entrée pour «ajout cimentaire». Il s'agit de toute poudre ayant des propriétés hydrauliques ajoutée au ciment. Nous nous servirons de l'expression «ciment composé» pour nous référer à tous les mélanges d'un ciment Portland et d'un ou des ajout(s) cimentaire(s) employés dans l'industrie du béton. Évidemment, la «dilution» du clinker de ciment Portland qui s'en suit est étroitement reliée à la nécessité de décroître l'impact environnemental du béton au niveau des émissions de CO_2. Cependant, nous continuerons d'ajouter une touche personnelle à cette terminologie de l'ACI. Nous apprécions l'expression «ciment composé» car elle exprime clairement que le produit final est un mélange de plusieurs poudres.

Les appellations «ciment Portland composé» et «ciment composé» existent dans la norme européenne NF EN 197-1 relative au ciment et concernent respectivement les CEM II et les CEM V. Cependant, dans le langage courant, l'appellation «ciment composé» est donnée à tous les ciments renfermant des additions (types CEM II, CEM III, CEM IV et CEM V), qu'elles soient hydrauliques latentes (laitier), pouzzolaniques ou quasiment inertes.

Nous allons parler de «clinker» plutôt que de «clinker de ciment Portland» parce que, pour nous, le mot «clinker» implique automatiquement «ciment Portland». Le clinker est produit par fusion partielle des composés chimiques contenus dans le cru ; il est constitué essentiellement de silicates de calcium hydrauliques.

Dans ce livre, le mot «filler» possédera un sens plus restrictif que celui proposé par le comité ACI. Le «filler» se référera à tout matériau inerte plus ou moins finement divisé tel que des poussières de calcaire ou de silice ajoutées au ciment Portland. Bien qu'inertes, les fillers participent aussi à améliorer la soutenabilité ainsi que certaines des autres propriétés du béton. En particulier, ils diminuent leur contenu en CO_2.

Cette définition est à rapprocher de celle des additions de type 1 qui peuvent être introduites dans le béton en remplacement partiel du ciment, conformément à la norme NF EN 206-1. Elle diffère de l'appellation officielle de fillers réservée normalement aux fines minérales introduites dans le béton en centrale à béton.

Le mot «ajout» désignera tout ajout cimentaire ou filler mélangé au ciment.

Le mot «liant» désignera l'ensemble des poudres – ciment, ajouts cimentaires et éventuels fillers – mélangées à l'eau pour constituer la pâte durcissante qui liera entre eux les divers composants du béton. En l'absence de filler, les expressions «ciment composé» et «liant» recouvrent la même réalité. Nous préférons nous servir du mot plutôt imprécis de «liant» car il reflète mieux la diversité des mélanges de poudres maintenant utilisés et de ceux encore plus diversifiés qui seront utilisés dans le futur pour rendre le béton plus soutenable en minimisant la quantité de clinker de ciment Portland dans le béton.

L'expression «contenu en CO_2 du liant» représente la quantité de CO_2 émise par les matériaux et le procédé utilisé durant la fabrication des divers composants du liant. Les ajouts cimentaires et les fillers étant essentiellement des sous-produits recyclés, le contenu en CO_2 du liant est pratiquement celui du clinker. Par exemple, la production d'une tonne de clinker dans une cimenterie moderne entraîne environ l'émission d'une tonne de CO_2 dont la moitié provient de la décarbonatation du calcaire et la plupart du reste du combustible nécessaire pour atteindre la fusion partielle durant la production du clinker.

2.3 Ciments ou liants binaires, ternaires et quaternaires

Ces expressions serviront à caractériser certains ciments composés: elles indiquent combien de matériaux cimentaires ou fillers ont été mélangés sans préciser leur nature ou teneur. Par exemple, un ciment ternaire peut être composé de clinker, de laitier et de fumée de silice ou de clinker, de cendres volantes et de fumée de silice ou encore de clinker, de laitier et de cendres volantes et ainsi de suite.

2.4 Contenu en ajouts cimentaires

Quand un ciment composé contient plusieurs ajouts cimentaires, le contenu de chacun dans le mélange est toujours calculé en termes de pourcentage de la masse totale du ciment composé. Par exemple, un ciment quaternaire peut être composé de 65 % de clinker, plus 5 % de gypse pour contrôler sa prise, 15 % de laitier, 10 % de cendre volante et 5 % de fumée de silice.

2.5 Surface spécifique

La surface spécifique d'un ciment se réfère à la totalité de la surface extérieure de toutes les particules contenues dans l'unité de masse de ce ciment. Étant donné que la surface spécifique est toujours obtenue en effectuant une mesure indirecte, il est essentiel, à chaque fois, de spécifier la méthode qui a servi à la déterminer, par exemple, Blaine ou B.E.T. (azote liquide). La surface spécifique est généralement exprimée en mètres carrés par kilogramme avec pas plus de deux chiffres significatifs. Par exemple, la surface spécifique Blaine d'un ciment Portland est de 350 m^2 par kilogramme, la surface spécifique B.E.T. d'une fumée de silice typique est de 18 000 m^2 par kilogramme.

2.6 Alite et bélite

Les termes «alite» et «bélite» seront employés pour désigner les formes impures du silicate tricalcique (C_3S) et du silicate bicalcique (C_2S) tel que suggéré par Thornborn en 1897 (Bogue, 1952).

2.7   Hémihydrate

Le terme abrégé «hémihydrate» désignera l'hémihydrate de sulfate de calcium (communément appelé Plâtre de Paris).

2.8   Rapports eau-ciment, eau-ajouts cimentaires et eau-liant

2.8.1   Rapport eau-ciment

Nous nous servirons de la définition du rapport «eau-ciment» en conservant le (-) de l'écriture nord-américaine initiale de ce livre et non un (/) conforme à l'écriture européenne pour séparer le mot «eau» du mot «ciment». Dans sa forme abrégée, ce rapport sera exprimé comme E/C (avec des majuscules E et C) mais cette fois-ci avec une barre (/), expression dans laquelle «E» et «C» représentent les masses d'eau et de ciment respectivement (l'utilisation de lettres minuscules e et c est en France réservée à l'expression volumétrique du rapport eau-ciment; il est à noter qu'en Amérique du Nord l'ACI prescrit la convention inverse: les minuscules lorsqu'il s'agit des masses et les majuscules lorsqu'il s'agit des volumes).

Le rapport eau-ciment est le rapport de la quantité d'eau, excluant la quantité d'eau absorbée par les granulats, à la quantité de ciment contenu dans un béton, mortier ou coulis. Cette eau est appelée en France «eau efficace».

2.8.2   Rapports eau-ajouts cimentaires et eau-liant

La définition des rapports eau-ajouts cimentaires et eau-liant est obtenue en substituant dans la définition précédente les mots «ajouts cimentaires» et «liant» au mot «ciment». Par conséquent, nous utiliserons la forme abrégée E/L et occasionnellement E/AC pour représenter les rapports eau-liant et eau-ajouts cimentaires.

Cependant, nous n'utiliserons pas l'expression «e/c net» du comité ACI, transposée en «E/C net», dans la définition de l'eau de gâchage. Nous ne voyons pas la nécessité d'ajouter le terme «net» parce qu'il n'y a pas d'expression «e/c brut» ou «E/C brut». En effet, e/c ou E/C est un nombre unique. De la même manière, nous n'utiliserons pas les expressions «E/(C+kA)» ou «Eau efficace/Liant équivalent» définies en Europe dans la norme EN 206-1 (où E, C et A sont les masses respectives en eau, ciment et addition normalisée et k un coefficient de prise en compte qui dépend de l'addition). En France, les valeurs du coefficient k sont de 0,6 ou 0,9 pour les laitiers, 0,4, 0,5 ou 0,6 pour les cendres volantes, 1 ou 2 pour les fumées de silice, 1 pour les métakaolins, 0,25 pour les additions calcaires ou siliceuses.

2.9   Granulat saturé surface sèche (SSS)

Ceci est un concept important dans le calcul de la composition des bétons ainsi que lorsqu'on considérera le mûrissement interne. Ce concept sera traité en détail dans le Chapitre 8. Ici, on se réfère aux conditions particulières d'un granulat ou d'un matériau poreux quand ses pores superficiels sont remplis d'eau mais que ses surfaces exposées sont sèches.

C'est l'état de référence d'un granulat quand on calcule ou exprime la composition d'un béton. Cet état du granulat est alors dit «saturé surface sèche», abrégé par SSS.

2.10 Teneur en eau, absorption et humidité d'un granulat

Dans le livre *High Performance Concrete* (Aïtcin, 1998), la définition de ces termes donnés par l'ACI n'a pas été utilisée. Cette fois-ci encore, la recommandation du comité ACI 116 ne sera pas suivie.

*   ***Teneur en eau totale.*** C'est le rapport exprimé en pourcentage de la masse d'eau contenue dans et à la surface d'un granulat par rapport à son poids sec.
    (Elle remplace la proposition ACI «*Humidité d'un granulat*».)
*   ***Teneur en eau absorbée.*** C'est la quantité d'eau entrée et retenue dans le granulat par absorption.
    (Elle remplace la proposition ACI «*Absorption*».)
*   ***Teneur en eau libre.*** C'est la quantité d'eau libre retenue à la surface du granulat qui constituera un apport à l'eau de gâchage.
    (Elle remplace la proposition ACI «*Humidité libre*».)

2.11 Eau de malaxage et eau de gâchage

*   ***Eau de malaxage.*** C'est la quantité d'eau ajoutée dans le malaxeur pour la fabrication du béton.
*   ***Eau de gâchage.*** C'est la quantité d'eau libre disponible dans le béton lors de son malaxage. C'est l'eau de malaxage plus l'apport de l'eau libre retenue à la surface des granulats.

2.12 Densité

Dans ce cas-ci, nous allons suivre plus ou moins la terminologie ACI. La *densité* est le rapport entre la masse d'un certain volume de matériau à une température donnée et la masse d'un volume d'eau distillée à la même température. C'est un nombre relatif donné toujours avec pas plus de deux chiffres après la virgule. Dans cet ouvrage, nous utiliserons «densité SSS» pour un granulat et non pas l'expression «densité brute» parce que le terme «brute» ne rappelle pas l'état SSS du granulat. Le terme «densité d'une poudre» sera utilisé plutôt que l'expression «densité absolue» parce que nous ne voulons pas utiliser le qualificatif «absolu» devant un nombre relatif. En outre, pour nous, la densité théorique d'un ciment Portland sans ajout n'est ni 3,15 ou 3,16 mais plutôt 3,14 (le premier auteur n'aime pas encombrer sa mémoire avec trop de nombres car il est légèrement dyslexique).

2.13 Dosage en superplastifiant

Nous continuerons à exprimer le dosage en superplastifiant sous la forme du pourcentage des solides actifs contenus dans une solution commerciale de superplastifiant à la quantité de ciment utilisée dans un mètre cube de béton. Exceptionnellement, nous indiquerons le nombre de litres de solution commerciale pour atteindre ce pourcentage, comme c'est le plus souvent indiqué en France.

CHAPITRE 3

Les rapports eau-ciment et eau-liant

3.1 Introduction

Ce chapitre est l'un des plus courts de ce livre mais, selon nous, c'est le plus important. Lorsqu'on prend en compte la soutenabilité comme facteur clé de la conception, la caractéristique la plus importante du béton n'est plus sa résistance en compression à 28 jours mais plutôt son rapport E/C ou E/L. En effet, tout au long de ce livre, on montrera que ce nombre détermine les conditions d'hydratation dont dépendent les propriétés du béton frais et durci.

Il y a près d'un siècle, Féret (1892), puis Abrams (1918), établirent que, toutes choses étant égales par ailleurs, la résistance en compression f_c d'une pâte (Féret) ou d'un béton (Abrams) est fonction du rapport E/C (Aïtcin et Neville, 2003). Par la suite, on a reconnu l'importance du rapport eau-liant sur beaucoup d'autres propriétés du béton durci, particulièrement quand il s'agissait de la durabilité. Malheureusement, la valeur du rapport E/C n'a jamais reçu autant d'attention que la valeur f_c qui, pour les ingénieurs de structure, demeure le facteur clé de la conception de structures en béton.

Dans la plupart des codes de construction, on considère le rapport E/C lorsque le béton doit faire face à des conditions environnementales rigoureuses spécifiques mais, à notre avis, les valeurs critiques trouvées dans les codes étaient (et sont encore) insuffisamment strictes parce que, en l'absence d'agents dispersants efficaces (réducteurs d'eau, superplastifiants), il était impossible d'abaisser le rapport E/C en-dessous de 0,45 lors de la fabrication d'un béton de 100 mm d'affaissement. Cette limitation technique et le laxisme régnant dans l'industrie de la construction ont eu de sérieuses conséquences sur la durabilité des bétons exposés à des environnements sévères. C'est maintenant que nous en supportons les conséquences, chaque fois qu'il est nécessaire de démolir une structure en béton après un cycle aussi court que 35 à 50 ans d'usage par manque de résistance face à l'environnement sévère auquel elle était exposée. Il n'y a aucun pays au monde suffisamment riche pour se permettre une telle perte économique. De plus, ce coût est inacceptable d'un point de vue soutenabilité. La reconstruction prématurée de nos infrastructures correspond à un gaspillage inacceptable de matériaux, d'énergie, de main-d'œuvre et à une émission totalement inutile de gaz à effet de serre.

De façon à rallonger le cycle de vie des structures en béton au-delà de 100 ans ou plus, il n'y a pas d'autre choix que d'abaisser le rapport E/C ou E/L du béton et de le mûrir correctement. Par conséquent, il est maintenant plus que jamais nécessaire d'apprendre à fabriquer, placer et mûrir des bétons ayant un faible rapport E/L fait avec des ciments composés contenant de moins en moins de clinker de ciment Portland. C'est le défi de l'industrie du béton. Le but principal de ce livre est de mettre en lumière les changements nécessaires dans nos attitudes et façons de traiter le béton pour atteindre l'objectif de construire des structures en béton durables, soutenables et économiques. Cette nouvelle vision du béton sera d'une importance capitale pour la compétitivité, la prospérité et même la survie de notre industrie.

3.2 Rappel historique

Dans l'article *"How the water-cement ratio affects concrete strength"*, Aïtcin et Neville (2003) ont montré comment Féret et Abrams furent capables de lier les résistances en compression de la pâte de ciment et du béton non pas à la quantité de ciment utilisée dans le mélange mais plutôt au rapport E/C. Ce concept apparemment très simple mais très important fut établi quand la technologie du béton en était à ses premiers balbutiements. L'expression « eau-ciment » était alors parfaitement justifiée : le béton était exclusivement constitué de ciment Portland, de granulats et d'eau. Maintenant, dans le but de construire des structures en béton plus soutenables, on incorpore des liants modernes contenant de plus en plus d'ajouts cimentaires et de fillers différents du ciment Portland si bien qu'il est devenu juste de se poser la question de la validité de ce vieux concept (Barton, 1989, Kosmatka, 1991). Est-il légitime de transformer le rapport eau-ciment en rapport eau-liant en calculant le rapport entre la masse d'eau et la masse de tous les ajouts cimentaires contenus dans le ciment composé ? Serait-il utile de calculer aussi séparément le rapport eau-ciment quand on emploie un ciment composé ? (Dans ce cas, le rapport eau-ciment serait calculé en divisant la masse d'eau par la masse de ciment Portland présente dans le ciment composé.) Avant de donner une réponse à ces questions, revenons au bon vieux rapport eau-ciment.

3.3 Le rapport eau-ciment : le cheminement personnel de P.-C. Aïtcin

Durant sa carrière de professeur d'université, année après année, Pierre-Claude Aïtcin a essayé d'inculquer à ses étudiants l'importance fondamentale du rapport eau-ciment parce que celui-ci influence la plupart des propriétés du béton, de la résistance à la durabilité. Mais, avec les années, il a réalisé qu'il était peu convaincant et avait peu de succès. Il ne prêchait pas dans le désert mais pas loin. Il essaya différentes approches mais sans plus de résultats. Un jour, il demanda à un bon étudiant : « *quel est le problème avec le rapport E/C ?* » La réponse de l'étudiant fut directe et très simple : « *premièrement, c'est un nombre abstrait sans aucune signification particulière si ce n'est que c'est le rapport de deux masses, deuxièmement le rapport E/C a une relation inverse par rapport à la résistance et je préfère les relations directes.* » À partir de ce jour-là, le professeur Aïtcin savait ce qu'il fallait faire pour être plus persuasif au sujet du rapport E/C mais il fallut un certain temps pour développer une approche plus appropriée et trouver un sens physique au rapport eau-ciment. Il se souvient que le premier pas fut fait quand il expliqua à ses étudiants gradués que, dans les bétons à haute performance, le rapport eau-ciment pouvait être diminué non pas en introduisant plus de ciment dans le malaxeur mais surtout en diminuant la quantité d'eau de gâchage grâce aux propriétés dispersantes très efficaces des superplastifiants. Pour illustrer ce point, il demanda à son technicien en informatique de dessiner une représentation plane de deux pâtes de ciment ayant des rapports E/C égaux à 0,25 et 0,65. Dans ce modèle primitif, le rapport de la surface des particules grises représentant les particules de ciment à la partie blanche de l'unité de volume était égal au rapport eau-ciment en masse (Figure 3.1).

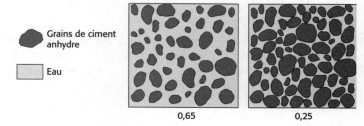

Figure 3.1 Représentation schématique de 2 pâtes de ciment : espacement des grains en fonction du rapport E/C (exemples de E/C = 0,65 et E/C = 0,25).

Ce modèle très primitif montrait que, dans un volume unitaire de pâte, il y a bien sûr beaucoup plus de particules de ciment quand le rapport E/C est de 0,25 plutôt que de 0,65. Mais surtout que les particules de ciment sont alors beaucoup plus proches les unes des autres, conséquence de la réduction importante de la quantité d'eau rendue possible uniquement par l'utilisation d'un superplastifiant.

Il fut amélioré en 2007 par une collaboration avec Dale Bentz (Bentz et Aïtcin, 2008).

Le modèle beaucoup plus sophistiqué, en 3D, qu'il a développé permet de calculer la vraie distance moyenne entre les particules de ciment en fonction du rapport E/C. Également, il montre et quantifie l'influence de la granulométrie des particules de ciment et de leur surface spécifique sur cette distance moyenne entre les particules. En marge, il montre aussi que la surface spécifique Blaine ne permet pas une évaluation adéquate de la microstructure de la pâte de ciment.

Une représentation en deux dimensions du modèle de Bentz est proposée sur la Figure 3.2.

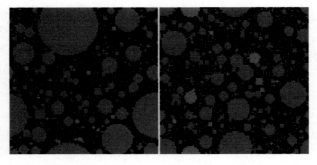

Ciment grossier 310 m²/kg   Ciment fin 380 m²/kg

Figure 3.2 Modèle de Dale Bentz : représentation en 2D.

Ce modèle confirme quantitativement et définitivement la relation entre le rapport E/C et la distance entre les particules d'une pâte de ciment.

Il est alors facile de comprendre que plus E/C est faible, plus l'espace entre les particules de ciment est faible, plus rapidement les hydrates de ciment rempliront ces espaces, plus résistants seront les liens créés par les hydrates formés et, finalement, plus le béton sera résistant. Ceci démystifie le rapport E/C qui devient un nombre ayant une signification physique très simple.

En sus, plus l'espace entre les particules de ciment est faible, plus marqué est l'effet des interactions entre les particules de ciment sur la rhéologie du béton frais nécessitant l'usage d'un superplastifiant. Les pores créés par l'autodessiccation seront plus fins et, s'il n'y a pas de source d'eau extérieure ou de mûrissement interne, les ménisques seront très petits et généreront des efforts de tension très élevés lorsque se développera le retrait endogène.

3.4   L'industrie du béton et le rapport E/C

La pénétration du concept E/C dans l'industrie a été encore plus difficile que dans la tête des étudiants ; ceci est essentiellement dû au fait que, en général, l'industrie du béton se satisfait facilement d'un niveau technique faible et qu'elle ne voit pas la nécessité de s'élever au-dessus de la mêlée. Heureusement, il y a quelques exceptions. John Albinger (Albinger et Moreno, 1994) fut celui qui, à la fin des années 1960, commença à proposer des bétons de 60 MPa pour construire des colonnes de gratte-ciel à Chicago.

L'industrie du béton a toujours été réfractaire à mettre l'accent sur le rapport E/C parce que non facile à déterminer exactement. Il est en effet difficile et pénible de retrouver précisément la quantité d'eau cachée dans les granulats et la quantité d'eau laissée par les chauffeurs au fond de leur cuve après lavage du camion. Il est beaucoup plus aisé de se satisfaire des mesures de l'affaissement et de la résistance en compression à 28 jours du béton produit. En outre, « dans le bon vieux temps » quand le prix du baril de pétrole était de 2 dollars, le ciment Portland ne coûtait pas cher (les dépenses en combustible représentent 30 à 35 % du coût de production du clinker de ciment Portland). Par conséquent, il était beaucoup plus commode de rajouter quelques kilos de ciment de plus dans le malaxeur plutôt que de s'ennuyer à calculer toutes les formes d'eau, y compris cachées.

Cette situation «confortable» commença à changer quand le marché des bétons à haute performance amorça son développement (Aïtcin, 1998). En effet, quand on veut faire des bétons à haute performance économiques, il faut avoir un contrôle total de la quantité d'eau introduite dans le malaxeur sous toutes ses formes. Actuellement, le prix du baril de pétrole et la soutenabilité sont devenus des paramètres majeurs quand on calcule et construit des structures en béton. L'industrie du béton n'a pas d'autre choix que de contrôler le rapport E/C de tous ses bétons. Ce n'est plus simplement une opération ennuyeuse, c'est devenu une nécessité pour la survie de l'industrie du béton.

3.5   Rapport eau-ciment ou eau-liant

Tel que mentionné dans la préface, les liants modernes vont le plus souvent contenir de moins en moins de clinker de ciment Portland et davantage d'ajouts de différentes natures: laitier, cendres volantes, fumées de silice, métakaolin, pouzzolane, filler calcaire, filler siliceux, verre broyé et même 0 % de clinker (Gebauer *et al.*, 2005 ; Cross *et al.*, 2010). Par conséquent, le très simple concept de rapport E/C appartient-il au passé? Doit-on le remplacer et par quoi?

Nous proposons de considérer en plus le rapport E/L obtenu en divisant la masse d'eau effective par la masse de liant: le ciment plus tous les ajouts (cimentaires ou non).

Cependant, la plupart des ajouts cimentaires mélangés au clinker de ciment Portland sont beaucoup moins réactifs que le ciment Portland durant la prise et le début du durcissement et les fillers sont considérés inertes. Alors, sachant que la résistance à court terme et l'imperméabilité du béton durant son durcissement sont essentiellement une fonction des liens créés par l'hydratation initiale de la partie ciment Portland du liant, le rapport eau-ciment n'est pas entièrement du passé. Il demeure une caractéristique importante des bétons modernes fabriqués avec des ciments composés.

Il n'est pas toujours facile de calculer le rapport eau-ciment exact parce que la composition exacte du ciment composé n'est pas toujours connue et parce que certaines normes ne spécifient qu'une gamme de composition potentielle et non une composition précise. Un appel téléphonique au producteur de ciment devrait résoudre ce petit problème.

Il serait un peu simpliste et erroné de penser que les propriétés initiales du béton ne dépendent qu'exclusivement du rapport E/C alors que les propriétés à long terme seraient fonction du rapport E/L. En fait, les propriétés initiales du béton frais dépendent non seulement du rapport E/C et de la «réactivité» du ciment Portland mais aussi de son contenu. La forme et la réactivité des autres matériaux cimentaires introduits dans le ciment proposé influencent aussi les propriétés du béton frais mais généralement à un moindre degré.

Le retrait endogène initial développé dans un béton dépend du rapport E/L et non du rapport E/C parce que c'est la distribution spatiale des particules du liant dans la pâte de ciment qui détermine la distribution des pores dans le squelette solide, la dimension des ménisques, les contraintes générées par ces ménisques et finalement l'intensité du retrait endogène. **Il est nécessaire de considérer les deux rapports E/C et E/L comme également importants quand il s'agit de béton moderne.**

3.6   Comment transformer le rapport E/L en MPa

Nous ne considérerons pas ici comment diminuer le rapport E/L qui sera traité dans le Chapitre 7 relatif aux superplastifiants. Nous verrons plutôt comment, d'un point de vue pratique, il est possible de lier le rapport E/L à la résistance du béton. Comme tous les codes de construction sont basés sur la valeur f_c, il est très important pour les concepteurs de pouvoir passer du rapport E/L à la résistance en compression du béton.

Dans son article « En défense du rapport eau-ciment », Kosmatka (1991) reproduit la courbe originale d'Abrams montrant la relation existant entre la résistance à 28 jours et le rapport eau-ciment. Dans le volume *Design and Control of Concrete Mixtures*, Kosmatka et ses co-auteurs (2002) présentent les relations liant le rapport eau-ciment et la résistance en compression recommandée par la Portland Cement Association pour des bétons faits exclusivement avec des ciments Portland. Étant donné que le contenu cimentaire des liants modernes est très variable, les relations ci-dessus ne conviennent plus, elles peuvent tout juste fournir une valeur indicative.

De plus, du fait de cette variabilité, il n'est pas possible de fournir une relation générale liant la résistance en compression d'un béton avec son rapport E/L. On ne peut obtenir les relations appropriées qu'en effectuant des gâchées d'essai, préférablement en utilisant les équipements de malaxage qui serviront lors de la fabrication du béton.

Nous suggérons de prendre l'approche utilisée par les officiers d'artillerie cherchant à atteindre une cible. À savoir, fabriquer trois bétons expérimentaux ayant des rapports E/L couvrant la résistance en compression visée : une valeur faible, une valeur haute et une intermédiaire. Les caractéristiques du mélange conduisant à la résistance en compression désirée en sont ensuite déduites par interpolation. Dans cette approche, il est très **important** que la valeur faible soit réellement faible et la valeur haute réellement élevée. Propositions pour les valeurs de E/L des trois gâchées d'essai : pour les bétons à haute performance, choisir E/L égal à 0,30, 0,35 et 0,40 ; pour les bétons de résistance normale, choisir E/L égal à 0,40, 0,50 et 0,60. Généralement, ces trois gâchées d'essai suffisent. Si besoin est, on peut extrapoler la composition de bétons ayant une résistance en compression légèrement à l'extérieur du domaine étudié.

Cette méthode permet l'intégration de la diversité des matériaux ainsi que la diversité des équipements de production utilisés. Les producteurs de béton devraient fournir aux concepteurs les relations développées dans un certain domaine prévisible en tenant compte de la variabilité de leur production.

3.7 La soutenabilité des bétons de faible rapport E/L

Nous allons prendre un exemple très simple pour illustrer le fait qu'un béton à haute performance ayant un faible rapport E/L est plus soutenable qu'un béton de résistance normale : il induit une économie de matériaux et de ciment. Considérons deux colonnes de béton non armées construites avec des bétons de 25 et 75 MPa supportant la même charge N (Figure 3.3). La section nécessaire de la colonne du béton 75 MPa est trois fois plus faible que celle du béton 25 MPa et son volume aussi est trois fois plus faible. Donc, construire cette colonne avec le béton de 75 MPa consomme trois fois moins de béton et, en première approximation, trois fois moins de granulats. Cependant, le béton de 75 MPa nécessitant un dosage en ciment plus élevé (environ 450 kg/m^3 contre environ 300 kg/m^3 pour le béton de 25 MPa), la consommation de ciment n'est divisée que par deux environ, ce qui reste appréciable.

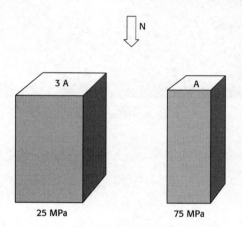

Figure 3.3 Poteaux ou colonnes : économie de section et par suite sur le volume de béton consommé avec l'augmentation de f_c.

Les économies en ciment et en granulats sont moins impressionnantes pour les éléments de béton travaillant en flexion mais Dennis Mitchell de l'Université McGill (communication privée) estime de façon conservatrice qu'elles sont de l'ordre de 20 à 25 %.

Si l'on veut atteindre la soutenabilité quand on conçoit des structures en béton, il ne fait aucun doute qu'il faille envisager l'utilisation de bétons à faible rapport E/L chaque fois que cela est possible. C'est là la contribution la plus importante des concepteurs pour améliorer autant que possible la soutenabilité des structures en béton. De façon à éliminer le flambement et à améliorer la stabilité des structures, il sera nécessaire, dans certains cas, de concevoir des colonnes creuses. Les architectes seront très heureux de cela car ils auront un espace sécurisé pour faire passer tous les câblages inesthétiques qui envahissent les édifices modernes. L'utilisation de piles creuses est déjà très répandue lorsque l'on construit de grands ponts comme le pont de la Confédération au Canada et le viaduc de Millau en France (Figures 3.4 et 3.5). La Tour Khalifa à Dubaï fut construite avec des bétons de faible rapport E/L (Figure 3.6).

Figure 3.4 Pont de la Confédération.

Figure 3.5 Viaduc de Millau.

Figure 3.6 Tour Khalifa à Dubaï.

3.8   Conclusion

Comme on le verra tout au long de ce livre, pour construire des structures durables et soute-nables, il est impératif d'utiliser des bétons de faible rapport E/L et d'être capable d'en contrôler la valeur de façon aussi précise que possible. Il n'y a pas d'autre choix. Ceux qui ne sont pas convaincus que le rapport eau-liant est l'élément le plus fondamental dont dépendent la durabilité, la soutenabilité, la profitabilité et la survie de notre industrie peuvent fermer ce livre et rester dans l'erreur.

CHAPITRE 4

Durabilité, soutenabilité et profitabilité

4.1   Introduction

Une croyance largement répandue voudrait que l'industrie du ciment n'évolue que très lentement. De fait, elle est passée du niveau d'une industrie modeste produisant annuellement seulement 10 millions de tonnes de ciment Portland au début du xxe siècle, à une industrie globale de 2,5 milliards de tonnes de production annuelle à la fin de ce siècle. Historiquement, la consommation de ciment a commencé à croître de façon significative après la fin de la seconde guerre mondiale (Aïtcin, 2007).

D'un point de vue théorique, la fabrication du clinker de ciment Portland a toujours été très simple. Il suffit de chauffer un mélange bien proportionné de calcaire (environ 80 %), d'argile (presque 20 %) et d'oxyde de fer à 1 450 °C et, par la suite, de broyer finement le clinker obtenu en y additionnant 5 % de gypse. Par contre, il n'est pas si simple de produire économiquement des millions de tonnes de ciment dans une usine dont la construction peut coûter de 200 à 300 millions d'euros pour une usine qui ne peut produire rien d'autre que du ciment Portland (Dumez et Jeunemaître, 2000). Les deux chocs pétroliers qui ont augmenté de façon astronomique le coût des combustibles, représentant 30 % du coût de production du clinker de ciment Portland, ont conduit les cimentiers à modifier complètement leurs procédés de fabrication. En l'espace de 15 à 25 ans, le procédé humide a pratiquement disparu. La décarbonatation se fait maintenant dans des tours à l'extérieur du four de façon à minimiser la perte de chaleur durant le procédé. La longueur des fours a diminué considérablement, leur diamètre a beaucoup augmenté ainsi que leur production. Dans les années 1970, un four moderne ne pouvait produire que 2 000 tonnes de clinker par jour contrairement à 10 000 tonnes par jour à l'heure actuelle.

Les pressions des écologistes et des gouvernements ont entraîné la réduction des émissions solides et des émissions de SO_3 et NO_x dans les cimenteries. Techniquement, cette réduction n'a pas été compliquée ni onéreuse. Cependant, quelques cimenteries ont fait face à un nouveau problème : que faire avec les très grandes quantités de poussières de four qui ne pouvaient plus être introduites dans le ciment comme filler calcaire? Ces poussières de four ne pouvaient non plus être entreposées dans des carrières en raison de la possible contamination des eaux de surface et de la nappe phréatique. La Figure 4.1 représente schématiquement les préoccupations essentielles de l'industrie cimentière jusqu'à tout récemment. Dans le passé, l'industrie cimentière connaissait une situation confortable s'accommodant facilement de lents changements face à des contraintes peu sévères et à une augmentation des profits.

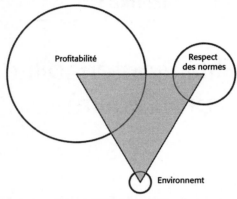

Figure 4.1 Représentation schématique de l'équation de l'industrie cimentière au cours du xxe siècle.

Actuellement, l'industrie cimentière doit faire un nouvel effort d'amélioration du procédé alors que la soutenabilité est devenue le leitmotiv du développement de nos sociétés (Figure 4.2). Mais, cette fois-ci, une action limitée aux cimenteries par une nouvelle réduction des émissions de CO_2 lors de la production du clinker de ciment Portland ne suffit plus. Il devient en plus indispensable d'améliorer la durabilité et la soutenabilité des structures en béton de façon à préserver nos ressources naturelles. L'effort doit donc être fourni conjointement par l'industrie du ciment et celle du béton, deux industries qui, de façon surprenante, n'ont pas beaucoup collaboré par le passé. Dans ce chapitre, nous verrons qu'il n'est ni trop difficile ni trop coûteux de faire face à ces nouveaux défis. Il suffira de mettre en pratique des technologies déjà bien connues. Le véritable défi sera de changer de vieilles habitudes de ces industries.

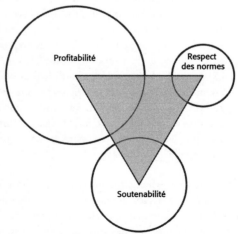

Figure 4.2 Le triangle des Bermudes du xxie siècle.

4.2 Durabilité : le leitmotiv de l'industrie de la construction au xxie siècle

Nous ne pouvons pas continuer à reconstruire tous les 30 ans toutes nos structures parce que mal construites initialement, en utilisant un ciment Portland inadéquat, en ignorant les conditions environnementales, en oubliant l'importance du rapport E/C et en négligeant les procédures de mise en place et de mûrissement (en France, la procédure de mûrissement est souvent désignée par le mot unique « cure »). C'est la responsabilité de l'industrie du ciment d'enseigner et de promouvoir la nécessité de construire des infrastructures durables. Les cimentiers sont les seuls partenaires de l'industrie de la construction qui travaillent à une échelle globale et qui ont les moyens de le faire. Un tel effort éducationnel et promotionnel devrait améliorer la compétitivité et la profitabilité de l'industrie du ciment. Il est particulièrement urgent dans les pays émergents dont la consommation de ciment est appelée à augmenter de façon drastique. L'industrie du ciment devrait profiter des expériences suisses et japonaises dans la construction de structures durables.

Sincèrement, nous espérons que les émissions de CO_2 soient bientôt taxées ; cela créera de nouvelles opportunités d'affaires. Les entreprises qui se lanceront rapidement dans la réduction des émissions de CO_2 par MPa (c'est-à-dire rapportées à la résistance des bétons obtenus) en seront les premières bénéficiaires. On peut facilement démontrer qu'à l'intérieur du même quota de CO_2, on peut fabriquer deux fois plus de béton durable (de plus de 100 ans de cycle de vie) en utilisant les technologie actuellement développées et, ce, sans investissement financier majeur. Le seul investissement nécessaire pour mettre ces présentes technologies en application consistera à convaincre l'industrie de changer ces mauvaises habitudes.

4.2.1 Durabilité et profitabilité

Comme toute autre industrie, l'industrie du ciment doit être profitable, ce qu'elle est déjà. Une de ses grandes réalisations, durant la seconde moitié du xxe siècle, est d'avoir réussi à proposer un produit de qualité et bon marché (remarquablement bon marché malgré les plaintes habituelles des producteurs de béton) tout en atteignant un haut degré de profitabilité. Cette profitabilité est le résultat d'améliorations constantes dans le procédé de fabrication qui ont conduit à un haut degré d'automatisation.

Cependant, il y manque l'effort d'enseignement nécessaire pour l'utilisation adéquate du ciment Portland dans la fabrication du béton. Actuellement, par ignorance ou par erreur, de grandes quantités de béton et, conséquemment, de ciment sont gaspillées parce que :

- les réducteurs d'eau ne sont pas systématiquement utilisés lors de la fabrication du béton ou introduits systématiquement dans la cimenterie durant le broyage final (technique peu développée en Europe) ;
- l'accent est mis sur la résistance sans prendre en compte les conditions environnementales (moins vrai en Europe avec la prise en compte des classes d'exposition, *i.e.* environnement, dans les spécifications du béton selon la norme EN 206-1) ;
- les spécifications de mise en place et de mûrissement sont très mal rédigées ;
- le mûrissement du béton n'est pas adéquatement effectué par les entrepreneurs parce qu'ils ne sont pas spécifiquement payés pour le faire.

Trop souvent, toutes ces fautes élémentaires et bien d'autres contribuent à diminuer la durabilité des structures en béton, ce qui entraîne l'obligation d'effectuer des réparations d'urgence, d'entreprendre de coûteux programmes de réhabilitation ou même, encore plus, de devoir procéder à de coûteux projets de démolition et de reconstruction. Il est toujours difficile et cher de réparer, de réhabiliter ou de démolir un mauvais béton. Ce type de travail génère des coûts de main-d'œuvre très élevés en comparaison desquels les dépenses matérielles sont minimes et sont associées à d'énormes inconvénients sociaux (déviations, embouteillages, accidents, etc.), avec pour résultat qu'à long terme cette situation ne profite ni à l'industrie du ciment ni à celle du béton ni aux payeurs de taxes. Dans une nouvelle structure en béton, le coût du ciment représente de 2 à 4 % du coût total selon le degré de sophistication du système de coffrage et des aciers d'armature tandis que, dans des travaux de réparation et de reconstruction, le ciment représente aussi peu que 0,1 % de ce coût total.

Considérons le cas de la réparation d'un quai dans l'île de Bora Bora. Il nécessitait un programme sérieux de réhabilitation parce que les piles supportant la plate-forme des quais étaient en très mauvais état suite à leur environnement marin et en raison d'un mauvais ciment choisi initialement. En l'an 2000, le coût de la réparation se chiffra à 850 000 $US (environ 650 000 €) sans compter les frais d'ingénierie. Pour effectuer cette réparation, seulement 32 m^3 de béton ont été nécessaires. La plupart des dépenses portaient sur les salaires (plongeurs, menuisiers, travailleurs de l'acier) et sur les frais de voyage et de transport. Le coût de chaque m^3 de béton employé dans ce travail de réhabilitation est revenu à 26 500 $US (soit 20 000 €) ; c'est un des coûts par m^3 de béton les plus chers que nous avons rencontrés durant notre carrière. Pour une construction de qualité, il aurait convenu d'envisager un ciment de la qualité requise dosé à environ 365 kilos par m^3 de béton, soit au total $32 \times 365 = 11\,680$ kilos arrondis à 12 tonnes pour un coût d'environ 34 000 $ (soit 26 000 €). Donc, si d'entrée on avait investi 34 000 $ (26 000 €) dans le ciment adéquat utilisé en quantité suffisante, on aurait économisé 850 000 $ (650 000 €) de réparation.

D'un point de vue économique, le pire compétiteur du béton n'est ni l'acier, ni le bois, ni l'aluminium, ni le verre ou les briques d'argile mais un mauvais béton. Tant et aussi longtemps que les industries du ciment et du béton resteront inactives dans le domaine de l'enseignement des bonnes pratiques du béton et de sa durabilité, elles vont voir décroître leur profitabilité à long terme. En effet, la construction de structures durables requiert une construction initiale faite avec un béton plus performant, pas nécessairement plus cher, qui nécessitera beaucoup moins de travaux de réparation, de réhabilitation ou de démolition.

Les industries du béton et du ciment doivent promouvoir la durabilité pour augmenter leur profitabilité à long terme !

4.2.2 Durabilité et soutenabilité

Il est facile de comprendre pourquoi une amélioration de la durabilité des structures en béton augmente la soutenabilité de l'industrie de la construction. Une structure construite avec un béton durable nécessitera moins de travaux de réparations, retardera et fera décroître significativement les travaux de réhabilitation et allongera le cycle de vie de la structure. Une des conséquences de ces énormes programmes de réhabilitation et de reconstruction est qu'il n'y a plus d'argent frais pour édifier de nouvelles structures. Cela laisse les entrepreneurs indifférents parce qu'ils facturent essentiellement des coûts de main-d'œuvre plutôt que des dépenses de matériaux, mais cela pénalise l'industrie du ciment et du béton. Plus de réparations signifie moins de nouvelles constructions et, par conséquent, moins de consommation de ciment. À l'opposé, comparée à d'autres pays ayant des revenus élevés, la consommation de ciment par habitant de pays aux revenus également élevés comme le Japon et la Suisse reste soutenue. Ceci car les Japonais et les Suisses construisent des structures initialement durables, riches en ciment mais avec un faible rapport E/C, ne nécessitant que peu de réparations.

Il est actuellement très simple de construire des structures durables : il suffit d'utiliser un ciment et des granulats capables de faire face avec succès à des environnements spécifiques en utilisant un béton ayant un rapport E/C ou E/L entre 0,35 et 0,40, qui conserve sa maniabilité pendant 90 minutes, mis en place et mûri correctement avec de l'eau. On peut noter que la durabilité d'un béton dépend toujours de celle de son maillon le plus faible : c'est très souvent le rapport E/C.

Les concepteurs doivent porter beaucoup plus d'attention aux conditions environnementales qu'à la seule résistance mécanique, plus généralement la résistance en compression. Pourquoi utiliser un programme complexe pour calculer les efforts et les déformations dans une structure en ignorant si le béton mis en place sera capable d'atteindre les performances visées, notamment sa résistance f_c à 28 jours et son module élastique E_c et bien d'autres encore, puis de les conserver durant tout son cycle de vie ?

Les producteurs de ciment devront optimiser les caractéristiques de leur ciment, non pas pour augmenter la résistance de leur petit cube de mortier mais plutôt pour maintenir la rhéologie initiale de la pâte de ciment pendant 90 minutes avec l'aide d'adjuvants chimiques (Aïtcin, 2007).

Les prescripteurs devront apprendre à rédiger des spécifications de mise en place et de mûrissement du béton appropriées.

Les entrepreneurs devront être payés spécifiquement pour mûrir le béton.

Alors, il sera facile et peu coûteux de construire des structures durables. C'est une solution gagnante-gagnante pour tous les secteurs de l'industrie de la construction, pour les maîtres d'ouvrage et pour les payeurs de taxes.

4.3 Soutenabilité

Pour l'industrie du ciment, du béton et de la construction, la soutenabilité signifie plus de kN (kilonewtons) avec moins d'émissions de CO_2. En d'autres termes, cela signifie :
- plus de clinker fait avec moins de calcaire et de combustible ;
- plus de ciment avec moins de clinker ;
- plus de béton avec moins de ciment ;
- plus de kN avec moins de ciment et de granulats ;
- plus de structures durables ayant un long cycle de vie.

Nous sommes d'avis que ce défi peut être relevé sans difficulté puisqu'à l'heure actuelle nous maîtrisons toutes les technologies pour atteindre chacun de ces objectifs séparément. Le vrai défi consiste à s'opposer à l'inertie qui caractérise l'industrie. Notre industrie n'est pas reconnue pour son sens de l'innovation mais plutôt pour la mise en valeur de son expérience et de la tradition. Il y a cependant quelques espoirs : l'expérience nous enseigne que la conviction, l'éducation et la patience nous permettent de progresser. La pression politique peut aussi forcer notre industrie à accélérer le changement au niveau de ses habitudes.

Combien d'années a-t-il fallu pour mettre en pratique les découvertes de Féret et Abrams ? Combien d'années a-t-il fallu pour réaliser le potentiel du travail de Freyssinet sur la post-tension ? Combien d'années a-t-il fallu pour que l'industrie du béton réalise le potentiel technique de la fumée de silice ? Combien d'années faudra-t-il pour imposer la durabilité comme le facteur le plus important de la conception des structures ?

Notre industrie construit très rarement deux structures identiques, son modèle n'est pas la production de masse. C'est aussi une industrie soumise à la compétition des concurrents avec des règles qui ont fait que, jusqu'à présent, les gagnants ont toujours été les plus bas soumissionnaires, en d'autres termes les moins-disants.

4.3.1 Comment fabriquer plus de clinker avec moins de calcaire et moins de combustible ?

À l'heure actuelle, dans une cimenterie moderne, la production d'une tonne de clinker implique l'extraction de 1,15 tonnes de calcaire et l'émission de 0,8 à 1,2 tonne de CO_2 que, par souci de simplification, nous arrondirons à 1 tonne. En première approximation, la moitié de ce CO_2 provient de la décarbonatation du calcaire et l'autre moitié du combustible. Est-ce que ces deux valeurs constituent une barrière technologique infranchissable ou peut-on les décroître de façon significative ?

4.3.1.1 Comment fabriquer plus de clinker avec moins de calcaire ?

La chimie du clinker de ciment Portland nous apprend que le cru doit contenir des proportions bien connues de CaO, SiO_2, Al_2O_3 et Fe_2O_3 pour se trouver dans une zone de composition où l'on peut fabriquer du clinker de ciment Portland (composition définie en cimenterie à partir du facteur de saturation en chaux FSC, du module silicique MS et du module alumino-ferrique MAF). En fait, CaO (de la chaux vive, souvent désignée dans la suite simplement par « chaux ») n'est pas exactement un matériau cru, il découle de la décarbonatation entre 800 et 1 000 °C, au début du processus de cuisson, du cru qu'est le calcaire ($CaCO_3$). SiO_2 (de la silice) et Al_2O_3 (de l'alumine) sont deux composants de l'argile. Fe_2O_3 est une impureté du calcaire et de l'argile.

Jusqu'à tout récemment, la façon la plus facile et la plus profitable de faire du clinker de ciment Portland consistait, pour les cimentiers, à trouver des carrières de calcaire et d'argile assez proches l'une de l'autre et proches également d'un marché de ciment Portland. Plus récemment, avec les progrès réalisés dans les transports maritimes ou fluviaux, la proximité d'un port, d'une rivière navigable ou d'un canal représente un avantage économique sérieux favorisant les exportations ou les importations de clinker durant les hauts et les bas de l'industrie de la construction. Cependant, jusqu'à présent, la carrière de calcaire a toujours été le cœur d'une cimenterie.

D'un point de vue théorique, il n'est pas absolument nécessaire de s'appuyer sur une carrière de calcaire comme source de CaO. Si nous observons le diagramme ternaire CaO-SiO$_2$-Al$_2$O$_3$ de la Figure 4.3, nous pouvons voir, par exemple, qu'une combinaison d'anorthite et de quartz ou de gehlénite et quartz associés à du calcaire permet de fabriquer du ciment Portland. Même si nous doutons que les compagnies de ciment envoient leurs géologues sur le terrain pour trouver de nouvelles sources de matériaux primaires, nous sommes certains que, dans un futur rapproché, l'existence d'une source de laitier de haut fourneau (cristallin ou vitreux), ou d'une cendre volante de classe C riche en calcaire, sera considérée au moment de la construction d'une nouvelle cimenterie (Figure 4.3). Même si les émissions de CO$_2$ sont limitées et taxées, le transport de laitier et de cendres volantes peut devenir une opération profitable.

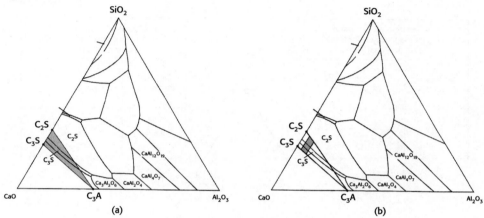

(a) Domaine de coexistence de C$_3$S-C$_2$S-C$_3$S
(b) Domaine d'existence du clinker de ciment Portland

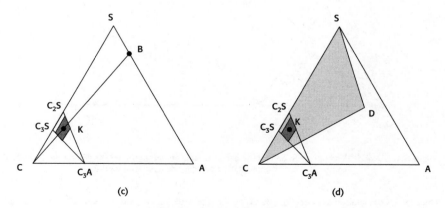

(c) Obtention de clinker (K) à partir d'un mélange binaire de matériaux crus (B)
(d) Obtention de clinker (K) à partir d'un mélange ternaire de matériaux crus (D)

Notation de la chimie des ciments : C = CaO ; S = SiO$_2$; A = Al$_2$O$_3$

Figure 4.3 Diagramme de phases du mélange ternaire CaO-SiO$_2$-Al$_2$O$_3$.

Le remplacement d'une argile par un laitier de haut fourneau qui contient déjà 40 % de CaO entraîne une diminution de 22 % des émissions de CO_2 quand on produit du clinker de ciment Portland (Figure 4.4 et Tableau 4.1) (Aïtcin, 2007c) ou, avec le même quota d'émissions de CO_2, une augmentation de la production de clinker de 28 %. Évidemment, quand on utilise une cendre volante de classe C contenant moins de CaO qu'un laitier, ces pourcentages sont moins impressionnants. En outre, comme nous le verrons dans la prochaine section, si 30 % du ciment Portland est remplacé par 30 % de laitier vitreux (cette fois-ci, il est important que le laitier soit vitreux), il est possible de fabriquer 100 % de plus de liants avec la même quantité d'émissions de CO_2. Si l'industrie du béton met en application ces moyens, elle pourra fabriquer trois fois plus de béton avec la même quantité de CO_2 émis. On peut raisonnablement espérer que ce sera bientôt le cas.

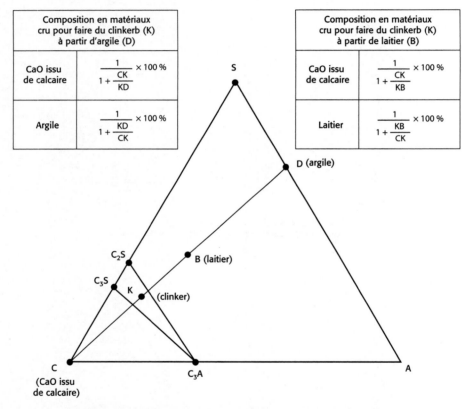

Figure 4.4 Calcul de la composition en matériaux crus pour produire du clinker (K) à partir du CaO issu du calcaire (C) puis d'argile (D) ou de laitier de haut fourneau (B).

Tableau 4.1 Comparaison des émissions de CO2 selon que le clinker est produit à partir d'argile ou de laitier.

Clinker de ciment Portland pur	Émission de CO_2 (ciment Portland pur)		
	Clinker	Combustible	Total
Calcaire + argile	0,49	0,45	0,94
Calcaire + laitier	0,19	0,45	0,64

4.3.1.2 Plus de clinker avec moins de combustible

Le coût du combustible est un élément très important dans le coût total de production du clinker : Scheubel et Natchwey (1997) l'estiment à 30 %. Les augmentations successives du prix du pétrole ont détruit tous les efforts effectués par les cimentiers pour diminuer leur dépendance aux coûts des combustibles.

Dans ce paragraphe, nous ne considérerons pas l'utilisation des combustibles alternatifs très profitable pour l'industrie du ciment, mais cela ne diminue pas les émissions de CO_2 et ne permet pas de fabriquer plus de clinker avec moins de combustible. Pour l'industrie du ciment, c'est simplement une affaire très rentable. Nous insisterons brièvement sur la diminution de la température de clinkérisation grâce à l'utilisation de minéralisateurs.

Il est bien connu que, quand on introduit une faible quantité de fluorine ou de soufre dans le cru, on diminue de 100 à 150 °C la température qu'il faut atteindre dans le four pour produire un clinker réactif. L'utilisation de tel minéralisateur est avantageuse à deux niveaux : elle diminue les coûts du combustible nécessaire pour produire le clinker en même temps que les émissions de CO_2 et NO_x. Il semble cependant que c'est beaucoup plus facile à dire qu'à faire et qu'il faudra attendre encore quelques années pour que cette technologie devienne applicable dans toutes les cimenteries. Mais les motivations financières sont là de sorte que les investissements et les efforts nécessaires de recherche et développement seront faits (Marciano, 2003).

Aussi la fabrication de clinker de ciment Portland ayant une plus faible teneur en C_3S diminue-t-elle les émissions de CO_2.

4.3.2 Plus de ciment avec moins de clinker

Ce n'est pas une idée révolutionnaire que de mélanger du clinker de ciment Portland avec d'autres matériaux cimentaires, désignés dans la suite comme «ajouts cimentaires» (Metha, 2000, Malhotra, 2006) (Figure 4.5).

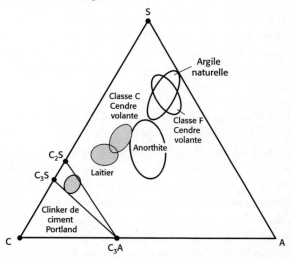

Figure 4.5 Représentation schématique des compositions : du laitier, des cendres volantes de classe F et C, de l'anorthite et des argiles naturelles.

L'Europe est bien en avance dans ce domaine ; les Pays-Bas et la Belgique sont les pays où le taux de substitution moyen est le plus élevé : environ 35 % aux Pays-Bas et 30 % en Belgique. Dans ces deux pays, les entrepreneurs ont été bien entraînés à l'utilisation de ces ciments composés « moins nerveux » et moins robustes que le ciment Portland pur. Évidemment, du ciment Portland pur est toujours produit dans ces deux pays de même que du ciment contenant plus de 50 % d'ajouts cimentaires. En tenant compte des développements technologiques actuels dans le domaine de la diminution du rapport E/L, un taux moyen de substitution de 50 % est tout à fait possible. Ceci signifie qu'avec la quantité de clinker actuellement fabriquée dans le monde, on pourrait faire au moins deux fois plus de béton sans augmenter les émissions de gaz à effet de serre.

Qu'en est-il d'un ciment sans clinker ? Ce ciment a déjà été mis sur le marché en Belgique et aux Pays-Bas par la compagnie Ciment d'Obourg (Gebauer *et al.*, 2005). C'est un mélange de laitier finement broyé, d'anhydrite et d'un activateur alcalin. Un tel ciment est actuellement réservé à des travaux marins très spéciaux mais, comme il obéit toujours à la loi du rapport E/L, rien n'exclut son utilisation dans des constructions plus traditionnelles.

Si l'on regarde à plus long terme, nous aimerions rappeler la réflexion d'un environnementaliste canadien au sujet de la transformation du calcaire en un matériau de construction (Hawken *et al.*, 1999). Il y a plusieurs façons d'y arriver. La première consiste à tailler des blocs de calcaire dans une carrière, préférablement avec des esclaves pour une question de profitabilité et préférablement sous forme de cubes ou parallélépipèdes rectangles pour pouvoir les empiler plus facilement pour construire des pyramides, des ponts, des châteaux ou des cathédrales. Ce n'est pas un procédé rapide ou efficace mais très écologique qui s'inscrit très bien dans une perspective de développement durable. Il y a très peu d'émissions de CO_2 dans ce procédé, à part le CO_2 émis dans les poumons des esclaves. Il existe une deuxième façon beaucoup plus efficace de transformer le calcaire en matériau de construction qui consiste à dynamiter le calcaire, le broyer en une fine poudre, le mélanger avec une proportion adéquate d'argile, le faire cuire à 1 450 °C tout en broyant le résultat de cette fusion en une fine poudre avec un ajout de 5 % de gypse. Par contre, il s'agit d'un procédé peu écologique et peu responsable. La troisième façon consiste à moudre finement de la poudre de calcaire, de la donner à une poule qui, 24 heures plus tard, produira une coquille d'œuf très résistante à la température de son corps !

Birchall et Kelly (1983) ont fait remarquer que l'abalone (ou ormeau) est capable de faire encore beaucoup mieux. L'abalone peut extraire les ions calcium de l'eau de mer, les combiner avec le CO_2 dissous dans l'eau de mer et transformer le tout en une coquille très dure à une température encore plus faible que celle de la poule en train de fabriquer sa coquille. L'idée de Birchall et Kelly a du mérite au point de vue environnemental ; nous devrions commencer par des élevages d'abalones comme on élève des huîtres pour diminuer le taux de gaz carbonique dissous dans l'eau de mer, manger les abalones et moudre les coquilles d'abalones pour les donner à des poules qui produiront des œufs. Ensuite, nous pourrions faire des omelettes aux truffes ou des crèmes brûlées : ceci serait une excellente solution pour transformer du calcaire en un matériau de construction.

4.3.3 Comment faire plus de béton avec moins de ciment ?

D'un point de vue technique et de développement durable, les ciments Portland et les ciments composés mis actuellement sur le marché présentent une faiblesse majeure : leurs particules ont leur surface couverte d'une grande quantité de charges électriques non saturées, négatives et positives, apparues durant le broyage final. Quand ces particules très chargées entrent en contact avec des molécules d'eau très polarisées, elles tendent à floculer (Kreijger, 1980). L'action mécanique des pales du malaxeur peut détruire ces flocs mais, dès que les particules de ciment ne sont plus cisaillées par ces pales, les charges électrostatiques retrouvent leur force d'agglomération et les particules de ciment se remettent à floculer, avec comme conséquence qu'une certaine quantité d'eau demeure piégée à l'intérieur des flocs. Ces molécules d'eau ne sont plus disponibles pour lubrifier la pâte fraîche de ciment, par ailleurs, dans chaque floc, elles forcent les particules de ciment à se tenir éloignées les unes des autres. Cet effet est négatif en regard de la compacité de ciment durci parce qu'elle augmente la porosité et diminue la durabilité et la résistance.

Dans le but d'améliorer la maniabilité du béton, par paresse, facilité ou ignorance, quelques (beaucoup trop) producteurs augmentent la quantité d'eau de gâchage, une approche qui empire la situation. Il y a un moyen plus intelligent et efficace pour résoudre ce problème de floculation : il faut le combattre à son origine. Pour cela, il suffit d'utiliser un composé chimique qui neutralisera un seul type de charges électriques existant à la surface des particules de ciment. Par la suite, à cause des phénomènes de répulsion électrostatique des sites non neutralisés, les particules de ciment seront bien dispersées et l'eau initialement piégée entre les flocs pourra être employée pour lubrifier le béton.

Étant donné que l'alite (C_3S impur) représente la phase la plus abondante dans un clinker et qu'elle est essentiellement saturée de charges négatives, comme nous le verrons au Chapitre 7, les agents dispersants ont habituellement un site actif négatif neutralisant les sites positifs de la bélite (C_2S) et de la phase alumineuse (C_3A et C_4AF). En outre, puisque la phase alumineuse est la plus réactive d'un point de vue chimique, il est particulièrement avantageux d'utiliser un dispersant agissant sur les ions du sulfate de calcium ajouté durant le broyage final du ciment pour contrôler sa prise. Ceci explique le succès des radicaux sulfonate et carboxylate pour disperser les particules de ciment. Quand quelques litres par m^3 de béton ou, même moins, de tels agents dispersifs sont introduits dans le malaxeur, l'affaissement du béton est augmenté ou encore le même affaissement peut être obtenu mais avec 10 à 15 % d'eau en moins.

Cette diminution de la quantité d'eau de gâchage nécessaire pour obtenir un béton ayant un affaissement donné peut être utilisée soit pour économiser une certaine quantité de ciment, soit pour augmenter la durabilité du béton. Jusqu'à présent, les compagnies d'adjuvants ont fait la promotion de l'économie de ciment pour trouver une niche pour leurs affaires dans l'industrie du béton : elles recommandent aux producteurs de béton d'utiliser un réducteur d'eau qui diminuera les coûts de production du béton.

Étant donné que le ciment était un produit peu coûteux, les compagnies d'adjuvants ont mis longtemps sur le marché des lignosulfonates, un sous-produit très bon marché de l'industrie des pâtes à papier pour disperser les particules de ciment et tirer profit de cette application.

Cette méthode a bien fonctionné pendant de nombreuses années jusqu'à ce que deux compagnies, l'une japonaise et l'autre allemande, commencent, pratiquement en même temps, à fabriquer des polysulfonates de synthèses conçus spécialement pour l'industrie du ciment et du béton (il est intéressant de noter que ces polymères dispersants très efficaces sont aussi utilisés dans l'industrie des pâtes à papier, du cuir, et dans bien d'autres industries). Dans l'industrie du béton, ces agents dispersants sont vendus sous le nom de **superplastifiants**. Leur utilisation dans des bétons riches ayant un faible rapport E/L peut diminuer la quantité d'eau de malaxage de 15 % ou plus. Ce sont là des produits clés servant à faire des bétons à hautes performances. Grâce à leur action dispersive très efficace, il est maintenant possible, simultanément, de diminuer le rapport E/L et d'augmenter l'affaissement. Leur action dispersive est si puissante qu'elle permet de fabriquer des bétons avec bien moins d'eau que nécessaire pour hydrater complètement le ciment Portland (E/C = 0,42 selon Powers) ou même moins d'eau que la quantité d'eau stœchiométrique pour hydrater les particules de ciment (E/C = 0,22). Ces chiffres sont explicités au Chapitre 6.

Tous les ciments actuellement produits doivent être défloculés quand ils entrent en contact avec de l'eau. Cependant, parce que ce type d'agent dispersant n'est pas automatiquement ajouté dans les cimenteries et parce que les compagnies d'adjuvants n'ont pas réussi à convaincre les producteurs de béton de les utiliser régulièrement, particulièrement dans les pays émergents, nous estimons qu'à l'échelle mondiale il y a environ 100 millions de tonnes de ciment gaspillées annuellement. L'idée n'est pas de fermer 100 cimenteries mais plutôt de faire plus de béton avec les 100 millions de tonnes de ciment qui auraient pu si aisément être économisées.

Si l'industrie du ciment est vraiment intéressée à rendre le ciment Portland et le béton plus soutenables, elle devrait commencer à additionner plus systématiquement des agents dispersants durant le broyage final. Des opposants à l'idée d'ajouter autre chose que du «gypse» durant le broyage final nous ont dit qu'en Amérique du Nord l'industrie du ciment avait tenté, en vain, de promouvoir l'addition d'agent entraîneur d'air durant le broyage final du ciment Portland pour fabriquer des bétons à air entraîné et que, par conséquent, il fallait éviter de répéter la même erreur. Ces détracteurs ont tort parce que l'entraînement d'air dans un béton dépend d'un grand nombre de facteurs qui n'ont rien à voir avec les caractéristiques du ciment, tandis que l'addition d'un agent dispersant durant le broyage final corrige une faiblesse fondamentale des particules de ciment. Évidemment, chaque cimentier devra trouver la quantité de dispersants appropriée pour chacun de ses ciments. En effet, ce sont les caractéristiques physico-chimiques et morphologiques des particules de ciment qui dictent la quantité et le type d'agent dispersant à utiliser.

Ceci ne signifie pas non plus que les superplastifiants ne seront plus utilisés dans les centrales à béton pour faire des bétons de faible rapport E/L, mais alors ils seront employés en quantité plus faible puisque la défloculation basique aura été assurée par l'agent dispersant introduit dans le ciment durant son broyage final. Les agents dispersants ne seront plus utilisés uniquement pour économiser du ciment afin de fabriquer des bétons ayant un affaissement et une résistance donnés mais plutôt pour diminuer le rapport E/L et améliorer la durabilité du béton. La durabilité du béton découle directement du rapport E/L: plus le rapport E/L est faible, plus le béton est résistant et durable. Ce n'est que dans les cas où la résistance et non la durabilité est le facteur critique de conception qu'on pourra faire des économies de ciment. Dans une perspective de développement durable, nous aimerions renommer les réducteurs d'eau «réducteurs de rapport E/L» pour mettre de l'emphase sur leur rôle essentiel pour rendre le béton plus durable et soutenable. En utilisant la même quantité de ciment, un béton d'un affaissement donné exigera moins d'eau de gâchage de telle sorte que son rapport E/L sera plus faible. La microstructure de la pâte durcie sera en général plus compacte, particulièrement dans la zone de transition entre la pâte et le granulat. Ce béton sera moins perméable aux agents agressifs et par conséquent plus durable. Son espérance de vie augmentera.

4.3.4 Comment supporter des charges plus importantes avec moins de ciment et de granulats?

La résistance d'un béton n'a rien à voir avec la résistance de petits cubes d'un ciment particulier. Comme Féret et Abrams l'ont montré il y a plus de cent ans, la résistance d'un béton est liée directement à son rapport E/L. Comme nous l'avons vu dans le chapitre précédent, plus le rapport E/L est faible, plus le béton est résistant, plus les particules de ciment sont rapprochées les unes des autres, moins il faudra de «colle» pour créer de la résistance et plus faible sera la distance que les aiguilles d'ettringite et les C-S-H devront couvrir pour créer cette «colle». En outre, quand les particules de ciment sont très proches les unes des autres, il y a moins d'eau disponible pour les hydrater de telle sorte que l'hydratation ne se fait plus selon le mode dissolution-précipitation qui produit de magnifiques faisceaux d'aiguilles d'ettringite et des cristaux hexagonaux pratiquement parfaits de portlandite mais plutôt par un procédé de diffusion qui produit une «colle» d'apparence amorphe. Les microscopistes n'aiment pas observer au microscope électronique des pâtes ayant un rapport E/L faible car elles produisent des photos très peu esthétiques.

En dépit du fait que toutes les particules de ciment ne s'hydrateront pas et qu'une partie plus ou moins grande du ciment initial agira comme un filler (très cher), les résultats pratiques montrent que, d'un point de vue résistance (MPa obtenu par kilo de ciment), on utilise moins de ciment et de granulats pour supporter une même charge. C'est un très bon résultat en faveur du développement durable du ciment et du béton. Ainsi, quand on conçoit des structures avec un plus faible rapport E/L, il est possible de fabriquer plus de structures avec la même quantité de ciment tout en leur assurant une plus grande durabilité (Mitchell, 2006).

4.3.5 Comment construire des structures plus durables avec une plus grande durée de vie utile?

Il ne suffit pas de concevoir une structure en utilisant un béton avec un faible rapport E/L pour qu'elle soit durable. La durabilité dépend autant de la sévérité de l'environnement dans lequel elle va exercer sa fonction structurale que de la mise en place de ce béton de faible rapport E/L. La composition de ce béton doit être conçue en étant convaincu que ce béton dure et maintienne ses performances initiales tout au long du cycle de vie de la structure. Les cimentiers proposent des liants spécifiques conçus pour des environnements spéciaux, de l'air entraîné doit être utilisé pour protéger le béton contre les cycles de gel et dégel et les sels de déglaçage, des fibres pour améliorer la résistance à l'abrasion et aux chocs et ainsi de suite.

Mais tous ces bétons spéciaux partagent un point en commun : pour être durables, ils doivent être placés et mûris avec soin, ce qui n'est malheureusement pas toujours le cas. Le mûrissement (cure) est trop souvent négligé, ce qui diminue considérablement la durabilité des structures en béton. En particulier, quand un béton n'est pas mûri correctement, il présente un retrait avec pour conséquences : des fissures de retrait plastique qui apparaissent à la surface du béton tout juste après sa finition, des fissures de retrait endogène qui zèbrent la surface des bétons de faible rapport E/L et enfin des fissures de retrait de séchage qui se développent dans le béton durci.

Il est très simple de mûrir un béton ordinaire. Il suffit d'éviter que l'eau contenue dans ce béton ne s'évapore. Pour cela, il faut soit utiliser un produit de mûrissement, soit fournir une source d'eau extérieure par vaporisation (comme dans les serres) ou en arrosant d'eau ou en utilisant des géotextiles mouillés. On peut aussi réaliser un mûrissement interne en remplaçant une certaine quantité de granulats (gros ou fins) par un volume équivalent de granulats légers saturés. Dans un tel cas, le mûrissement est interne au béton mais externe à la pâte de ciment. Durant l'hydratation du ciment, l'eau qui se trouve dans les pores des granulats légers est aspirée par la pâte de ciment pour hydrater les grains de ciment. Dans un tel cas, on constate que le béton gonfle au lieu de présenter un retrait.

Le développement incontrôlé du retrait endogène peut entraîner de sérieux problèmes de durabilité. Le retrait endogène n'est pas un nouveau type de retrait : tout béton non mûri est sujet au retrait endogène quel que soit son rapport E/L. Mais pour des bétons ayant un rapport E/L élevé, supérieur à 0,50, il est tout à fait négligeable représentant moins de 10 % du retrait de séchage. Au contraire, dans le cas des bétons de faible rapport E/L, il peut être aussi élevé que celui du retrait de séchage des bétons ordinaires et, ce qui est très grave, il se développe durant les premiers jours alors que le béton n'a pas une résistance en tension très élevée. À cause de l'absence de mûrissement approprié, beaucoup de structures construites avec des bétons de faible rapport E/L ne sont finalement que des structures édifiées avec un béton très durable entre les fissures par lesquelles les agents agressifs peuvent pénétrer très facilement et attaquer le premier rang d'armatures en acier.

4.4   Et la profitabilité ?

Comme dans toute activité industrielle, la profitabilité dépend essentiellement de la manière dont on comprend les « règles du jeu » de façon à pouvoir en profiter. La production de ciment et de béton demeure toujours la même activité mais dans le cadre de nouvelles règles. Se contenter de combattre ces nouvelles règles ne représente pas une attitude responsable, au contraire, il faut apprendre aussitôt que possible comment utiliser ces nouvelles règles. Il est très important que l'industrie du ciment et du béton demeure profitable, que cette profitabilité soit liée à la soutenabilité et que l'ensemble de la société, à savoir les payeurs de taxes, leurs enfants, leurs petits-enfants, ceux des actionnaires et les présidents des sociétés de ciment et de béton, en profite également.

4.5   Conclusion

La réduction des émissions de gaz à effet de serre associées à l'industrie du ciment et du béton ne représente pas un défi insurmontable. Nous avons déjà maîtrisé de nombreuses technologies permettant de produire trois à quatre fois plus de béton avec la même quantité de ciment Portland et nous savons faire plus de clinker avec moins de calcaire. Ce défi ne nécessitera pas d'investissements considérables puisqu'il concerne essentiellement des problèmes d'éducation. Cela ne signifie pas que les ajustements nécessaires se feront facilement et rapidement, l'éducation requiert du temps et de la détermination. Notre industrie est basée sur la tradition, les codes et l'expérience et non sur l'innovation. Mais, étant donné qu'elle a réussi des changements drastiques dans le passé, nous pouvons espérer que cela se produira encore cette fois-ci.

Remerciements

Ce chapitre est une version améliorée d'une présentation faite dans l'atelier sur le ciment et le béton à Anna Maria, Floride, en 2006. P.-C. Aïtcin aimerait remercier les organisateurs de l'atelier pour lui avoir permis de reproduire la présente version dans ce volume.

CHAPITRE 5

Les liants modernes

5.1 Introduction

Avec l'eau, le liant est un des deux plus importants composants du béton. À travers le rapport E/L, il influence toutes les propriétés mécaniques du béton frais et du béton durci ainsi que sa durabilité. Étant donné qu'il faut améliorer la soutenabilité du béton, il n'est plus possible de continuer à produire du béton comme on le faisait durant le XXᵉ siècle lorsque seul le profit à court terme était le principal souci. Il est essentiel de mettre en pratique toutes les connaissances disponibles pour minimiser le gaspillage des matériaux et les émissions de gaz à effet de serre, essentiellement le CO_2 associé à la production et à l'utilisation du béton.

En 1900, la production mondiale de ciment était d'environ un million de tonnes. À cette époque, la production de chaque tonne de ciment était accompagnée de l'émission de très nombreuses tonnes de CO_2 à cause de la faible efficacité du processus de production. Malgré cela, globalement, les industries du ciment et du béton n'émettaient finalement que de faibles quantités de CO_2 en raison de la quantité relativement faible de ciment Portland produit. Actuellement, grâce aux progrès technologiques accomplis dans le domaine de la production du clinker de ciment Portland, cette production génère approximativement une tonne de CO_2 (0,80 tonne dans les usines les plus modernes et les plus efficaces) pour chaque tonne de ciment produite. Cependant, comme on peut le voir dans la Figure 5.1 et le Tableau 5.1, la consommation mondiale de ciment continue de progresser sans cesse et est maintenant supérieure à 2,5 milliards de tonnes, ce qui entraîne l'émission de plus de 2,5 milliards de tonnes de CO_2 (Aïtcin, 2008).

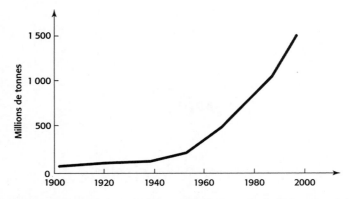

Figure 5.1 Augmentation de la production mondiale de ciment Portland durant le xxᵉ siècle.

Tableau 5.1 Augmentation de la production mondiale de ciment Portland durant le xxᵉ siècle.

Année	Millions de tonnes	Source
1900	10	Estimation
1906	13	Candlot (1906)
1913	39	Davis (1924)
1924	54	Davis (1924)
1938	86	Bogue (1952)
1948	102	Gourdin (1984)
1955	215	ATILH
1965	430	ATILH
1973	717	Gourdin (1984)
1980	850	Gourdin (1984)
1990	1 140	CEMBUREAU
1995	1 440	CEMBUREAU
1998	1 520	CEMBUREAU

Actuellement, l'émission de CO_2 de l'industrie du ciment représente de 6 à 8 % des émissions mondiales de CO_2. Ce n'est pas une grande quantité comparée à celle dégagée par les industries de l'énergie et du transport mais c'est quand même beaucoup pour une seule industrie.

Dans les pays industrialisés, comme on le verra tout au long de ce livre, il est possible de diminuer de façon significative le gaspillage des matériaux et la production de CO_2 liée à la production de liants modernes et du béton. Plusieurs solutions techniques sont déjà disponibles et, dans certains cas, en sont rendues au stage de l'application industrielle. Il ne devrait pas être difficile de diminuer ces émissions de CO_2 dans les pays industrialisés, puisque la consommation de béton y stagne et même décroît légèrement comme on peut le voir dans le Tableau 5.2. Au contraire, ce n'est pas le cas des pays en voie de développement où, pour satisfaire leurs besoins socio-économiques, la production de béton a, comme en Chine, déjà augmenté considérablement ou, comme en Inde, amorcé son augmentation. Le développement de ces pays est accompagné d'une urbanisation massive et d'un développement urbain considérable qui implique une grande consommation de béton. En règle générale, comme on

Tableau 5.2 Consommation de ciment, en kg par habitant
(Source : CEMBUREAU).

Pays	1987	1992	1997	2004
Allemagne	380	455	419	353
Autriche	595	669	605	565
Belgique	415	579	566	557
Chine	168	263	388	712
Danemark	311	241	270	296
Espagne	522	666	681	1 166
États-Unis	342	292	347	409
France	404	376	320	366
Grèce	604	739	716	963
Irlande	345	409	628	1 000
Italie	522	770	593	795
Japon	584	656	622	453
Luxembourg	895	1 247	1 123	1 221
Pays-Bas	334	344	355	313
Portugal	564	769	948	867
Royaume-Uni	260	209	217	216
Suisse	738	658	528	569

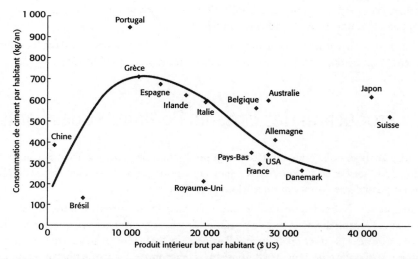

Figure 5.2 Corrélation entre la consommation de ciment par habitant et le produit intérieur brut (PIB) par habitant en 1997 (Scheubel et Nachtwey, 1997).

peut le voir sur la Figure 5.2, la consommation de ciment augmente avec le produit intérieur brut par tête jusqu'à ce qu'il atteigne environ 10 000 $ US (7 500 €) ; par la suite, la consommation individuelle de ciment commence à diminuer pour se stabiliser aux alentours de 300 kilogrammes de ciment par individu et par an dans la plupart des pays industrialisés (Scheubel et Nachtwey, 1997). Il est par conséquent impératif d'encourager les pays en voie de développement à ne pas répéter les erreurs passés des pays industrialisés, à les aider à produire plus de béton avec moins d'émissions de CO_2 (Malhotra, 2006) et moins de perte de matériaux. Si les technologies déjà disponibles pour diminuer les émissions de CO_2 étaient appliquées dans les pays en voie de développement pour la production du béton, il serait possible de doubler la quantité de béton produite sans émettre une tonne supplémentaire de CO_2. Le défi actuel des industries du ciment et du béton est de trouver une façon rapide de mettre en œuvre ces technologies dans les pays en voie de développement.

Pour l'industrie du ciment, ce n'est pas une tâche difficile. Ce changement est en cours du fait de la globalisation du marché du ciment et de la consolidation de l'industrie du ciment. Dans les pays en voie de développement, la production du ciment passe de plus en plus sous le contrôle de sociétés de ciment multinationales qui y construisent des usines modernes pour satisfaire ces marchés émergents. En conséquence, les cimenteries les plus modernes et les plus efficaces se retrouvent actuellement dans les pays en voie de développement et les plus vieilles et les moins efficaces dans les pays industrialisés! La présence de trois grands groupes cimentiers (Cemex, Holcim et Lafarge cités par ordre alphabétique) dans plus de 100 pays aidera certainement l'industrie du ciment à améliorer sa performance en termes d'émission de CO_2 par tonne de clinker de ciment Portland ou de liant produit.

Du côté du béton, la situation n'est pas aussi encourageante. Cela prendra beaucoup plus de temps pour atteindre ces objectifs car, à l'échelle mondiale, l'industrie du béton est très fragmentée. Elle opère localement et possède un très faible niveau technique. Il y a bien quelques sociétés de béton globales qui sont maintenant dans les mains des grands groupes cimentiers. Nous espérons que cette implication des grands groupes cimentiers favorisera le développement d'une nouvelle industrie du béton.

De façon à mieux saisir les transformations qui se produisent maintenant dans les industries du ciment et du béton, il est utile de commencer par un bref rappel historique.

5.2   Production des ciments Portland et des liants

Dans cette analyse, nous nous limiterons à la production de ciment Portland et de liants en Amérique du Nord et en Europe, deux régions que nous connaissons bien et pour lesquelles il nous est possible de donner des statistiques précises.

En Amérique du Nord, le ciment Portland a eu peu de concurrent durant le xxe siècle et c'étaient alors essentiellement des compagnies de ciment européennes qui contrôlaient la majeure partie de la production de ciment Portland aux États-Unis et au Canada. Au contraire, en Europe, l'utilisation de ciments composés s'est développée beaucoup plus tôt et est actuellement rentrée dans les mœurs. Par exemple, l'usage des ciments au laitier fut normalisé dès 1903 en Allemagne. La production de ciments composés augmenta de façon drastique après la seconde guerre mondiale pour faire face aux énormes besoins de reconstruction. Il fut plus rapide, plus facile et plus économique d'augmenter la production de liants en favorisant le mélange du clinker de ciment Portland avec différents ajouts cimentaires (essentiellement des cendres volantes, du laitier et des pouzzolanes naturelles) plutôt qu'en investissant dans la construction de nouvelles cimenteries. La motivation, essentiellement économique, n'avait rien à voir avec la soutenabilité.

5.2.1 Amérique du Nord

En 2000, la situation de marché du ciment était très simple : l'industrie produisait et les ingénieurs spécifiaient essentiellement un ciment Portland connu sous le nom de ciment Portland de Type I/II, bien qu'en réalité cinq différents types de ciment Portland étaient normalisés depuis longtemps (Tennis, 1999). Au Canada, la situation était semblable bien que depuis 1980 les cimentiers avaient le droit d'incorporer 5 % de filler calcaire dans le ciment Portland « pur ». C'était là la seule différence entre le ciment canadien de type 10 et sa contrepartie américaine de type I. Le clinker utilisé dans les deux ciments était le même. Le Canada se différenciait aussi des USA par l'introduction, au début des années 1980, d'un ciment composé à la fumée de silice contenant 7 à 8 % de fumée de silice. En raison de son faible taux de production, ce ciment très efficace fut utilisé exclusivement dans l'Est du Canada. Il a servi à la construction de très grandes structures en béton telles que la plate-forme pétrolière Hibernia et le Pont de la Confédération entre le Nouveau-Brunswick et l'Île du Prince-Édouard.

Vers 1940, 5 types de ciment Portland furent normalisés aux USA :

• Type I : ciment Portland ordinaire ;
• Type II : ciment Portland avec une chaleur d'hydratation modérée et une résistance modérée aux sulfates ;
• Type III : ciment avec une haute résistance initiale ;
• Type IV : ciment avec une faible chaleur d'hydratation ;
• Type V : ciment Portland résistant aux sulfates.

Cela ne signifie pas que tous ces ciments étaient disponibles sur le marché. Par exemple, pendant de très nombreuses années, le ciment de Type IV n'a pas été produit.

En 1998, aux USA, il ne se fabriquait qu'un seul type de ciment Portland désigné Type I/II : un ciment qui satisfaisait les exigences de la norme ASTM C 9 pour les deux types de ciment dont les spécifications étaient communes. Comme on peut le voir dans le Tableau 5.3, il représentait 90 % de la production totale de ciment. Les 10 % restant étaient partagés entre le ciment de Type III, le ciment de Type V et le ciment à maçonner. Le ciment de Type III était surtout utilisé dans les usines de préfabrication et dans les centrales à béton, en hiver, dans le Nord-Est des USA et au Canada. Le ciment de Type V était employé dans les régions susceptibles de présenter des attaques de sulfates comme en Californie. Les ciments à maçonner étaient et sont toujours composés d'un mélange très finement broyé de 50 % de clinker de ciment Portland de Type I/II et de 50 % de filler calcaire auquel on ajoute différents adjuvants tels qu'un agent entraîneur d'air et un modificateur de viscosité. Cependant, on peut noter aujourd'hui un retour vers un mélange de 50 % de clinker de ciment Portland et 50 % de chaux comme dans le bon vieux temps.

La production de liants différents du ciment Portland était négligeable en comparaison des 90 millions de tonnes de ciment Portland produites chaque année. Depuis l'an 2000, la situation a un peu changé : les USA sont bien loin d'atteindre le taux d'utilisation de ciment composé des Pays-Bas et de la Belgique, deux pays où la pénétration des ciments composés dans l'industrie de la construction est la plus grande (Aïtcin, 2007).

Tableau 5.3 Production des différents ciments en 1998 aux USA.

Type de ciment		Millions de tonnes	%
Types I et II	Usages courants	85,07	90
Type III	Haute résistance initiale	3,15	3,3
Type V	Résistant aux sulfates	2,76	2,9
Pour puits de pétrole		0,80	0,8
Blanc		0,79	0,8
Pour blocs à maçonner		0,59	0,6
Ciments composés		0,67	0,7
Ciments expansifs et à prise contrôlée		0,05	Négligeable
Autres		0,08	Négligeable

5.2.2 Europe

En l'an 2000, la situation était tout à fait différente en Europe. On y produisait beaucoup de ciments composés incluant des ciments binaires contenant de très forts pourcentages de filler calcaire. Les normes européennes actuelles reconnaissent 174 types différents de liants ! Un tel nombre de ciments normalisés est le résultat des compromis nécessaires effectués lors de l'établissement des normes européennes pour tenir compte des diverses normes nationales antérieures et des quatre classes de résistance des ciments. Au vu de cette complexité, et même si tous les ciments autorisés ne sont pas fabriqués, on peut se demander si le bon liant est utilisé dans chaque application particulière.

En France, en 2011, la production de clinker était de 15,2 millions de tonnes, ce qui conduisait à une production de ciment de 19,4 millions de tonnes (pour une consommation de 21,4 millions de tonnes). Cette production, destinée pour l'essentiel au secteur du bâtiment (62,5 %), se répartissait en 26,8 % de CEM I (sans ajout), 51,7 % de CEM II (ciments composés renfermant jusqu'à 35 % d'additions), 12,9 % de CEM III et V (ciments aux laitiers ou laitiers et cendres), le reste étant des liants divers (blancs, alumineux, à maçonner, …). En dehors du clinker, les principaux constituants des ciments étaient le calcaire (1,73 million de tonnes), le laitier de haut fourneau (1,64 million de tonnes) et les cendres volantes (0,18 million de tonnes) sans oublier le gypse (0,78 million de tonnes) (données Syndicat français de l'Industrie cimentière, Infociments, 2012).

Ces chiffres sont à rapprocher de ceux de 2002 où, pour une production un peu plus élevée de clinker (16,5 millions de tonnes), la production de ciment était la même (19,4 millions de tonnes). Ceci s'explique par, en 2002, la production d'une plus forte proportion de ciment sans ajout CEM I (35,1 %) et d'une plus faible proportion de ciments composés : CEM II (50 %), ciments aux laitiers ou laitiers et cendres (7,6 %). Les principaux constituants des ciments étaient le calcaire (1,97 million de tonnes), le laitier de haut fourneau (1,06 million de tonnes) et les cendres volantes (0,19 million de tonnes) sans oublier le gypse (0,78 million de tonnes) (données Syndicat français de l'Industrie cimentière, Infociments, 2002).

Ainsi, en France en moins de 10 ans, et pour un marché équivalent, la part de ciments sans ajout à pratiquement diminué de 9 % au profit de ciments plus soutenables, grâce surtout au développement de ciments aux laitiers.

5.3 Fabrication des liants modernes dans une perspective de développement durable

La prise en compte du développement durable dans les industries du ciment et du béton amènera de profonds changements dans la composition des liants. À long terme, il sera pratiquement impossible de trouver du ciment Portland « pur ». Par contre, le marché présentera toute une gamme de liants contenant différentes proportions de clinker de ciment Portland mélangé avec divers ajouts cimentaires. Comme nous l'avons vu précédemment, la substitution de 1 kilogramme de clinker de ciment Portland par 1 kilo d'ajouts cimentaires fait décroître de 1 kilo la quantité de CO_2 émis durant la fabrication du liant. Il ne fait cependant aucun doute que les liants qui seront utilisés dans l'avenir contiendront toujours une certaine quantité de clinker de ciment Portland.

5.3.1 Fabrication du clinker de ciment Portland

Le clinker de ciment Portland est obtenu par chauffage à 1 450 °C environ d'un mélange bien proportionné de calcaire, d'argile ou de schiste. Ce mélange doit avoir une composition chimique parfaitement définie au niveau des teneurs en CaO, SiO_2, Al_2O_3 et F_2O_3 pour que les quatre minéraux suivants puissent se former :

- silicate tricalcique, $3\,CaO\,SiO_2$ (C_3S) ;
- silicate bicalcique, $2\,CaO\,SiO_2$ (C_2S) ;
- aluminate tricalcique, $3\,CaO\,Al_2O_3$ (C_3A) ;
- ferroalumino tétracalcique, $4\,CaO\,Al_2O_3\,Fe_2O_3$ (C_4AF).

Dans les notations chimiques cimentières simplifiées, (C) représente CaO, (S) représente SiO_2, (A) représente Al_2O_3 et (F) représente Fe_2O_3.

Quand on examine une section mince de clinker sous un microscope optique (Figure 5.3) ou avec un microscope électronique (Figure 5.4), on distingue très nettement la forme polygonale des cristaux de C_3S et la forme arrondie des cristaux de C_2S (Figure 5.3). Généralement, les cristaux de C_2S sont striés (Figure 5.5) alors que les cristaux de C_3S sont lisses (Figure 5.6). Les cristaux de C_3S et de C_2S sont enchâssés dans une matrice interstitielle (Figures 5.3, 5.4), en majeure partie vitreuse, constituée par la part alumineuse, $C_3A + C_4AF$, du clinker.

Dans la Figure 5.7, on peut voir que quelques petits cristaux se sont déposés sur la surface des cristaux de C_3S et C_2S. En général, ce sont des sulfates alcalins.

Dans quelques cas, on peut voir des amas de cristaux de chaux libre (chaux vive CaO) là où une grosse particule de calcaire n'a pu réagir complètement avec la silice (Figure 5.8).

La Figure 5.9 présente un nid de bélite formé par l'agglomération de plusieurs cristaux de C_2S contigus là où une grosse particule de silice n'a pu réagir complètement avec la chaux pour former du C_3S.

De la bélite secondaire formée lors d'un refroidissement lent du clinker peut être observée sur quelques cristaux d'alite suite à une exsolution du CaO (Figure 5.10).

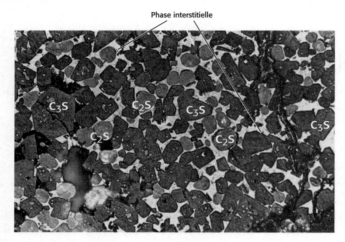

Figure 5.3 Surface polie d'une particule de clinker après attaque par l'acide succinique.
(Courtoisie de A. Tagnit-Hamou)

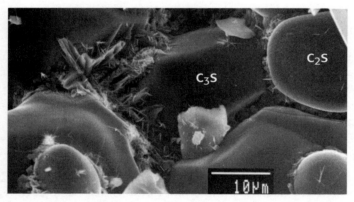

Figure 5.4 Clinker de ciment Portland vu au microscope électronique. (Courtoisie de A. Tagnit-Hamou)

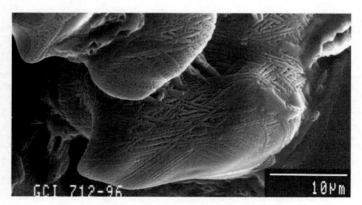

Figure 5.5 Cristaux striés de bélite. (Courtoisie de A. Tagnit-Hamou)

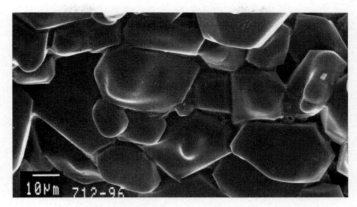

Figure 5.6 Grands cristaux d'alite. (Courtoisie de A. Tagnit-Hamou)

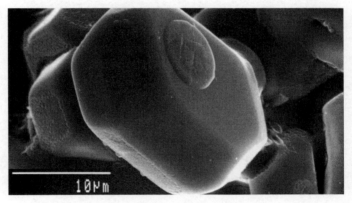

Figure 5.7 Dépôts sur des cristaux d'alite. (Courtoisie de A. Tagnit-Hamou)

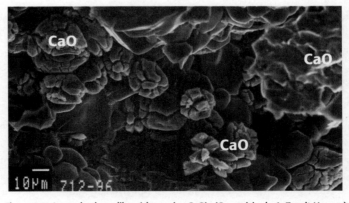

Figure 5.8 Amas de chaux libre (chaux vive CaO). (Courtoisie de A. Tagnit-Hamou)

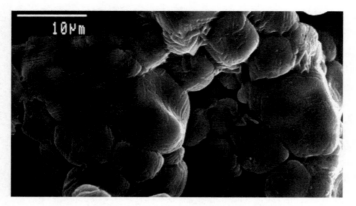

Figure 5.9 Nids de bélite. (Courtoisie de A. Tagnit-Hamou)

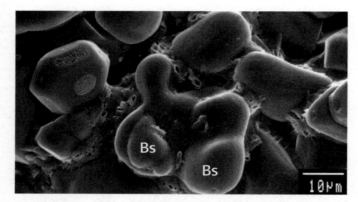

Figure 5.10 Bélite secondaire (Bs) formée lors d'un refroidissement lent du clinker.
(Courtoisie de A. Tagnit-Hamou)

Les nodules de clinker ont des morphologies qui dépendent de :
- la composition du cru ;
- des impuretés contenues dans le cru ;
- la finesse du cru quand il entre dans le four ;
- la durée du séjour des matières premières dans les différentes parties du four ;
- la température atteinte dans la zone de clinkérisation ;
- la nature de l'atmosphère dans le four (oxydante ou réductrice) ;
- la durée du séjour du clinker dans la zone de clinkérisation ;
- la rapidité de la trempe du clinker après son passage dans la zone de clinkérisation ;
- etc.

Par conséquent, il est pratiquement impossible de produire deux clinkers identiques dans deux usines à ciment différentes. Même dans les usines qui possèdent plusieurs fours, bien que produits à partir du même cru et du même combustible, les clinkers obtenus à partir de chaque four ne sont pas identiques.

Il est important pour un producteur de ciment de contrôler la composition chimique du cru ; ceci est une condition essentielle pour produire un clinker de qualité mais ce n'est pas une condition suffisante. À composition constante du cru utilisé, la qualité du clinker obtenu peut varier. Comme déjà vu, de nombreux facteurs autres que la composition chimique influencent les propriétés du clinker. Pour produire un clinker de qualité, les producteurs de ciment doivent aussi contrôler **tous** les autres facteurs. Les producteurs de ciment doivent construire des silos à clinker pour homogénéiser le clinker produit. Ils doivent homogénéiser aussi le ciment produit en le maintenant en mouvement dans les silos avant de le mélanger éventuellement à des ajouts cimentaires ou de l'expédier.

La Figure 5.11 représente schématiquement les réactions chimiques qui transforment le cru en clinker et la Figure 5.12 montre l'endroit de production de ces réactions chimiques dans un four équipé d'un précalcinateur.

Le développement de précalcinateurs en amont des fours pour décarbonater les matières premières en quelques minutes a permis de :
• raccourcir les fours à ciment ;
• augmenter leur diamètre ;
• augmenter de façon significative la production journalière.

En Asie, certains fours modernes peuvent produire jusqu'à 10 000 tonnes de clinker par jour tandis que, dans les années 1960, un four à ciment typique produisait seulement 2 000 tonnes de clinker par jour.

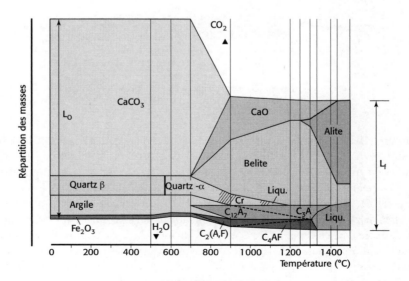

Figure 5.11 Transformation du cru en clinker
(avec la permission de KHD Humboldt Wedag, 1986).

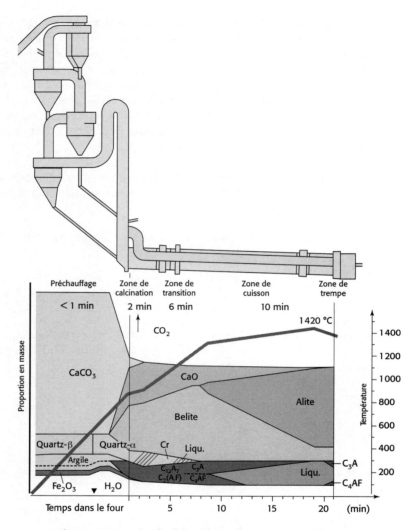

Figure 5.12 Formation du clinker dans un four court avec précalcination.
(Courtoisie de KHD Humboldt Wedag)

On voit sur le Tableau 5.4 que la quantité de silice à l'origine de tous les ciments passés ici en revue ne varie que de 24 à 29 % tandis que celle de CaO reste aux alentours de 70 %. Ce sont les teneurs en Al_2O_3 et Fe_2O_3 qui, proportionnellement, présentent les plus grandes diffé-rences. Par exemple, la teneur en Fe_2O_3 d'un ciment blanc est inférieure à 1 % (plus cette teneur en Fe_2O_3 est faible, plus le ciment est blanc). Ce sont les ciments résistants aux sulfates qui affichent la plus haute teneur en Fe_2O_3 (celui du tableau en contient 4,5 %), ils sont donc foncés. Dans ce type de ciment, on favorise la formation de C_4AF dans la phase interstitielle plutôt que la formation de C_3A. Quand ce ciment réagit avec le gypse ajouté pour contrôler sa rhéologie, il se forme des cristaux ressemblant à de l'ettringite qui sont plus stables face aux sulfates que les cristaux d'ettringite proprement dite (issue de la réaction du C_3A avec le gypse).

Tableau 5.4 Composition chimique moyenne et composition potentielle de Bogue de quelques ciments Portland (en %).

Oxyde	CEM I 32,5	CEM I 52,5	US Type I sans filler calcaire	Canadien Type 10 avec filler calcaire	Type 20M à faible chaleur d'hydratation	US Type V résistant aux sulfates	Ciment à faible teneur en alcali	Ciment blanc
CaO	64,40	66,28	63,92	63,21	63,42	61,29	65,44	69,53
SiO$_2$	20,55	20,66	20,57	20,52	24,13	21,34	21,13	23,84
Al$_2$O$_3$	5,21	5,55	4,28	4,63	3,21	2,92	4,53	4,65
Fe$_2$O$_3$	2,93	3,54	1,84	2,85	5,15	4,13	3,67	0,33
MgO	2,09	0,90	2,79	2,38	1,80	4,15	0,95	0,49
K$_2$O	0,90	0,69	0,52	0,82	0,68	0,68	0,21	0,06
Na$_2$O	0,20	0,30	0,34	0,28	0,17	0,17	0,10	0,03
Na$_2$O équiv.	0,79	0,75	0,63	0,74	0,30	0,56	0,22	0,07
SO$_3$	1,60	2,40	3,44	3,20	0,84	4,29	2,65	1,06
L.O.I.	—	—	1,51	1,69	0,30	1,20	1,12	1,60
Chaux libre	1,50	—	0,77	0,87	0,40	—	0,92	—
Insolubles	—	—	0,18	0,64	—	—	0,16	—
Composition Bogue								
C$_3$S	61	70	63	54	43	50	63	70
C$_2$S	13	6,1	12	18	37	24	13	20
C$_3$A	8,9	8,7	8,2	7,4	0	0,8	5,8	11,8
C$_4$AF	8,9	10,8	5,6	8,7	15	12,6	11,2	1
C$_3$S + C$_2$S	74	76	75	72	80	74	76	90
C$_3$A + C$_4$AF	17,8	19,5	13,8	16,1	15	13,4	17	12,8
Surface spécifique (m^2/kg)	350	570	480	360	340	390	400	460

Le Tableau 5.4 montre que le contenu en alcali du clinker et par suite du ciment varie aussi. Il dépend essentiellement du niveau des alcalins présents dans le cru et dans le combustible et est habituellement exprimé sous la forme du contenu en Na$_2$O équivalent [Na$_2$O équivalent (%) = Na$_2$O (%) + 0,658 K$_2$O (%)].

Habituellement, on peut calculer la composition phasique d'un ciment en utilisant la formule de Bogue appelée «la composition potentielle de Bogue». L'adjectif *potentiel* rappelle que la formule de Bogue s'appuie sur un certain nombre d'hypothèses pas toujours «réalisées» dans le four. Comme on peut le voir dans le Tableau 5.4, bien que la composition de Bogue des ciments Portland montre des compositions phasiques très différentes selon le type de ciment, le total des deux silicates (C$_3$S + C$_2$S) reste stable, compris entre 70 et 80 %, et la phase interstitielle (C$_3$A + C$_4$AF) cantonnée entre 15 et 16 % de la masse du clinker. On note également que la composition phasique du clinker de type 20M, produit spécifiquement pour Hydro Québec pour construire ses barrages, est très différente de la composition courante. En effet, d'après les spécifications d'Hydro Québec, ce ciment doit contenir moins de 3 % de C$_3$A de façon à limiter sa chaleur d'hydratation et doit avoir en outre une faible teneur en alcali. La production de ce clinker requiert une attention particulière de la part du cimentier et il ne peut pas être produit au même rythme qu'un autre clinker. Notamment, sa phase interstitielle est si liquide qu'elle a tendance à se séparer de la phase silicate dans la zone de clinkérisation.

On trouvera dans *Binders for Durable and Sustainable Concrete* (Aïtcin, 2008) une description plus détaillée de la fabrication du ciment Portland.

5.3.1.1 Le ciment Portland idéal

Le ciment Portland idéal ne nécessite pas d'être particulièrement fin parce que, d'une part, pour limiter la fissuration et augmenter la durabilité, il est plus important de rapprocher le plus possible les particules de ciment les unes des autres, et, d'autre part, la résistance et la durabilité désirées peuvent être atteintes sans qu'il soit nécessaire de produire la quantité maximale de C-S-H.

Pour la plupart des applications actuelles, nous suggérons ce qui suit.
- Une **finesse Blaine maximale** de 350 m²/kg.
- La même teneur en SO_3 que celle actuellement fixée pour le ciment de Type V ASTM ayant un contenu en C_3A inférieur à 5 %.
- Au sujet de la résistance en compression des petits cubes de mortier, il serait préférable d'instaurer une valeur minimale et maximale de la résistance en compression plutôt que d'imposer seulement une résistance minimale.
- Enfin, **nous aimerions rajouter une exigence essentielle manquant dans les normes actuelles : un essai qui assurerait que la rhéologie initiale du ciment n'est pas trop altérée durant la première heure et demie qui suit le mélange du ciment et de l'eau.**

Les temps de prises initiale et finale des normes actuelles ne mesurent, que de façon indirecte, la vitesse de durcissement d'un ciment particulier et sont inappropriés pour caractériser sa rhéologie au cours de la période durant laquelle elle doit absolument être maîtrisée. Quand les ciments actuels commencent à durcir, cela fait au moins deux à cinq heures qu'ils sont dans les coffrages.

5.3.1.2 Les effets pervers du C₃A

5.3.1.2.1 Sur la rhéologie du béton

Il est bien connu que le C_3A est la phase la plus réactive du ciment Portland et que la façon la plus simple et la plus économique de contrôler son hydratation initiale, et avec lui de l'ensemble de la phase interstitielle, est d'ajouter un peu de sulfate de calcium. En l'absence de sulfate de calcium, le C_3A s'hydraterait pratiquement instantanément sous forme d'hydrogrenat. Par contre, en présence d'ions sulfate, le C_3A produit de l'ettringite qui, très vite, tapisse la surface des grains de ciment et ralentit radicalement leur hydratation, c'est la période dormante. Celle-ci se termine quand de la portlandite commence à précipiter et l'hydratation du C_3A reprend, produisant alors de l'ettringite sous forme de longues aiguilles. Quand la source de sulfate de calcium ajouté au ciment est épuisée, les ions SO_4^{2-} deviennent rares et l'ettringite devient à son tour une source de sulfate de calcium en se transformant en monosulfoaluminate de calcium hydraté. Quand l'ettringite ne procure plus d'ions SO_4^{2-}, la quantité de C_3A restante s'hydrate sous forme d'hydrogrenats, mais quand ces deux minéraux se forment, cela fait longtemps que le béton a été mis en place dans les coffrages et qu'il a commencé à durcir.

En principe, dans un béton prêt à être décoffré, âgé de 1 à 3 jours, on peut trouver un peu de monosulfoaluminate, un peu d'ettringite et un peu d'hydrogrenat. Par contre, les images diffusées d'observations au microscope électronique montrent surtout les cristaux d'ettringite plus photogéniques.

Quand un ciment Portland a été incorrectement sulfaté, il peut soit donner lieu à un phénomène de prise éclair en cas de sous-sulfatage, le C_3A s'hydratant directement sous forme d'hydrogrenats, soit donner lieu à un phénomène de fausse prise lorsque, durant le broyage, une trop grande quantité de gypse a été transformée en hémihydrate. Dans un tel cas, une augmentation de la durée de malaxage restaure la maniabilité. Par contre, dans le cas de la prise éclair, l'addition d'eau empire la situation.

5.3.1.2.2 Sur la compatibilité et la robustesse des superplastifiants à base de polysulfonates

Durant le broyage final du ciment Portland, de nombreuses charges électriques apparaissent sur les surfaces fracturées des particules de ciment. Essentiellement des charges négatives sur les cristaux de C_3S et des charges positives sur les cristaux de C_2S, C_3A et C_4AF. À cause de ces très nombreuses charges électriques superficielles non saturées, les particules de ciment floculent très rapidement quand elles entrent en contact avec un liquide aussi polaire que l'eau. Par conséquent, pour améliorer leur performance, **tous les ciments** doivent être défloculés. Ceci est obtenu par le recours à des molécules organiques connues sous le nom de réducteurs d'eau ou superplastifiants qui neutralisent les charges électriques superficielles non saturées à l'origine de la floculation et assurent une bonne dispersion des particules de ciment. Pendant près de cinquante ans, des réducteurs d'eau à base de lignosulfonates ont été utilisés avec succès. On a aussi employé des carboxylates mais à une moindre échelle car certaines de ces molécules étaient légèrement plus chères et parce qu'elles retardaient l'obtention de résistance à court terme.

Aujourd'hui, les polysulfonates et polycarboxylates sont utilisés de façon extensive pour diminuer le rapport E/L ou E/C de façon à produire des bétons à haute performance. Les polysulfonates et polycarboxylates sont des adjuvants dispersants très efficaces. En raison d'un rapport coût/performance plus avantageux, les polysulfonates de naphtalène, appelés polynaphtalènes, sont les plus employés dans les bétons prêts à l'emploi. Ce n'est qu'avec les ciments ayant une forte teneur en C_3A et C_3S utilisés dans les usines de préfabrication, quand en outre il n'est pas nécessaire d'entraîner de l'air, que la préférence est donnée aux polycarboxylates.

Quand on empêche les particules de ciment de floculer, non seulement elles sont bien dispersées dans la masse de béton mais aussi toute l'eau qui était piégée à l'intérieur des flocs peut jouer un rôle de lubrifiant, ce qui a pour effet d'améliorer la maniabilité du béton. On peut donc obtenir la même maniabilité avec moins d'eau de gâchage ou un affaissement plus élevé avec une plus faible quantité d'eau; l'eau n'est plus le seul moyen de contrôler la rhéologie du béton. Les polysulfonates et polycarboxylates offrent beaucoup de flexibilité et de possibilités. Évidemment, la réaction d'hydratation du ciment Portland est modifiée par la présence de ces molécules organiques qui recouvrent les particules de ciment et qui, jusqu'à un certain point, peuvent agir comme barrière face aux molécules d'eau. Il faut donc trouver le bon équilibre entre les espèces ioniques dans la solution interstitielle du béton frais. Dans certains cas, on a trouvé que les terminaisons SO_3^- des polysulfonates réagissaient avec le C_3A pour former un matériau organominéral ressemblant à de l'ettringite qui, cependant, ne cristallise pas en de très beaux faisceaux d'aiguilles mais plutôt comme un matériau amorphe. Quand beaucoup trop de molécules de polysulfonates réagissent de la sorte avec le C_3A, on constate une perte d'affaissement plus ou moins rapide qui dépend de la quantité de molécules de superplastifiants ainsi piégées.

5.3.1.2.3 La durabilité du béton

Chaque fois que l'on observe un béton de ciment Portland endommagé au microscope électronique, il est toujours surprenant de voir d'aussi grandes quantités d'aiguilles d'ettringite parfaitement cristallisées. On trouve ces cristaux d'ettringite dans les fissures, dans la zone de transition entre pâte et granulats et aussi dans les bulles d'air. Il est bien connu, mais pas forcément bien expliqué, que quand l'ettringite se forme dans un milieu riche en chaux, ce qui est le cas du béton de ciment Portland, elle cristallise sous une forme instable et expansive. Cependant, quand cette ettringite se forme en présence d'une quantité réduite de chaux, comme dans les ciments sursulfatés, elle cristallise sous une forme très stable non expansive (Gebauer *et al.*, 2005).

L'observation de la surface fracturée d'un échantillon de béton à haute performance ayant un rapport E/L de 0,35 et un facteur d'espacement (valeur caractérisant la dispersion des microbulles d'air entraîné pour assurer la résistance au gel-dégel) de 180 µm, désagrégé par 1 960 cycles de gel-dégel selon la procédure A de la norme ASTM C666 (gel et dégel dans l'eau), a montré qu'elle était couverte d'ettringite. L'intérieur de quelques bulles d'air avait également été envahi par de magnifiques faisceaux d'ettringite, fournissant ainsi une preuve que la solution interstitielle du béton se déplace vers les bulles d'air durant les cycles de gel-dégel.

Quand certains bétons fissurés, apparaissant extérieurement en bon état, sont observés sous un microscope électronique, on trouve de l'ettringite à l'intérieur des fissures. Cette ettringite est appelée ettringite secondaire parce qu'elle a cristallisé après la formation des fissures.

La durabilité des bétons face à l'attaque de l'eau de mer peut être aussi liée à la teneur en C_3A du ciment Portland. Par conséquent, moins il y a de C_3A dans un clinker, mieux cela vaut.

5.3.1.3 Comment faire du béton avec un ciment ASTM de Type V

La gamme des bétons actuellement utilisés dans l'industrie s'est beaucoup étendue ces dernières années grâce à l'emploi d'adjuvants spécifiques de plus en plus efficaces quant à leurs effets. Les bétons de faible rapport E/L, les bétons autoplaçants, les bétons à haute performance compactés au rouleau, les bétons renforcés de fibres, les bétons de poudre réactive à ultra haute performance et les bétons coulés sous l'eau ont été développés et sont de plus en plus utilisés. Est-il possible de fabriquer tous ces bétons «intelligents» avec un ciment Portland ou des liants hydrauliques fabriqués à partir d'un clinker de ciment Portland de Type V? Ce ciment, résistant aux sulfates, est caractérisé par une faible teneur en C_3S et une teneur limitée en C_3A. Il est en contrepartie plus dosé en C_2S et C_4AF. Bien sûr, les spécifications du ciment Portland de Type V sont compatibles avec les exigences requises et une finesse Blaine de 300 m^2/kg pourrait être suffisante.

Cependant, si un clinker de Type V est moulu à une finesse de 350 m^2/kg, il peut servir sans adaptation particulière dans la plupart des applications dans lesquelles un ciment de Type I ou II est actuellement utilisé. Le béton obtenu sera plus foncé et légèrement moins résistant à 24 heures, mais il aura moins tendance à se fissurer à l'état plastique, présentera moins de retrait endogène et moins de retrait de séchage s'il est mûri de façon correcte. Dans les pays chauds, un tel clinker est idéal étant donné qu'il est très facile de contrôler sa rhéologie grâce à sa réactivité réduite.

L'acquisition de résistance plus lente lors de l'utilisation de ciments à faible teneur en C_3S et C_3A peut être facilement corrigée en diminuant légèrement le rapport E/C ou E/L ou en augmentant la température initiale du béton. Étant donné que ces ciments ont une faible teneur en C_3A, ils sont compatibles avec tout polysulfonate de bonne qualité. En outre, il suffit d'un tout petit peu de superplastifiant pour diminuer significativement la quantité d'eau de gâchage et augmenter significativement la résistance initiale du béton. Les polymélamines, en général, permettent d'augmenter la résistance en compression initiale du béton davantage que les polysulfonates ou les polycarboxylates.

Pour les bétons autoplaçants, l'utilisation d'un clinker de Type V est très avantageuse du fait de sa faible réactivité et de sa relativement faible finesse Blaine, et il suffit de peu de superplastifiant pour atteindre le niveau d'autoplaçabilité.

En ce qui concerne les bétons de poudre réactive et, plus généralement, les bétons à très hautes ou ultra haute performance, les différents essais conduits par le Corps des Ingénieurs de l'Armée américaine, Coppola (1996) et l'Université de Sherbrooke ont démontré que les ciments de Type V sont les ciments idéaux et les plus économiques pour produire de tels bétons.

La Passerelle de Sherbrooke a été construite avec un ciment spécial utilisé par Hydro Québec pour construire ses barrages ; il a une teneur maximale en C_3A de 3 %. La présence dans un clinker de Type V d'alcalis rapidement solubles est très avantageuse parce qu'elle limite la consommation initiale de molécules de superplastifiants polysulfonates.

Ce n'est que par temps froid qu'un ciment de Type V peut offrir des résistances initiales trop faibles. Mais, pour un bétonnage en hiver, il est toujours possible d'augmenter la finesse du ciment, d'augmenter la température initiale du béton, d'abaisser légèrement le rapport E/C ou E/L, d'utiliser des coffrages isolants et d'utiliser une polymélamine.

Dans tous ces cas, un clinker de Type V a le grand avantage de conférer au béton une rhéologie initiale qui peut être contrôlée durant tout le temps nécessaire pour mettre en place le béton. Il ne sera plus alors nécessaire d'ajouter de l'eau sur chantier pour restaurer un affaissement adéquat. Quel pas de géant accompli dans la fabrication d'un béton durable !

Pour les bétons de masse, le ciment de Type V est idéal, particulièrement s'il est mélangé avec du laitier, une cendre volante, du métakaolin ou une pouzzolane naturelle. Les proportions de ces ingrédients peuvent être ajustées pour ne pas dépasser la température maximale en cours de prise ou la résistance à 28 jours désirées. En outre, si un tel ciment contient suffisamment d'alcalis solubles, il sera compatible avec la plupart des superplastifiants et sera économique, particulièrement avec des polynaphtalènes.

Actuellement, étant donné que l'on peut disposer d'ajouts cimentaires tels que les cendres volantes ou les laitiers, il peut ne pas être nécessaire de fabriquer des ciments à faible teneur en alcali si, dans une région donnée, les granulats sont potentiellement réactifs. La meilleure façon de contrôler la réaction alcali/granulat est, de nos jours, d'utiliser un ciment composé.

En conclusion, un clinker de Type V peut être utilisé avec des granulats potentiellement réactifs s'il est mélangé avec des ajouts cimentaires.

Ce n'est que dans des applications architecturales où un clinker blanc doit être utilisé qu'il est nécessaire de fabriquer un clinker spécifique. Ce clinker devrait ressembler à celui produit par la compagnie Aalborg Cement au Danemark pour fabriquer son ciment blanc à très faible teneur en C_3A.

5.3.2 Ajouts cimentaires

Il est bien connu depuis l'antiquité que certains matériaux naturels peuvent réagir avec la chaux pour donner un liant hydraulique, c'est-à-dire un liant qui peut durcir sous l'eau. Les Phéniciens, les Grecs et plus tard les Romains utilisèrent certaines cendres volcaniques qu'ils trouvaient dans le Bassin méditerranéen pour les mélanger avec de la chaux et produire un liant capable de durcir sous l'eau. Ce que tous ces matériaux avaient en commun, c'était un peu de silice vitreuse. Plus le contenu en silice vitreuse était élevé, plus les matériaux réagissaient avec la chaux. Les meilleures cendres volcaniques romaines étaient extraites dans la région de la ville moderne de Puzzuoli, dans la baie de Naples. Ces matériaux naturels sont maintenant appelés «pouzzolanes». Il est très important d'insister sur le fait que seules les cendres volcaniques **vitreuses** sont réactives. Par exemple, après l'éruption volcanique du Mont St-Helen en 1980, l'association américaine du ciment Portland (PCA) reçut, afin d'évaluer leur potentiel hydraulique, des centaines d'échantillons qui étaient décrits comme une source potentielle de matériaux cimentaires. Ces cendres s'avérèrent n'avoir aucune propriété cimentaire parce qu'entièrement cristallisées. La lave volcanique dont elles provenaient n'avait pas été trempée (refroidie rapidement) mais s'était refroidie lentement et avait cristallisé. Seules des cendres incandescentes refroidies dans l'air lorsqu'elles sont projetées ou trempées dans l'eau ont un contenu en silice vitreuse assez élevé pour présenter un potentiel cimentaire.

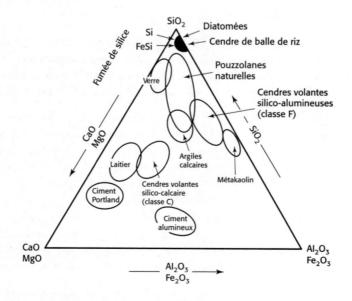

Figure 5.13 Composition chimique des divers composants des liants hydrauliques.

Voici les définitions de la norme ACI 116 pour quelques ajouts cimentaires destinés à être mélangés avec le ciment Portland :

- Le laitier de haut fourneau : un produit non métallique composé essentiellement de silicate et d'aluminosilicate de calcium qui se sont formés lors d'une fusion avec la fonte dans un haut fourneau.
- Les cendres volantes : des résidus finement divisés résultant de la combustion de charbon pulvérisé ou broyé transportés depuis le foyer par les gaz de combustion.
- La fumée de silice : une silice non cristalline très fine produite dans un arc électrique, sous-produit de la fabrication du silicium ou d'alliages contenant du silicium.
- La pouzzolane : un matériau siliceux ou silico-alumineux qui par lui-même n'a que très peu ou pas de propriétés cimentaires mais qui en présence d'humidité réagit avec la chaux à température ambiante pour former des composés ayant des propriétés cimentaires.

Dans le diagramme ternaire présenté dans la Figure 5.13, on peut voir la composition chimique de ces différents ajouts cimentaires qui sont mélangés au ciment Portland.

5.3.2.1 Laitier de haut fourneau

Le laitier de haut fourneau est un sous-produit de la fabrication de la fonte. Les boulettes d'oxyde de fer et le coke métallurgique qui sont introduits au sommet du haut fourneau contiennent des impuretés qui doivent être fondues afin d'être éliminées (Figure 5.14). Au bas du haut fourneau, le laitier est un liquide qui, du fait de sa différence de densité, couvre la couche de fonte liquéfiée. En outre, les gouttelettes de fonte sont purifiées quand elles traversent la couche de laitier. La fonte fond à 1 150 °C tandis que le laitier fond à une température beaucoup plus haute.

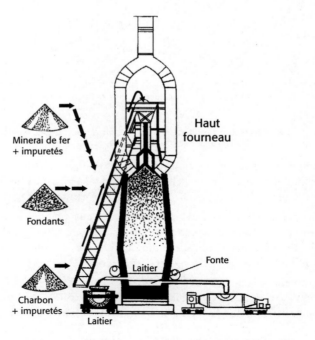

Figure 5.14 Représentation schématique d'un haut fourneau.

De façon à diminuer autant que possible la température de fusion du laitier, il est nécessaire d'ajouter des agents de fusion, appelés « fondants », pour se rapprocher du point eutectique E_2 dans le diagramme CaO-SiO_2-Al_2O_3 (Figure 5.15). C'est pourquoi les métallurgistes accordent une attention particulière à la composition chimique du laitier dans le but de diminuer les coûts d'énergie de la production de la fonte.

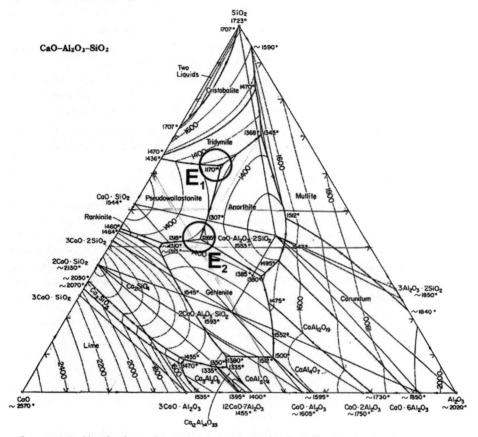

Figure 5.15 Position des deux points eutectiques présentant les plus faibles températures de fusion dans le diagramme de phases CaO-SiO_2-Al_2O_3.

Pour pouvoir utiliser le laitier comme ajout cimentaire, on doit le tremper rapidement (en général avec de l'eau) de façon à éviter qu'il ne cristallise sous forme de mélilite. La mélilite est une solution de gehlénite ($2\,CaO\ SiO_2\ Al_2O_3$) et d'akermanite ($MgO\ SiO_2\ Al_2O_3$).

La trempe se fait habituellement dans des caniveaux situés aussi près que possible de la sortie du laitier ; de l'eau est projetée sur le laitier depuis les côtés du caniveau. Plus le laitier est chaud lorsqu'il est trempé, plus il est pâle et plus il est réactif ; *a contrario*, plus il est foncé, moins il était chaud lors de la trempe et moins il est réactif.

Pour estimer le potentiel cimentaire d'un laitier de haut fourneau, la connaissance de sa composition chimique n'est pas très utile : il est préférable d'examiner un diffractogramme de rayons X pour voir s'il est vitreux. La Figure 5.16 montre le diffractogramme d'un laitier bien vitrifié. On n'y voit aucun pic mais plutôt un halo. Celui-ci est situé au niveau de la raie principale de la mélilite et signifie qu'à très courte échelle les tétraèdres de silice présentent sensiblement la même organisation que dans la mélilite.

Une section mince d'un laitier cristallisé montre un cristal prismatique de mélilite (Figure 5.17). La Figure 5.18 montre la forme conchoïdale des grains de laitier vitreux ressemblant à des éclats de verre. Cette figure nous permet de remarquer de nombreuses bulles de gaz piégées dans le verre durant la trempe. La présence de ces bulles facilite le broyage du laitier.

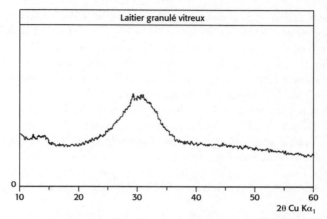

Figure 5.16 Diagramme de diffraction X d'un laitier trempé à haute température.

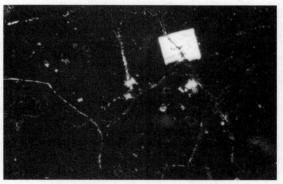

Figure 5.17 Cristal de mélilite dans un laitier trempé à basse température (en dessous de la température du laitier en fusion).

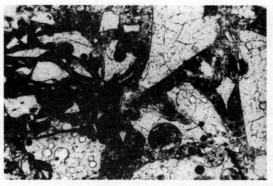

Figure 5.18 Particules anguleuses de laitier vitreux (en blanc). Ce laitier a été trempé à haute température, aussi aucun cristal de mélilite n'est visible.

C'est en Allemagne, dès 1868, que des laitiers furent utilisés pour la première fois (Papadakis et Venuat, 1968). Ce fut aussi en Allemagne que le premier ciment au laitier fut normalisé en 1903.

Le laitier peut être broyé séparément du clinker de ciment Portland ou simultanément (co-broyage) pour produire un ciment au laitier. Le laitier étant plus difficile à broyer que le ciment Portland, durant une opération de co-broyage, c'est le ciment Portland qui est broyé le plus finement et non l'inverse, ce qui aurait été de beaucoup plus souhaitable. Pour obtenir un ciment composé ayant une finesse optimale, il est donc préférable d'effectuer un broyage séparé du laitier et du clinker et de les mélanger ensuite. Dans les ciments sursulfatés, il est possible de substituer jusqu'à 85 % de laitier au clinker de ciment Portland. Comme déjà mentionné plus haut, la compagnie Ciments d'Obourg de Belgique, vers 2005, a mis sur le marché un ciment composé d'un laitier broyé, d'anhydrite et d'un activateur alcalin, sans aucun clinker (Gebauer *et al.*, 2005). En diminuant le rapport E/L avec un superplastifiant, il est possible d'obtenir avec ce liant contenant 0 % de clinker un ciment ayant une résistance en compression du même ordre que celle obtenue avec du ciment Portland pur. Ceux qui voudraient approfondir le sujet peuvent lire Nkinamubanzi et Aïtcin, 1999, Nkinamubanzi *et al.*, 1998, la norme ACI 233 et la norme EN 15167-1 sur les laitiers de haut fourneau.

5.3.2.2 Cendres volantes

Les cendres volantes sont les résidus de la combustion du charbon ou du lignite brûlés dans les centrales électriques qui sont capturés par les systèmes de dépoussiérage. Les impuretés contenues dans le charbon et le lignite sont chauffées à très haute température dans le brûleur jusqu'à leur liquéfaction. Lorsque ces gouttelettes atteignent les parties froides de la chambre de combustion, elles se condensent sous forme de particules sphériques vitreuses qui sont entraînées par les gaz de combustion. Leur forme sphérique est due à la trempe puisqu'une forme sphérique minimise l'énergie de surface de la particule (Figures 5.19 et 5.20). La Figure 5.21 représente schématiquement la formation des cendres volantes.

La composition chimique des cendres volantes varie ; elle est fonction des impuretés, variables d'une source à l'autre, présentes dans le charbon. Elle peut varier aussi à l'intérieur d'une même source de charbon. Les cendres volantes n'ont ni une composition chimique spécifique, ni une composition minérale spécifique, ni une granulométrie spécifique, ni une densité spécifique, ni un degré de vitrification semblable, ni enfin la même quantité de carbone non brûlée. C'est pourquoi, en Amérique du Nord, elles sont classées selon leur composition chimique en deux grandes catégories : la classe F comprenant les cendres volantes ayant une faible teneur en chaux et la classe C comprenant les cendres volantes ayant une teneur plus élevée en chaux. L'ASTM définit ces deux classes de la façon suivante :

- *Classe F :* une cendre volante produite normalement en brûlant de l'anthracite ou un charbon bitumineux qui possède les caractéristiques applicables à cette classe. Cette classe de cendres volantes a des propriétés pouzzolaniques.

- *Classe C :* des cendres volantes normalement produites quand on brûle le lignite ou un charbon sub-bitumineux qui possède les caractéristiques applicables à cette classe. En plus d'avoir des propriétés pouzzolaniques, cette classe de cendres volantes a aussi des propriétés cimentaires. Quelques cendres volantes de Classe C peuvent contenir plus de 10 % de chaux. En Europe, ces deux classes de cendres volantes sont connues sous le nom de silico-alumineuse (Classe F) ou silico-calcaire (Classe C). Quelques cendres volantes riches en sulfate de calcium sont appelées cendres sulfo-calciques.

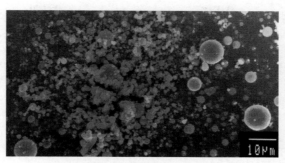

Figure 5.19 Particules sphériques de cendre volante.

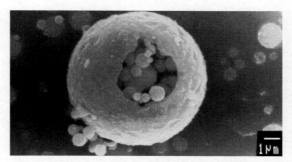

Figure 5.20 Cendre volante : une plérosphère contenant des cénosphères.

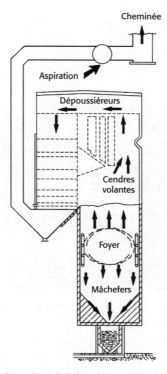

Figure 5.21 Représentation schématique de la formation et de la récupération des cendres volantes.

L'expression « cendres volantes » est donc un terme générique qui s'applique à des poudres essentiellement vitreuses (Figure 5.22) qui ont une palette de composition chimique et de caractéristiques morphologiques très étendue. Aïtcin *et al.* (1986) ont démontré que certaines cendres volantes ont des propriétés cimentaires alors que d'autres n'en ont pas. Bédard (2005) a même caractérisé une cendre volante entièrement cristallisée (Figure 5.23) ; elle était simplement appelée cendre volante parce qu'elle avait été collectée dans le système de dépoussiérage d'une centrale thermique. Évidemment, elle n'avait aucune propriété cimentaire.

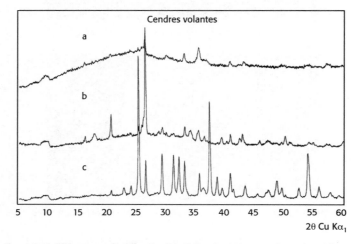

Figure 5.22 Diagrammes de diffraction X typiques des trois types de cendres volantes :
(a) classe F ou silico-alumineuses ;
(b) classe C ou silico-calcaires ;
(c) sulfo-calciques totalement cristallisées.

Figure 5.23 Grosses particules cristallisées de cendre volante. (Courtoisie de I. Kelsey-Lévesque)

Le contenu en carbone des cendres volantes constitue une de leurs caractéristiques importantes. Si ce contenu en carbone est trop élevé, il peut créer des problèmes lors de l'utilisation des adjuvants. Le contenu en carbone d'une cendre volante existe sous deux formes : comme de grosses particules de charbon non brûlées ou sous forme de suie qui recouvre les particules de cendres volantes. Il est facile d'éliminer les grosses particules de charbon avec un cyclone mais il est plus difficile de se débarrasser de la suie.

Les grosses particules, généralement cristallisées, proviennent des grosses particules de charbon passées si rapidement dans le brûleur qu'elles n'ont pas eu le temps d'être mises en fusion. Elles n'ont aucune propriété cimentaire et, comme déjà vu, il est très facile de les éliminer avec un cyclone. Après une telle élimination, les fines particules recueillies constituent une cendre volante améliorée. Les grosses particules éliminées lors de ce processus peuvent encore être utilisées pour corriger la composition du cru lors de la fabrication du clinker. Dans quelques cas, elles peuvent être intéressantes à cause de leur teneur en carbone.

À l'heure actuelle, de plus en plus de cendres volantes contiennent aussi du sulfate de calcium car, lors du broyage du charbon, certaines centrales thermiques l'additionnent de calcaire de façon à limiter les émissions de gaz acides dus à la présence de soufre dans le charbon ou le lignite (et limiter les pluies acides). Selon les normes européennes, on ne peut substituer plus de 36 % de cendres volantes dans les ciments Portland (EN 197-1) et 30 % dans les bétons (EN 206-1). Cependant, des teneurs supérieures en cendres volantes peuvent être incorporées dans le béton quand on utilise un superplastifiant pour produire des bétons à forte teneur en cendres volantes (Malhotra, 2002 ; Mehta et Manmohan, 2006).

Plus de détails sur les cendres volantes peuvent être trouvés dans la norme ACI 232 2R ou la norme EN 450-1.

5.3.2.3 Fumées de silice

Les fumées de silice sont un sous-produit de la fabrication du silicium, du ferro-silicium (Figure 5.24) ou du zirconium. Elles sont collectées dans le système de dépoussiérage des fours à arc utilisés pour produire ces métaux ou alliages. Dans ces fours à arc, des vapeurs de SiO se forment et s'oxydent au contact de l'air. Elles se solidifient alors sous la forme de particules sphériques dont le diamètre moyen est d'environ 0,1 μm, ainsi sont-elles environ 100 fois plus fines que les particules d'un ciment Portland ordinaire. Dans ce cas comme dans celui des cendres volantes, la forme sphérique des particules résulte de la minimisation de l'énergie de surface de chaque particule (Figure 5.25).

Quand le four à arc est équipé d'un système de récupération de chaleur, les gaz sont extraits à une température supérieure à 800 °C de telle sorte que la plupart des particules de carbone sont brûlées et la fumée de silice est de couleur blanchâtre. En l'absence d'un système de récupération de chaleur, ce qui est le cas général, les gaz chauds générés par l'arc électrique sont dilués avec de l'air frais à une température inférieure à 200 °C de façon à ne pas brûler les sacs du système de dépoussiérage. À une température aussi faible, les particules de carbone ne sont pas brûlées et elles donnent une couleur grise à la fumée de silice. La teneur en carbone des fumées de silice provient du graphite des électrodes utilisées dans le procédé, du liant utilisé dans ces électrodes ou des copeaux de bois qui sont employés quand on produit du silicium métal.

L'analyse chimique des fumées de silice industrielles montre qu'en général elles contiennent plus de 90 % de SiO_2 (Tableau 5.5). Quand les fumées de silice proviennent d'un four produisant du silicium métal, cette valeur est supérieure à 90 % ; par contre, quand elles proviennent de la production d'un alliage à 85 % de silicium, leur teneur en SiO_2 est supérieure à 85 %.

Un diffractogramme de rayons X montre que les fumées de silice sont vitreuses (Figure 5.26). Leur surface spécifique mesurée par adsorption d'azote (méthode B.E.T.) est de l'ordre de 15 000 à 20 000 m²/kg. Par comparaison, un ciment Portland typique a une surface spécifique de 350 à 450 m²/kg. Comme les fumées de silice sont extrêmement fines, elles sont très difficiles à manipuler. C'est le problème majeur auquel on fait face pour leur utilisation dans l'industrie du ciment et du béton. Le manuel *Silica Fume Users Manual* (Holland, 2005) donne des informations pertinentes sur les propriétés et la commercialisation de la fumée de silice. Les lecteurs intéressés peuvent aussi consulter la norme ACI 234 et la norme EN 13263.

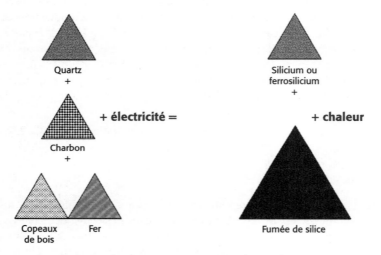

Figure 5.24 Principe de production de la fumée de silice.

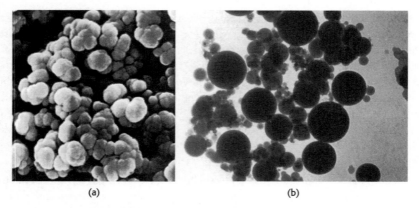

Figure 5.25 Fumée de silice vue au microscope électronique.
(a) Microscopie électronique à balayage.
(b) Microscopie électronique par transmission.

Tableau 5.5 Composition chimique de quelques fumées de silice.

	Grise : Production de silicium	Grise : Production de ferrosilicium	Blanche
SiO_2	93,7	87,3	90,0
Al_2O_3	0,6	1,0	1,0
CaO	0,2	0,4	0,1
Fe_2O_3	0,3	4,4	2,9
MgO	0,2	0,3	0,2
Na_2O	0,2	0,2	0,9
K_2O	0,5	0,6	1,3
L.O.I.	2,9	0,6	1,2

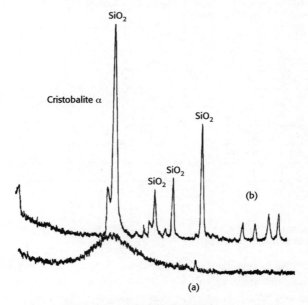

Figure 5.26 Diagrammes de diffraction X d'une fumée de silice
(a) telle que produite : elle est amorphe ;
(b) cristallisée après réchauffage à 1 100 °C puis refroidissement lent.

5.3.2.4 Pouzzolanes naturelles

Les pouzzolanes naturelles sont des matériaux, généralement d'origine volcanique mais aussi, dans de rares cas, d'origine sédimentaire contenant plus de 25 % de silice réactive. La réaction chimique qui rend possible l'utilisation des pouzzolanes naturelles est la suivante :

silice vitreuse de la pouzzolane (S) + chaux (C) + eau (H) $\longrightarrow$ C-S-H.

Les propriétés hydrauliques des pouzzolanes naturelles furent découvertes par les Grecs et les Romains. Ils les utilisèrent pour construire différentes structures dont certaines ont défié le temps.

Le Tableau 5.6 présente la composition chimique de diverses pouzzolanes naturelles. On peut voir que leur composition chimique est très variable. Actuellement, au meilleur de notre connaissance, les pouzzolanes naturelles sont mélangées avec du ciment Portland en Italie, en Grèce, en Turquie, au Maroc, au Mexique et au Chili.

Malhotra et Mehta (1996) et Massazza (1998) ont publié des données sur les effets de quelques pouzzolanes sur les propriétés du béton. Mais, encore plus que dans le cas des cendres volantes, il serait dangereux de généraliser ces résultats dans le cas de n'importe quelle pouzzolane naturelle. La norme ACI 232.1 R donne des détails sur ce type de matériau cimentaire tout comme la norme européenne EN 197-1, sur les ciments.

Tableau 5.6 Composition chimique de quelques pouzzolanes naturelles et d'argiles calcinées (Papadakis et Venuat, 1966).

Oxydes	Pouzzolanes			Trass (tuf volcanique)		Gaize calcinée	Argile calcinée	Pierre Ponce
	Italie : Latium Segni	Grèce : Santorin	Îles Canaries	Allemagne	Roumanie			
SiO$_2$	48	65	47	55	62	84	58	55
Al$_2$O$_3$ + TiO$_2$	22	13	20	16	12	8	18	22
Fe2O3	9	6	3	4	2	3	9	3
CaO	7	3	4	3	6	2	3	2
MgO	3	2	0,5	1	1	1	4	0,5
Na$_2$O + K$_2$O	5	6,5	9	9	3	—	4	11
SO$_3$	0,5	0,5	—	—	—	0,7	1	—
Perte au feu	5	4	16	10	14	0,8	2	6

5.3.2.5 Argiles et schistes calcinés

L'utilisation de schistes calcinés dans le béton remonte au temps des Phéniciens, des Grecs et des Romains. Quand une argile ou un schiste est calciné à une température de 700 à 750 °C, leurs cristaux sont déshydratés et leur structure cristalline devient désorganisée. Alors, leurs tétraèdres de silice réagissent à la température ambiante avec la chaux libérée par l'hydratation du C$_3$S et du C$_2$S.

Le métakaolin provient de la calcination du kaolin utilisé pour fabriquer la porcelaine (Figure 5.27). Le métakaolin est couramment utilisé au Brésil où il est mis sur le marché par la société Metacaulin do Brazil. Il est aussi produit maintenant aux États-Unis et au Canada mais en 2010 son utilisation était très limitée. Il est également produit en France (sociétés Argeco et AGS) où cette addition vient d'être normalisée (NF P 18-513) et son introduction dans les bétons en remplacement d'une partie du ciment reconnue (NF EN 206-1/CN).

Comme la forme des particules élémentaires d'argiles et de schistes calcinés est irrégulière et poreuse, il faut augmenter la quantité d'eau de gâchage quand on les mélange avec le ciment Portland, à moins d'ajouter un superplastifiant. De ce fait, les argiles et les schistes calcinés saturés d'eau peuvent être introduits dans le béton comme agents de mûrissement interne, ceci tout en exploitant en plus leur pouzzolanicité. Dans un tel cas, ils doivent évidemment être vendus séparément aux producteurs de béton.

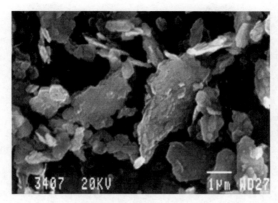

Figure 5.27 Particules de métakaolin. (Courtoisie de M. Cyr)

5.3.2.6 Cendres de balle de riz

La balle protectrice des grains de riz contre la pluie a un squelette siliceux qui représente 20 % de sa masse. Quand elle est calcinée à une température de 700 à 750 °C, on recueille des cendres essentiellement composées de silice vitreuse. Le contrôle de la température de combustion de la balle de riz est très important. En effet, si elle est trop élevée, la silice SiO_2 recristallise sous forme de cristobalite et la cendre perd ses propriétés pouzzolaniques. Les cendres de balle de riz sont plus ou moins foncées selon leur contenu en carbone non brûlé. Elles ont d'excellentes propriétés pouzzolaniques, cependant, à cause de leur texture et morphologie très particulières (Figure 5.28 a et b), leur introduction dans les bétons augmente considérablement la demande en eau (Malhotra et Mehta, 1996). La balle de riz calcinée saturée d'eau pourrait être utilisée pour un mûrissement interne tout en exploitant aussi sa pouzzolanicité. Alors, il faudrait qu'elle soit vendue séparément aux producteurs de béton.

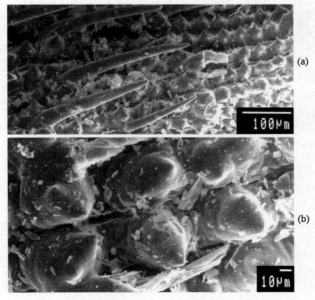

(a)

(b)

Figure 5.28 (a) Cendre de balle de riz ; (b) un agrandissement.
(Courtoisie de A. Tagnit-Hamou et I. Kelsey-Lévesque)

5.3.2.7 Terres à diatomées

Les terres à diatomées sont constituées des squelettes siliceux d'algues microscopiques (composantes du plancton) qui vivaient dans l'eau douce ou salée. À leur mort, leur squelette est tombé au fond de l'eau où il a sédimenté. Quand on observe des terres à diatomées sous un microscope électronique, on voit un certain nombre de types de microstructures (Figure 5.29). Une analyse chimique et un diffractogramme de rayons X montrent qu'elles sont essentiellement formées de silice vitreuse. Cette silice est très réactive mais sa très grande porosité augmente la demande en eau. Comme pour la cendre de balle de riz, saturées d'eau, elles peuvent être utilisées à la fois pour un mûrissement interne et pour leurs propriétés pouzzolaniques.

Figure 5.29 Terre à diatomées. (Courtoisie de I. Kelsey-Lévesque et A. Tagnit-Hamou)

5.3.2.8 Perlite

La perlite est obtenue en chauffant une roche rhyolitique (une roche volcanique riche en silice). Sous l'effet de la chaleur, elle est transformée en une masse spongieuse pouvant absorber beaucoup d'eau (Figure 5.30). Actuellement, la perlite est surtout employée comme granulat léger pour fabriquer des bétons d'isolation thermique ou acoustique. Sa très grande absorption limite son utilisation avec du ciment Portland. Saturée d'eau, elle peut servir de façon couplée pour le mûrissement interne et pour ses propriétés pouzzolaniques.

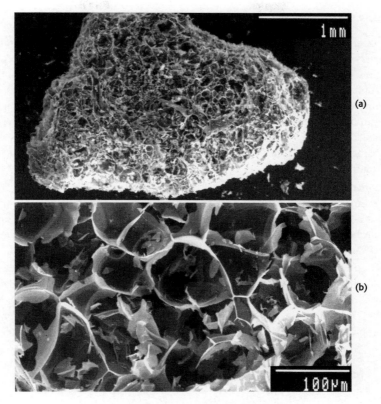

Figure 5.30 (a) Particule de perlite; (b) agrandissement.
(Courtoisie de A. Tagnit-Hamou et I. Kelsey-Lévesque)

5.3.2.9 Résidus des usines de pâte et papier

Les usines de pâte et papier recourent de plus en plus maintenant à des fibres recyclées qui créent un problème au niveau des résidus du processus de désencrage. Ceux-ci contiennent des pigments organiques et minéraux, de très courtes fibres de cellulose (trop courtes pour être récupérées et recyclées) et le filler utilisé lors de la fabrication initiale du papier. Les deux principaux fillers sont le carbonate de calcium et le kaolin. Une fois suffisamment séchés par pression-filtration, ces résidus sont recyclés comme combustible. Ils peuvent être brûlés pour générer de l'électricité et de la vapeur d'eau (processus de cogénération), mais que faire alors avec le résidu de combustion? Selon sa composition chimique, il est possible de le recycler comme matériau pouzzolanique et même, dans certains cas, comme un ciment. Il faut alors que sa composition chimique soit ajustée pour produire des silicates de calcium hydrauliques. La compagnie de papier Kruger, en collaboration avec le professeur Tagnit-Hamou de l'Université de Sherbrooke (2008), a développé un procédé industriel pour transformer ces boues en un matériau cimentaire utile. Il a déjà été utilisé pour construire des sols de maison à Sherbrooke en collaboration avec Holcim Canada.

5.3.2.10 Les revêtements des fours à arc dans les usines d'aluminium

Dans les usines d'aluminium, le revêtement des cellules électrolytiques s'altère progressivement et deux tonnes de revêtements usagés accompagnent la production de chaque cent tonnes d'aluminium primaire. Aussi, une usine produisant 500 000 tonnes d'aluminium par an génère 10 000 tonnes de revêtements usagés par an. Ces revêtements usagés sont essentiellement composés de briques réfractaires et de graphite, mais comme ils contiennent aussi certains cyanures et fluorures qui peuvent se dissoudre facilement, ils sont catalogués comme déchets dangereux. On ne peut s'en débarrasser que dans des sites spéciaux, dans des conditions très contrôlées de stockage et à un coût d'environ 800 à 900 $ par tonne (incluant les coûts de transport).

La compagnie Nova Pb a développé un procédé thermique qui détruit tous les composés toxiques et finalement laisse un résidu Glass Frit®. Durant ce traitement, la composition chimique des résidus est ajustée pour ressembler à celle d'un laitier, sauf qu'elle est moins riche en chaux et plus riche en alcalis. Le Tableau 5.7 donne la composition chimique de résidus après un tel traitement.

Glass Frit® est trempé pour le rendre vitreux. Lorsqu'on broie le Glass Frit® à la finesse d'un laitier, on obtient des propriétés cimentaires intéressantes qui ont été employées dans différents projets de démonstration (Tagnit-Hamou et Laldji, 2004 ; Laldji et Tagnit-Hamou, 2006, 2007). À cause de sa composition, quand on l'active avec de la soude ou de la chaux, Glass Frit® présente des activités pouzzolaniques et hydrauliques supérieures à celles d'un laitier.

Tableau 5.7 Comparaison des compositions chimiques de Glass Frit® et d'un laitier.

	SiO_2	Al_2O_3	Fe_2O_3	CaO	MgO	CaF_2	K_2O	Na_2O	Na_2O éq.
Glass Frit®	31,7	23,4	3,4	14,6	0,8	9,4	1,0	9,4	10,1
Laitier	36,8	10,3	0,7	36,5	12,6	—	0,4	0,4	0,7

5.3.2.11 Évaluation rapide de la pouzzolanicité d'un matériau

La composition chimique d'un matériau ne peut renseigner sur sa pouzzolanicité. Tout au plus cette analyse chimique indiquera le contenu en silice mais non la forme sous laquelle se trouve cette silice ou dans quel type de minéraux elle est incluse. Seul un diffractogramme de rayons X peut dire si cette silice est totalement ou partiellement amorphe (vitreuse). Par exemple, l'analyse chimique démontre que la fumée de silice, les terres à diatomées, les cendres de balle de riz ont toutes une teneur en SiO_2 supérieure à 90 %. Leur diffractogramme de rayons X (Figure 5.31) montre un « halo de diffusion » au niveau de la raie principale de la cristobalite (la cristobalite est une forme cristalline de la silice qui est stable à haute température). Le diffractogramme X ne révèle rien sur la morphologie de cette silice, facteur très important quand on évalue le potentiel pouzzolanique d'un matériau. Les observations au microscope électronique révèlent que la fumée de silice, lorsqu'elle est dans un état vitreux, se présente sous la forme de très petites particules sphériques, cent fois plus fines que la particule moyenne de ciment. Au contraire, dans les terres à diatomées et dans les cendres de balle de riz, la silice vitreuse est constituée par le squelette du matériau organique qui a disparu, selon un processus naturel (terres à diatomées) ou lors de la combustion (cendres de balle de riz).

Elle se retrouve alors sous forme d'un matériau très poreux. Quand on regarde la pouzzolanicité du métakaolin, on s'aperçoit que sa teneur en silice n'est pas très élevée (52 % seulement) mais aussi que les cristaux de kaolin ont été totalement désorganisés durant leur chauffage à 750 °C. C'est cette désorganisation totale des tétraèdres de silice et octaèdres d'alumine qui sont à l'origine de la pouzzolanicité et de la grande réactivité du métakaolin. Au microscope électronique, on voit que les particules de métakaolin ont une forme très irrégulière (Figure 5.27). Aussi, d'un point de vue rhéologique, elles ne sont pas aussi intéressantes que les particules de fumée de silice.

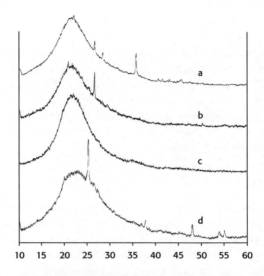

Figure 5.31 Diffractogramme RX de différentes formes de silice amorphe :
(a) fumée de silice ; (b) écorce de riz brulée ;
(c) diatomée ; (d) métakaolin.
Reproduit de *Binders for Durable and Sustainable Concrete* (Aïtcin 2008).
(Courtoisie de Taylor et Francis)

À partir de ces exemples, on se rend compte que les aspects morphologiques des matériaux pouzzolaniques ont une grande influence sur la façon dont ils peuvent être utilisés par l'industrie du ciment et du béton. La méthode d'essai ASTM 311 « Échantillonnage et essai d'une cendre volante et d'une pouzzolane naturelle en vue de son utilisation comme un matériau de substitution dans les bétons de ciment Portland » est un moyen pratique d'évaluer le potentiel pouzzolanique d'un matériau mais il s'agit d'un processus long qui requiert 28 jours.

En France, la pouzzolanicité est souvent définie à partir de l'essai Chapelle, ou Chapelle modifié comme cela a été retenu dans la norme sur le métakaolin, annexe A de la norme NF P 18-513). Cet essai consiste à mesurer la quantité d'hydroxyde de calcium fixé.

En conclusion, pour évaluer la potentiel d'un matériau pouzzolanique, il est nécessaire de :
• faire une analyse chimique pour déterminer la teneur en SiO_2 ;
• effectuer un diffractogramme rayons X ;
• observer la morphologie des particules sous un microscope électronique et
• effectuer l'essai ASTM 311.

5.3.3 Fillers

En Europe et au Canada, il est possible d'introduire 5 % de filler calcaire dans un ciment Portland et de le vendre comme du ciment Portland pur (défini alors comme constituant secondaire). En outre, en Europe, on peut incorporer jusqu'à 35 % de filler calcaire dans un ciment composé (CEM II/B-L ou CEM II/B-LL) et jusqu'à 15 % au Canada. En outre, en France, on peut substituer dans un béton jusqu'à 30 % de ciment CEM I par des additions calcaires ou 20 % par des additions siliceuses (NF EN 206-1/CN).

5.3.3.1 Fillers calcaires

Pour certains chercheurs, un filler calcaire n'est pas totalement un filler inerte car il peut réagir avec le C_3A pour former des carboaluminates. Goldman et Bentur (1993) et Venuat (1995) ont montré que les fillers calcaires accéléraient quelque peu l'hydratation du C_3S. En outre, Nehdi *et al.* (1996) ont trouvé que des particules de fillers calcaires pouvaient servir de sites de nucléation favorisant la croissance de C-S-H. D'un point de vue économique, pour un cimentier, le filler calcaire est le filler le plus avantageux en raison de son faible coût de production et de sa disponibilité locale.

5.3.3.2 Fillers siliceux

Lorsque l'on possède un filler siliceux, sous-produit d'un autre processus industriel et nécessairement cristallisé (sinon il est classé comme ajout pouzzolanique), à un prix avantageux, il peut être mélangé au ciment Portland de la même manière qu'un filler calcaire. La silice cristallisée est un matériau très stable, même dans un environnement riche en chaux comme celui généré par l'hydratation du ciment Portland. Elle ne peut avoir d'autre fonction que celle de filler. Il n'est donc pas intéressant économiquement de moudre quartz, grès ou quartzite, roches qui sont dures à broyer et très abrasives, pour en faire des fillers. Mais quand cette forme de silice est un sous-produit se trouvant déjà sous forme de poudre ayant à peu près la granulométrie d'un ciment Portland, il est possible d'y recourir comme filler. Cette opération est alors très intéressante d'un point de vue écologique puisque chaque kilogramme de filler diminue d'autant les émissions de CO_2 lors de la fabrication d'un ciment composé.

5.3.3.3 Fillers de verre

Il y a des pays où le recyclage des bouteilles de verre cause un problème. Le nombre de bouteilles de verre importées (essentiellement sous la forme de bouteilles de vin) est largement supérieur aux possibilités de les recycler pour faire de nouvelles bouteilles. Dans de tels pays, comme le Canada, seul le verre blanc est recyclé pour faire de nouvelles bouteilles. Par conséquent, que peut-on faire avec toutes les autres bouteilles que l'on ne peut pas recycler car fabriquées avec des verres de composition chimique et couleur variables ?

Ces bouteilles peuvent être broyées et moulues à une finesse de 500 à 600 m²/kg, ce qui correspond à des grains ayant un diamètre maximum de 4 à 5 µm, et ajoutées comme filler dans du ciment. En dépit de leur haute teneur en alcalis, il n'y a pas de réaction alcali-silice parce que les alcalis sont très solidement piégés dans le verre. En collaboration avec la Société des Alcools du Québec, le professeur Tagnit-Hamou (2008) a développé de très intéressantes applications pratiques pour ce verre pulvérisé, à un tel point que la Société des Alcools du

Québec exige que tous les bétons utilisés dans ses magasins contiennent du verre fillérisé. Le même type de matériau avait été développé en France précédemment pour stabiliser des sols (société Esportec).

5.4 Liants sans clinker

Selon les normes européennes, le ciment qui contient le minimum de clinker de ciment Portland est le ciment CEM III/C avec pas plus de 5 % de clinker mélangé avec 95 % de laitier. On peut signaler que la compagnie Ciments d'Obourg en Belgique (Groupe Holcim) a produit un liant semblable qui ne contenait aucun clinker et qui pouvait être utilisé dans des applications semblables (Gebauer *et al.*, 2005). Au meilleur de notre connaissance, c'est le premier liant de ce nouveau type mais certainement pas le dernier.

5.5 Essais sur les ciments et les liants

Le ciment Portland est fabriqué avec des matériaux très communs qui contiennent pratiquement toujours des impuretés variables d'une source à l'autre. Celles-ci peuvent influencer les propriétés finales du ciment Portland. Le processus thermique qui transforme les matières premières en clinker est très simple d'un point de vue théorique, sa compréhension s'appuyant sur un diagramme de phases. Par contre, le produit final, le clinker de ciment Portland, est très complexe. C'est un mélange de quatre minéraux principaux (C_3S, C_2S, C_3A et C_4AF) dans des proportions variables dans lequel on retrouve aussi différents minéraux secondaires (chaux libre, périclase, silice non combinée, sulfates alcalins, sulfate de calcium, etc.).

Le C_3S et le C_2S peuvent se retrouver sous forme de cristaux de tailles variables et la phase interstitielle (C_3A et C_4AF), *a priori* amorphe, peut être partiellement cristallisée. On peut aussi trouver des nids de bélite (forme impure du C_2S) et même des agglomérations de cristaux de chaux libre. L'atmosphère régnant dans la zone de clinkérisation peut varier de légèrement oxydante à légèrement réductrice, influant sur la morphologie du clinker (Aïtcin, 1998). À cause de toutes ces différences (et de bien d'autres), il est pratiquement impossible de produire deux clinkers identiques dans deux usines différentes. Une fois qu'il a produit son clinker, le producteur de ciment peut jouer avec la teneur en sulfate de calcium et la finesse du ciment Portland pour contrôler les propriétés de son ciment, mais à l'intérieur de certaines limites.

Par conséquent, de façon à produire un ciment Portland ayant des propriétés contrôlées et prévisibles, il est nécessaire d'homogénéiser, d'une part les matières premières, d'autre part le clinker et enfin le ciment Portland produit, puis de vérifier systématiquement et régulièrement ses propriétés essentielles. Quand on se penche sur le développement de l'industrie du ciment, on s'aperçoit que, très vite, il est apparu impératif de développer certains essais d'acceptation pour garantir un niveau de performance technique avec pour objectif final de permettre une utilisation sans problème sur les chantiers.

Avec le développement actuel des ciments composés, qui contiennent une fraction non négligeable de plusieurs autres matériaux ayant des propriétés plus ou moins cimentaires (filler calcaire, laitier, cendre volante, pouzzolanes naturelles, pouzzolanes artificielles, fumée de silice, métakaolin, cendre de balle de riz), il est encore plus impératif de contrôler la variabilité des caractéristiques techniques de ces ciments composés. Cette variabilité est évidemment plus grande que celle d'un ciment Portland « pur » parce que s'y ajoute la variabilité des matériaux ajoutés.

En outre, pour diminuer les coûts énergétiques, les cimentiers utilisent de plus en plus ce que l'on appelle « des combustibles alternatifs » (vieux pneus, farines animales, restes de peintures et de vernis, chlorure de biphénol BPC, ordures ménagères, plastique recyclé, huiles, etc.). La variabilité de ces combustibles alternatifs s'ajoute encore à la variabilité des matières premières. Enfin, à l'heure actuelle, beaucoup de producteurs emploient diverses sources de sulfate de calcium pour contrôler la prise de leur ciment, ce qui a des répercussions sur ses propriétés rhéologiques et mécaniques.

Plus que jamais, il est impératif de s'assurer que les normes d'acceptation actuelles permettent de garantir un ciment qui a des propriétés mécaniques et rhéologiques prévisibles. En principe, ceci peut se faire en se servant d'une norme de performance, mais alors quelle performance faut-il spécifier? Est-il nécessaire de continuer à utiliser les normes d'acceptation actuelles? Faut-il en éliminer certaines? Faut-il en modifier d'autres? Faut-il ajouter de nouvelles normes? Personnellement, nous pensons qu'il n'est pas nécessaire de changer radicalement les normes d'acceptation actuelles, il suffit d'en adapter certaines mais surtout d'adapter le processus d'optimisation et de caractérisation des liants. De façon générale, les normes qui se sont développées avec les années en Amérique du Nord pour tester le ciment Portland ont bien servi l'industrie jusqu'à présent et nous pensons qu'il n'est pas nécessaire de proposer des changements radicaux, sauf dans le domaine de l'évaluation du comportement rhéologique. Les normes existantes sont inaptes à résoudre les problèmes de chantier que l'on rencontre avec certains ciments dans des bétons de rapport E/C compris entre 0,35 et 0,40.

Jusqu'à tout récemment, il n'y avait aucun problème à se contenter d'essais sur des pâtes ayant des rapports E/L de 0,48 ou 0,50 parce que la plupart des bétons avait des rapports E/L supérieurs à 0,50. Mais ce n'est plus toujours le cas maintenant. On utilise en effet de plus en plus de bétons à haute performance ayant des rapports E/L compris entre 0,35 et 0,45 qui nécessitent l'emploi de superplastifiants. Avec certains ciments, on ne rencontre aucun problème de maniabilité durant la première heure et demie qui suit leur malaxage, tandis que d'autres ciments ayant passé les mêmes essais d'acceptation occasionnent des pertes d'affaissement inacceptables durant cette même période. Quand les particules de ciment se rapprochent au fur et à mesure lorsque le rapport E/L diminue (comme on peut le voir sur la Figure 3.1), la rhéologie et les conditions d'hydratation varient considérablement. Quand les particules de ciment sont très proches dans des pâtes de faible rapport E/L, très vite les cristaux d'ettringite et de C-S-H formés créent des liens mécaniques qui nuisent à la rhéologie du béton.

5.5.1 Priorisation de la résistance sur la rhéologie

Jusqu'à présent, de façon générale, la composition phasique du clinker, la teneur en gypse et la finesse du ciment sont optimisées de façon à obtenir la résistance initiale maximale des petits cubes normalisés. Malheureusement, beaucoup trop de producteurs de ciment pensent encore que la résistance en compression d'un béton ne dépend que de la résistance des petits cubes fabriqués avec leur ciment. Bien que ce ne soit pas un facteur négligeable, il est tout à fait secondaire quand on le compare à l'influence du rapport E/L. Les résistances à court et à long terme d'une pâte de ciment et d'un béton dépendent essentiellement de leur rapport E/C et non de la résistance des petits cubes du ciment utilisé pour fabriquer ce béton. Il est possible de faire un béton ayant une résistance en compression de 57,9 MPa à 18 heures, 63,4 MPa à 20 heures et 65,3 MPa à 22 heures en employant un ciment Portland ayant une finesse Blaine de 340 m²/kg (ce qui n'est pas une finesse très élevée), une teneur en C_3S de 52 % (ce qui est très faible pour un liant moderne) et une teneur en C_3A de 0,5 % (ce qui est extrêmement faible) (ciment D*, Tableau 5.8). Le secret de ce béton à ultra hautes résistances est son très faible rapport E/L, égal à 0,20. Coppola *et al.* (1996) ont trouvé des résultats très semblables.

Tableau 5.8 Caractéristiques de quelques ciments utilisés pour faire des bétons de poudre réactive d'environ 200 MPa de résistance en compression.

Type		A	B	C	D*
	ENV 197-1	CEM I 42,5R	CEM I 52,5R	CEM I 52,5R	
	ASTM	V	V	III	II/V
C_3A		0	4,0	11,2	0.5
Blaine (m²/kg)		340	530	520	540

Ciments A, B, C : Coppola (1996) ; ciment D* : Aïtcin *et al.* (1991).

Il est donc temps pour les producteurs de ciment d'abandonner l'optimisation des caractéristiques de leur liant seulement sous l'angle de la résistance des petits cubes. Très souvent, cela ne fait que compliquer la tâche de ceux qui essaient de faire des structures en béton plus durables en utilisant ce liant. Au contraire, il est temps d'optimiser la composition et les caractéristiques d'un liant en termes de *performance rhéologique* : c'est le besoin le plus urgent pour l'industrie de la construction. Les problèmes rhéologiques auxquels on fait actuellement face sur les chantiers coûtent des milliers de dollars ou d'euros à l'industrie de la construction. En outre, les problèmes rhéologiques peuvent diminuer la durabilité des structures et nécessiter très rapidement un programme de réparations ou de réhabilitation ou même quelquefois conduire à la destruction de certaines structures. Tout ceci parce que les caractéristiques du liant n'ont pas été optimisées avec le bon critère. De nos jours, les producteurs et les utilisateurs de béton n'ont que faire de liants ayant une grande résistance sur cube. Ils ont plutôt besoin de liants dont ils peuvent facilement contrôler la rhéologie. C'est le défi actuel de l'industrie du ciment.

5.5.2 Priorisation de la rhéologie

5.5.2.1 Situation actuelle

Actuellement, le contrôle de la rhéologie d'un liant est le point faible des normes d'acceptation des ciments. L'étalement d'une pâte de liant normalisée ayant un rapport E/L de 0,48 ou 0,50 est mesuré dix minutes après le premier contact entre l'eau et les particules de liant. La deuxième étape consiste à contrôler le temps de prise initiale deux ou trois heures plus tard. On ne vérifie rien entre ces deux périodes, comme on peut le voir sur la Figure 5.32. Cependant, c'est durant cette période que le béton est transporté et placé, un temps crucial pour ceux qui sont préoccupés par la durabilité des structures en béton et le coût de la mise en place du béton.

La norme actuelle européenne sur le temps de prise (EN-196-3) diffère par le type de mesure (utilisation de l'appareil de Vicat) et le rapport E/C ou E/L de la pâte (consistance norma-lisée) mais, d'une manière générale, les mêmes observations ou critiques peuvent être faites.

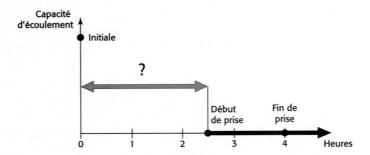

Figure 5.32 Tests caractérisant le durcissement d'un ciment.

5.5.2.2 Le liant idéal

Pour un entrepreneur, le liant idéal est celui qui aurait les caractéristiques rhéologiques repré-sentées dans la Figure 5.33. Jusqu'à la prise initiale du ciment, le béton ne présenterait aucune perte d'affaissement et se mettrait à durcir instantanément à ce moment-là. Évidemment, il est impossible de fabriquer un tel liant idéal mais il y a la place à beaucoup d'améliorations par rapport à la situation actuelle représentée sur la Figure 5.22. On pourrait, par exemple, exiger que la pâte normalisée ne perde pas plus de 30 % de son étalement initial durant la première heure et demie suivant son mélange avec l'eau.

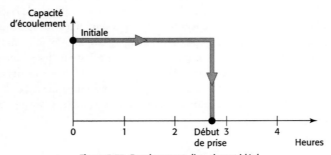

Figure 5.33 Durcissement d'un ciment idéal.

5.5.2.3 Est-il approprié de continuer à tester les liants de rapport E/L = 0,48 ou 0,50?

Il convient maintenant de changer le rapport E/L auquel les pâtes de liant sont testées. Un rapport E/L de 0,48 ou 0,50 est beaucoup trop élevé pour tester de façon appropriée la rhéo-logie d'une pâte de liant. En effet, à ce niveau de rapport E/L, les particules de liant sont beaucoup trop éloignées les unes des autres dans la pâte et c'est essentiellement l'eau qui contrôle la rhéologie. Cette situation est totalement différente de celle des pâtes à faible E/L dans lesquelles c'est la très faible distance entre les particules de ciment qui contrôle la rhéo-logie.

Powers (1958) a démontré que, pour obtenir une hydratation totale (tout au moins théoriquement), la pâte de ciment Portland doit avoir un rapport E/L égal à 0,42. Au-dessus de cette valeur, la pâte contient de l'eau qui ne participera jamais directement à l'hydratation du ciment ou qui s'associera aux hydrates sous forme de gel adsorbé sur les particules de ciment. Par conséquent, il serait beaucoup plus logique de tester les pâtes de ciment à un rapport E/C égal à 0,42 (ou 0,40 pour ceux qui aiment les chiffres ronds), ou même a un rapport E/L de 0,36 parce que, comme l'ont démontré Jensen et Hansen (2001) (voir § 11.4), une hydratation complète peut être obtenue à un tel rapport E/C quand on mûrit le béton sous l'eau.

Évidemment, à un rapport E/C ou E/L aussi faible, il faut disperser les particules de liant avec un réducteur d'eau ou un superplastifiant. Quand on introduit un dispersant, les particules de liant ne floculent plus et l'eau qui n'est plus piégée dans les flocs fluidifie la pâte de liant. En utilisant une norme de performance, les producteurs de liant auraient la latitude de sélectionner le dispersant le plus efficace pour améliorer la rhéologie de leur pâte de liant, pour autant qu'ils signalent à leurs clients la marque et le dosage du dispersant utilisé.

Notre opinion, qui est aussi celle de tous ceux qui sont préoccupés par le futur de l'industrie du ciment et du béton dans une perspective de développement durable, est que tous les liants devraient être testés à des rapports E/L de 0,40 ou 0,42 ou, même mieux, 0,36. Ceux qui seraient effrayés par cette idée de faire les essais d'étalement avec un réducteur d'eau seront éventuellement forcés de le faire parce, dans un futur rapproché, tous les liants commerciaux contiendront un dispersant introduit durant le broyage final du ciment comme cela se fait actuellement dans au moins une compagnie de ciment au Pakistan. À vouloir ignorer les effets bénéfiques des dispersants, on diminue de façon significative la soutenabilité des liants commerciaux actuels. En outre, la diminution du rapport E/L des pâtes de ciment normalisées augmentera la résistance sur cube, ce qui satisfera les tenants de la résistance des cubes.

5.5.3 Suivi de la rhéologie jusqu'à la prise initiale

Étant donné que la période la plus critique de la vie d'un béton est l'heure et demie qui suit le début du malaxage, il est important de porter attention à la rhéologie de la pâte durant cette période. Plus la rhéologie de la pâte aura un comportement semblable à celui présenté dans la Figure 5.3, plus le liant sera efficace. Par conséquent, il est nécessaire d'ajuster la composition phasique, la finesse et la teneur en sulfate de calcium pour optimiser la rhéologie plutôt que la résistance mécanique parce que :

- il sera plus facile de placer le béton sur le chantier et il ne sera plus nécessaire d'ajouter une autre dose de dispersant avant la mise en œuvre ;
- il sera plus facile de construire des structures durables, à condition que le béton soit bien mûri une fois mis en place ;
- on gaspillera moins de béton ;
- le développement durable ne sera plus une expression dénuée de sens dans l'industrie du béton ;
- la performance économique des sociétés de ciment et de béton s'en trouvera améliorée parce que, comme nous l'avons déjà signalé, les pires ennemis du béton ne sont pas l'acier, le bois, la brique, le verre, le plastique ou l'aluminium, mais plutôt un mauvais béton. Une structure construite avec un mauvais béton devra être réparée, réhabilitée ou démolie avant d'avoir atteint sa fin de vie utile. La réparation ou la démolition d'un mauvais béton entraîne des coûts importants de main-d'œuvre mais des coûts très faibles de matériaux.

Toutes les sommes actuellement dépensées pour réparer ou démolir des structures pourront servir à construire de nouvelles structures dans lesquelles le contenu en ciment sera de 10 à 100 fois plus élevé que celui employé dans les projets de réparation ou de démolition.

5.5.4 Suivi de la perte d'affaissement

Suite aux recherches effectuées à l'université de Sherbrooke sur la rhéologie des bétons de faibles rapports E/L, trois des producteurs de ciment de la province de Québec font quotidiennement le suivi d'un béton de référence (Classe C 2 de la norme canadienne CSA A 23.1). C'est essentiellement un béton à air entraîné ayant un rapport E/L compris entre 0,43 et 0,45 et contenant un réducteur d'eau. Depuis que ce suivi existe, il est très rare d'observer sur chantier des pertes d'affaissement catastrophiques. De façon générale, on a même pu remarquer une amélioration significative de la rhéologie des bétons livrés sur chantier, ce qui a entraîné un accroissement de la productivité de la construction et de la durabilité des structures en béton dans l'environnement très rude existant dans la province de Québec.

5.5.5 Autres considérations

Les suggestions précédentes ne sont pas révolutionnaires. Elles constituent un simple pas en avant dans l'optique d'une amélioration de la productivité de l'industrie du béton et de la qualité des structures en béton, avec en corollaire une plus grande durabilité. La compétitivité future des industries du ciment et du béton sera influencée positivement par de tels petits changements.

Pour fournir aux clients un produit qui a une faible variabilité, il est nécessaire de développer une série de critères d'acceptation garantissant l'obtention de performances minimales sur le chantier. Ceux-ci peuvent être prescriptifs comme au XXe siècle ou ils peuvent être des critères de performance comme ce sera très probablement le cas durant le XXIe siècle.

Il est bon de rappeler que le besoin de normes d'acceptation remonte au tout début de l'industrie du ciment. Une association professionnelle des producteurs de ciment fut créée en Allemagne en 1877, aux environs de 1900 en France, en 1902 aux USA et en 1935 en Angleterre. Ces associations pratiquaient une espèce d'autodiscipline de façon à fournir un produit fiable à leurs clients. Le ciment Portland allemand avait une telle réputation de qualité qu'en 1884 8 000 barils de ciment (1 360 tonnes) produits par Dickerhoff furent expédiés d'Allemagne aux USA pour construire la fondation de la Statue de la Liberté. La tour du Metropolitan Opera et l'hôtel Waldorf Astoria furent construits avec un ciment Portland allemand. La Bourse de New York sur Wall Street fut érigée avec un ciment Portland fabriqué par Lafarge. À cette époque-là, la qualité était un investissement payant. Pourquoi pas maintenant ?

Parallèlement à ces associations nationales, des sociétés de normes nationales furent créées. L'American Society for Testing and Materials (ASTM) publia les premières normes sur le ciment Portland en 1904 (Kett, 2000). En France, la première norme sur le ciment fut publiée en 1919 (Lafuma, 1951). Depuis, de très nombreuses normes ont été publiées. Pourquoi ne pas revisiter ces normes du point de vue du développement durable ?

C'est déjà un peu le cas avec l'annexe informative de la norme EN 206-1 qui propose une méthode de formulation basée sur les performances pour le respect de la durabilité. Le dernier complément national français à cette norme européenne « Béton » (NF EN 206-1/CN) va aussi dans ce sens avec une prise en compte accrue des additions minérales, y compris avec des ciments composés de type CEM II/A, et l'apparition des bétons d'ingénierie plus fortement dosés en laitier.

5.6   Introduction des ajouts cimentaires et des fillers

Les ajouts cimentaires peuvent être introduits directement dans les centrales à béton ou mélangés avec le ciment dans les cimenteries. Tant que le béton contenant les matériaux cimentaires a été bien mélangé, il n'y a aucune différence liée à la procédure d'introduction utilisée. Chaque méthode a ses avantages et ses inconvénients et elles sont toutes les deux utilisées couramment de nos jours.

5.6.1   Introduction à la centrale à béton

D'un point de vue technique, l'introduction d'ajouts cimentaires dans la centrale à béton présente l'avantage de permettre au producteur de béton de contrôler le taux de substitution selon les besoins du client, la température, la résistance initiale requise, la température maximale que le béton pourra atteindre dans les coffrages, etc. Par exemple, le pourcentage d'ajouts cimentaires pourra être augmenté pour fabriquer des bétons à haute performance ou en été pour des bétons de masse. Au contraire, ce pourcentage pourra être diminué pour des applications hivernales, pour une utilisation en usine de préfabrication où une haute résistance initiale est toujours avantageuse. Enfin, le dosage peut être ajusté d'une gâchée à l'autre, selon les besoins.

Par contre, quand on introduit l'ajout cimentaire dans la centrale à béton, il faut disposer d'un silo spécial pour chacun des ajouts cimentaires que l'on compte utiliser. Ceci est un investissement non négligeable. Dans certaine centrales à béton, l'absence de place pour rajouter un nouveau silo ou les coûts de modification du système de malaxage peuvent être un frein. Enfin, d'un point de vue opérationnel, il est nécessaire de contrôler le calendrier de livraison des ajouts cimentaires et de vérifier leur qualité et variabilité dans le temps.

5.6.2   Introduction à la cimenterie

Quand un ajout cimentaire est additionné à la cimenterie pour fabriquer un ciment composé, sa qualité et sa consistance dans le temps sont vérifiées régulièrement par le cimentier. Son dosage est très précis et le matériau bien mélangé avec le clinker de ciment Portland. Par contre, le taux de substitution est habituellement fixé d'avance.

En utilisant un tel ciment, les producteurs de béton sont dispensés de la servitude d'un silo additionnel et du contrôle de la qualité et de la reproductibilité des caractéristiques de l'ajout cimentaire. De façon à offrir un dosage plus flexible, certains producteurs de ciment ont développé des unités de mélange pour fournir un ciment composé « à la carte » ou le « ciment du jour » selon les besoins de leurs clients. Dans un tel cas, le cimentier doit broyer et/ou stocker séparément le ciment pur et chaque ajout cimentaire, ce qui implique qu'il a besoin de nouveaux silos ou qu'il doit allouer un silo particulier à chaque ajout cimentaire.

Enfin, le producteur de ciment a deux options pour le broyage final : broyer l'ajout cimentaire et le clinker de ciment Portland ensemble, c'est le co-broyage, ou séparément.

Le clinker et les ajouts cimentaires n'ayant pas la même broyabilité, le broyage séparé a l'avantage de permettre un contrôle séparé des finesses de chaque composant, mais en contre-partie il nécessite plusieurs silos. Le co-broyage s'accommode d'installations plus simples, par contre il en résulte un broyage plus grossier pour les constituants les plus durs et plus fin pour les moins durs. Par exemple, quand on produit un ciment composé qui contient du laitier, on doit augmenter sa surface spécifique pour le rendre plus réactif. Le laitier étant plus dur à broyer, c'est le clinker qui est broyé le plus finement, aboutissant au résultat contraire à ce qui devrait être fait.

Il n'y a pas de règles universelles qui priorisent un mode d'introduction des ajouts cimentaires plutôt que l'autre. En Belgique et au Québec, les ajouts cimentaires sont introduits à la cimenterie. En Allemagne, le laitier est introduit à la cimenterie mais les cendres volantes dans les usines à béton. En France, aux USA et dans le reste du Canada, les deux méthodes sont actuellement utilisées. Quand on produira des clinkers différents de ceux qui nous sont actuellement familiers, on verra apparaître de nouveaux types de liants sur le marché ; ceci ne manquera pas de compliquer la sélection du liant le plus approprié pour une application donnée.

5.7   Bétonnage avec des ciments composés

5.7.1   Cas où les ajouts cimentaires sont introduits à la cimenterie

Dans un tel cas, le cimentier optimise la composition et les caractéristiques du ciment composé pour satisfaire les normes d'acceptation. Le comportement d'un tel ciment n'est pas tellement différent d'un ciment Portland, ses propriétés étant contrôlées par les mêmes essais d'acceptation. Par contre, la résistance initiale du béton peut être légèrement inférieure à celle d'un ciment Portland pur.

5.7.2   Cas où les ajouts cimentaires sont introduits dans la centrale à béton

Dans un tel cas, le mélange de ciment Portland et d'ajouts cimentaires peut ne pas avoir été optimisé en toute connaissance de cause. Il est dangereux de généraliser les résultats trouvés dans la littérature technique quand on substitue un matériau cimentaire à une certaine quantité de ciment Portland. En effet, les propriétés du béton dépendent non seulement des propriétés de chaque composant du mélange mais aussi de leurs interactions. Certaines réactions sont prévisibles mais c'est seulement l'expérience avec les matériaux réels et les conditions d'utilisation réelles qui peuvent apporter des réponses sur l'efficacité de l'ajout cimentaire envisagé.

5.7.3   Propriétés du béton frais

Il n'est pas toujours vrai que les bétons dans lesquels on a substitué une partie de ciment Portland par un ajout cimentaire, parce que cet ajout est moins réactif que le ciment Portland, conservent plus facilement leur affaissement, ressuent plus ou nécessitent un dosage inférieur en réducteur d'eau ou en superplastifiant. En outre, dans quelques cas, il est beaucoup plus difficile d'entraîner de l'air, dans d'autres cas, c'est le contraire. Quelquefois, la prise initiale est plus courte, d'autres fois elle est plus longue. En conclusion, quand on utilise des ajouts cimentaires, il est toujours dangereux de généraliser !

5.7.4   Mûrissement

Chaque fois que l'on introduit un ajout cimentaire dans un béton, il est toujours essentiel de mettre en œuvre des procédures très strictes de mûrissement à l'eau (cure) car celle-ci est indispensable pour atteindre le plein potentiel de l'ajout cimentaire. Les entrepreneurs oublient trop souvent de traiter de façon spéciale un béton à base de ciment composé, se contentant trop souvent de faire comme avec un béton de ciment Portland pur. Toute utilisation d'un béton contenant un liant composé non soumise à des conditions strictes de mûrissement à l'eau constituera une grave erreur. Sans eau, il n'y a pas de réaction pouzzolanique. Alors comment peut-on mettre en vigueur un mûrissement adéquat à l'eau ? Il y a deux solutions.

- Premièrement : on motive les entrepreneurs à mûrir la structure de béton avec de l'eau (mûrissement externe) **en les payant** pour ce faire. Quand ils réalisent que le mûrissement à l'eau constitue une source de profit, ils deviennent zélés.
- Deuxièmement : on peut introduire un mûrissement interne dans le béton en substituant une partie de sable naturel par un sable léger saturé.

5.7.5   Propriétés du béton durci

La grande différence entre un béton de ciment Portland pur et un béton d'un ciment composé s'observe quand on mesure les résistances en compression à court terme. Par exemple, après 2 ou 3 jours, les bétons à la fumée de silice sont plus résistants que les bétons de ciment Portland pur de même rapport E/L. Après 7 et 14 jours, selon leur degré de substitution, les bétons contenant du laitier peuvent être plus résistants que les bétons qui ne contiennent que du ciment Portland pur de même rapport E/L. Par contre, dans le cas de pouzzolanes naturelles et de cendres volantes, il faut généralement attendre plus de 28 jours pour voir leur résistance en compression atteindre celle d'un ciment Portland pur de même rapport E/L. Dans certains cas, on doit attendre jusqu'à 56 ou même 91 jours pour le même rapport E/L. Mais, comme on le verra dans le paragraphe suivant, on peut toujours diminuer le rapport E/L du béton fabriqué avec un ciment composé pour augmenter plus rapidement sa résistance. Nous discuterons plus tard de la question suivante : est-il juste de tester à 28 jours les bétons avec ajouts cimentaires ? Ne serait-il pas mieux et plus juste de les tester à 56 ou même à 91 jours, étant donné que les structures en béton ne seront jamais pleinement chargées avant ces échéances, bien entendu à l'exception des structures précontraintes, par pré ou post-tension ?

5.7.6   Augmentation de la résistance en compression

On peut augmenter la résistance en compression de cinq façons différentes :
- en diminuant le rapport E/C ou E/L ;
- en utilisant l'effet synergétique de certains mélanges d'ajouts cimentaires ;
- en augmentant la température initiale du béton ;
- en utilisant des coffrages isolés ;
- en chauffant l'élément structural avec de la vapeur d'eau à basse pression (ce qui cumule chauffage et mûrissement à l'eau).

Dans beaucoup de cas, les préfabricants favorisent le chauffage à la vapeur d'eau à basse pression parce que cette technique est la plus facile à mettre en œuvre, ou est la seule qu'ils connaissent. Par contre, d'un point de vue développement durable, c'est la pire (gaspillage d'énergie et perte de durabilité à cause des gradients thermiques qui existent dans le béton au moment de son durcissement) et aussi la plus inefficace parce que la chaleur provient de l'extérieur et que le béton frais est un mauvais conducteur de chaleur.

5.7.6.1   Diminution du rapport E/L

La façon la plus facile et la plus soutenable d'augmenter la résistance en compression à court terme est de diminuer le rapport E/L. Comme nous l'avons vu dans le Chapitre 3, la diminution du rapport E/L entraîne un rapprochement des particules du liant (signification cachée du rapport E/L). Durant l'hydratation, les hydrates ont des distances plus courtes à parcourir pour ponter puis remplir les espaces entre les particules de ciment de telle sorte que la résistance initiale et finale en est augmentée. Le béton qui en résulte est plus durable. **D'un point de vue développement durable, c'est la meilleure solution.**

5.7.6.2   Effet synergétique de quelques combinaisons d'ajouts cimentaires

Il est bien connu que la fumée de silice augmente la résistance à court terme du béton. Par contre, il est moins bien connu qu'un mélange de cendres volantes et de laitier donne des résistances nettement supérieures à l'ajout équivalent (en terme de pourcentage de substitution) de cendres volantes seules ou de laitier seul. Ceci explique pourquoi furent utilisés des mélanges ternaires ou quaternaires dans deux projets récents et prestigieux utilisant des bétons à haute performance : la Tour Khalifa à Dubaï et la Liberty Tower à New York. À notre connaissance, le mélange utilisé à Dubaï était un mélange ternaire composé de ciment Portland, de cendres volantes et de fumée de silice, tandis qu'à New York le ciment était un composé quaternaire comprenant du ciment Portland, du laitier, une cendre volante et de la fumée de silice.

5.7.6.3   Augmentation de la température initiale du béton

Étant donné que la réaction d'hydratation est un processus chimique qui s'autoactive en obéissant à la loi d'Arrhenius, il est très facile d'augmenter la résistance en compression à court terme d'un béton en augmentant sa température initiale. Cette méthode est avantageuse puisque la source de chaleur initiale est répartie uniformément dans la masse du béton. Attention, augmenter trop la température initiale du béton peut affecter négativement son comportement rhéologique. Par contre, cette méthode convient très bien dans les usines de préfabrication où le temps de mise en place du béton est très court.

5.7.6.4 Utilisation de coffrages isolants

Quand on utilise des coffrages isolants, on peut prendre avantage de l'accélération de la réaction d'hydratation du ciment Portland par sa propre chaleur d'hydratation. Celle-ci est retenue à l'intérieur du béton et non plus dispersée à l'extérieur par les coffrages. Quand le liant contient des ajouts cimentaires, l'augmentation de la température accroît aussi la réactivité de ces ajouts cimentaires. Il s'ensuit une augmentation de la résistance en compression qui est fonction de la quantité d'ajouts cimentaires et de l'épaisseur de l'isolant. Cette méthode à l'avantage de produire des conditions d'hydratation pratiquement homogènes et isotropes dans toute la masse du béton. Il y a en fait un très faible gradient de température au niveau des coffrages dû aux très faibles pertes de chaleur à travers l'isolant. En outre, comme nous allons le voir plus tard, quand elle est combinée avec une substitution partielle du sable par un sable léger saturé pour assurer une cure interne, cette méthode participe à éliminer le retrait endogène qui se développe dans les bétons de faible rapport E/L.

Cette méthode est aussi très soutenable parce qu'elle utilise la chaleur interne générée par la réaction d'hydratation sans entraîner d'émissions de CO_2. C'est la méthode que nous favorisons conjointement avec la réduction du rapport E/L chaque fois qu'elle est facile à mettre en œuvre. Nous pensons que, dans le futur, elle sera de plus en plus utilisée en raison de l'emploi plus fréquent de ciments composés.

5.7.6.5 Chauffage des éléments structuraux

C'est la méthode la plus utilisée dans les usines de préfabrication. Comme nous l'avons déjà signalé, c'est le processus le moins efficace et le moins soutenable, c'est pourquoi nous ne le recommandons pas, sauf dans des conditions très particulières où la mise en œuvre d'autres solutions est très difficile.

5.7.7 Durabilité

Toutes choses étant égales par ailleurs, les bétons contenant des ajouts cimentaires sont généralement plus durables que les bétons de ciment Portland pur **s'ils ont été bien mûris** parce que la chaux produite par l'hydratation du ciment Portland (de la portlandite) réagit avec les ajouts cimentaires pour former un C-S-H secondaire plus résistant et plus stable que la portlandite. Celle-ci ne constitue pas un minéral particulièrement intéressant dans le béton que ce soit d'un point de vue mécanique ou de durabilité.

La résistance au gel-dégel et aux sels de déverglaçage d'un ciment composé contenant de la fumée de silice et des cendres volantes est bien documentée.

On doit faire preuve de prudence dans le cas d'un ciment Portland contenant du laitier avec un taux de substitution supérieur à 25 %. Des bétons contenant du laitier passent avec succès l'essai ASTM C 666 de gel-dégel (300 cycles rapides sous l'eau) à condition d'être bien protégés par un système de bulles d'air adéquat ayant un faible facteur d'espacement (le facteur d'espacement est la demi-distance moyenne entre les bulles d'air individuelles). Par contre, dans les cas des bétons contenant plus de 25 % de laitier, il n'est pas toujours assuré que le système d'air entraîné fournisse une résistance adéquate au gel-dégel en présence de sels de déverglaçage (méthode d'essai ASTM C 457-88).

Jusqu'à présent, les bétons de laitier n'ont pas été beaucoup utilisés dans des conditions nordiques où les hivers peuvent être extrêmes. Ces bétons ont servi de façon extensive en Allemagne, en France, en Hollande et en Belgique où les hivers ne sont pas particulièrement sévères au niveau du gel-dégel. Étant donné que cette faiblesse des ciments composés contenant beaucoup de laitier n'a pas été étudiée en profondeur, il vaut mieux être très prudent. Il faut espérer que cet aspect de la durabilité des bétons contenant beaucoup de laitier recevra toute l'attention nécessaire de la part des chercheurs.

Finalement, il est bien connu que les bétons contenant du laitier ont un très bon comportement en milieu marin; c'est d'ailleurs leur utilisation majeure. Les bétons contenant une fumée de silice et une cendre volante se comportent très bien aussi en milieu marin. **Ce n'est pas le cas des ciments composés contenant un filler calcaire.**

5.8 Comment mesurer les caractéristiques des bétons contenant des ajouts cimentaires

À l'exception de la fumée de silice et du laitier, le mélange de clinker de ciment Portland avec n'importe lequel autre ajout cimentaire retarde l'obtention de la pleine résistance du béton. Quand des éprouvettes normalisées faites avec de tels ciments composés continuent à être mûries dans de l'eau saturée de chaux ou sous un brouillard d'eau au-delà de 28 jours, leur résistance en compression continue à augmenter jusqu'à 56 ou même 91 jours. Après cette période, l'augmentation de résistance est négligeable. Cette augmentation de résistance entre 28, 56 ou 91 jours est due au fait que les ajouts cimentaires réagissent lentement, à température ambiante, avec l'eau et avec la chaux libérée par la réaction d'hydratation. Par conséquent, certains suggèrent que f'_c soit mesuré à 56 ou 91 jours au lieu du sacro-saint 28 jours qui a été la règle jusqu'à présent. Cette suggestion est basée sur les points suivants.

- Premièrement : dans les calculs de béton armé, il convient d'utiliser la véritable résistance en compression à long terme et non une valeur inférieure parce que les éprouvettes normalisées n'avaient pas atteint leur complète résistance à l'âge du test, soit 28 jours.
- Deuxièmement : en retardant l'âge auquel on mesure f_c, on rend le béton plus soutenable parce qu'une résistance f_c visée peut être atteinte avec moins de liant quand elle est mesurée à 56 ou 91 jours que si elle était mesurée à 28 jours, ceci quelle que soit la composition du liant. Cela permettrait de diminuer la quantité de CO_2 quand on construit un élément structural en béton supportant une charge particulière.

En principe, nous ne nous opposons pas à cette idée, par contre nous nous permettons d'insister sur le fait que, si un béton contenant un ciment composé n'est pas mûri de façon adéquate sur le terrain, il n'atteindra jamais sa résistance potentielle. En effet, l'eau est essentielle à la réaction pouzzolanique qui ne peut se développer dans un béton sec. Par conséquent, toute suggestion de rallonger la période à laquelle on mesure f_c doit être accompagnée de règles de mûrissement de plus en plus contraignantes. Si l'industrie du béton n'est pas prête à faire un effort spécial pour mûrir le béton correctement, nous nous opposerons à l'idée d'allonger la période pendant laquelle on mesure la résistance en compression du béton.

5.9 Conclusion

Ce chapitre est le plus long de ce livre parce que la composition des liants modernes sera très différente de celle du ciment Portland traditionnel. Il faudra donc modifier la manière d'appréhender le béton sur le chantier si l'on veut augmenter sa soutenabilité. Une des façons les plus faciles et les plus efficaces d'obtenir ce résultat est de réduire la quantité de clinker de ciment Portland quand on fabrique un ciment composé. L'équation écologique est très simple :

1 kilogramme de moins de clinker = 1 kilogramme de moins de CO_2 émis.

C'est aussi le moyen le plus simple, le plus rapide et le moins onéreux de fabriquer plus de béton pour un même quota d'émission de CO_2, ce qui est particulièrement important pour les pays en développement.

Dans certains pays comme la Hollande et la Belgique, on a déjà pu atteindre un taux de substitution de 40 % sans porter atteinte à la compétitivité de l'industrie du béton. Dans ces deux pays, au fil des années, les ingénieurs et les entrepreneurs ont appris à utiliser les ciments composés de façon appropriée. **Avec la technologie actuellement disponible, on pourrait atteindre un taux de substitution de 50 % si on se donnait la peine d'employer efficacement des superplastifiants et d'autres adjuvants.**

Le développement de l'usage du ciment composé ne signifie pas l'élimination du ciment Portland pur. Il y a des circonstances dans lesquelles on devra employer obligatoirement un ciment Portland pur, mais cet usage diminuera au fur et à mesure que les techniques d'utilisation des ciments composés s'amélioreront. Maintenant que nous pouvons rapprocher les particules de liants très près les unes des autres à l'aide de superplastifiants, il est possible d'augmenter très facilement et très écologiquement la résistance initiale des bétons fabriqués avec des ciments composés. En outre, dans ces bétons, il n'est pas nécessaire de développer autant de « colle » pour obtenir une résistance donnée, parce que moins d'hydrates sont nécessaires pour ponter puis remplir les espaces initialement plus étroits entre les particules. Dans le même ordre d'idée, l'utilisation de coffrages isolants deviendra une pratique plus commune même dans les pays chauds. C'est un moyen simple, efficace, peu coûteux et soutenable d'augmenter la résistance à court terme du béton en prenant avantage de l'autoactivation de l'hydratation du ciment Portland et des réactions pouzzolaniques.

Finalement, il faudra que les producteurs de ciment modifient drastiquement leur manière d'optimiser le contenu en gypse et la finesse des ciments composés. La teneur en gypse devra être optimisée non pour augmenter la résistance initiale en compression des petits cubes mais plutôt pour améliorer la rhéologie du béton durant la première heure et demie suivant son malaxage. Les pratiques actuelles d'optimisation de la teneur en gypse favorisent l'utilisation de clinker ayant une teneur élevée en C_3S et C_3A aussi bien qu'une grande finesse. L'optimisation de la teneur en gypse pour améliorer la rhéologie assurera la soutenabilité et s'accompagnera de la diminution des teneurs en C_3A et C_3S ainsi que de la finesse du ciment.

CHAPITRE 6

L'eau

6.1   Introduction

L'eau est aussi importante que le liant dans un béton, elle influence à la fois les propriétés du béton frais et du béton durci. Comme nous l'avons déjà vu au Chapitre 3, c'est le rapport E/L entre la masse de l'eau de gâchage et celle du liant qui détermine, avec l'aide des adjuvants, les propriétés essentielles du béton frais et du béton durci. L'intérêt de la notion du rapport E/L est d'abord qu'elle place au même niveau les deux composantes essentielles du béton quant à leur importance et qu'elle met l'accent sur le fait que leur action est liée l'une à l'autre.

À l'aide d'un compteur, il est très facile d'introduire de l'eau dans un malaxeur mais il est plus difficile d'évaluer précisément toutes les formes cachées de l'eau contenue dans les divers composants du béton. Dans le Chapitre 7, nous verrons comment calculer la quantité d'eau amenée dans le malaxeur par l'introduction d'un adjuvant, tel un superplastifiant, et, dans le Chapitre 8, les différentes formes d'eau contenue dans les granulats.

Quand on malaxe du béton, la véritable difficulté vient du fait qu'il faut prendre en compte la vraie quantité d'eau se trouvant dans les granulats, particulièrement dans le sable, par essence éminemment variable. Lorsqu'on introduit 800 kg de sable mouillé dans un béton, une variation de 2 % de sa teneur en eau totale correspond à une variation de 16 litres d'« eau cachée », ce qui représente environ 10 % de la quantité d'eau effective de malaxage et une variation de 10 % du rapport E/L. Une telle variation du rapport E/L ne manquera pas d'influencer significativement la résistance, la durabilité et la soutenabilité du béton.

C'est pourquoi, quand on malaxe du béton, il est essentiel de connaître précisément la quantité d'eau contenue dans le granulat fin. C'est la seule difficulté car la mesure des autres quantités de matériaux ou d'eau introduites dans le malaxeur ne présente pas de problème.

Dans ce chapitre, nous ne nous intéresserons pas à la qualité que l'eau doit avoir pour fabriquer des bétons durables. Cette information est disponible dans des livres de référence comme celui de Kosmatka *et al.* (2002). Nous nous concentrerons plutôt sur le rôle joué par l'eau dans le béton frais et dans le béton durci. Nous traiterons séparément, au Chapitre 13, le rôle crucial joué par l'eau dans le processus de mûrissement.

6.2 Le rôle crucial de l'eau

L'eau joue un rôle crucial à toutes les étapes de la vie d'un béton.

Dans le béton frais, elle contrôle largement les différents points suivants :
- la rhéologie du béton frais, avec et sans adjuvants ;
- la position relative des particules de liants dans la pâte avant le début de l'hydratation ;
- la solubilité ionique initiale des différentes espèces rencontrées dans le liant ;
- la conductibilité électrique et thermique du béton frais ;
- enfin, la ségrégation et le ressuage.

Durant le processus de durcissement, l'eau joue un rôle crucial dans :
- le développement des réactions d'hydratation et leurs conséquences physiques, thermodynamiques et volumétriques ;
- le développement du retrait endogène ;
- la conductibilité électrique et thermique du béton.

Dans le béton durci, l'eau continue de participer au processus d'hydratation des différentes phases du clinker de ciment Portland et des différents ajouts cimentaires présents dans le liant. L'hydratation s'arrête quand :
- il n'y a plus de particules anhydres à hydrater, c'est le cas habituel des bétons de haut rapport E/L ;
- il n'y a plus d'eau disponible, c'est le cas des bétons à faible rapport E/L ;
- il n'y a plus d'espace disponible pour le développement du matériau hydraté ;
- enfin, la pâte de ciment formée est tellement dense que l'eau ne peut plus migrer vers les particules anhydres qui se trouvent encore dans le béton.

Tel que déjà mentionné, l'eau est aussi nécessaire pour continuer le lent processus d'hydratation des ajouts cimentaires mélangés au clinker de ciment Portland dans les liants modernes. L'eau capillaire constitue aussi le vecteur par lequel les agents agressifs peuvent pénétrer, soit par percolation, soit par pression osmotique, dans le béton et l'attaquer. Comme nous le verrons dans le Chapitre 12 consacré au retrait, l'eau joue un rôle clé dans le développement de toutes les formes de retrait, excepté pour le retrait de carbonatation. Lorsque l'eau est à l'origine d'un retrait du béton, c'est toujours par l'intermédiaire des forces de tension développées dans les ménisques apparaissant dans le réseau poreux. D'un point de vue pratique, le plus grand problème de l'eau consiste en ce que son action bénéfique est inversement proportionnelle à sa facilité d'utilisation. Alors qu'il est aisé et peu cher d'introduire de l'eau dans le béton frais, il est absolument nécessaire de l'utiliser avec parcimonie. Si on n'emploie pas son contenu optimal, les propriétés du béton frais et durci, sa durabilité et sa soutenabilité seront significativement altérées. D'autre part, quand son action est bénéfique comme pour le mûrissement et quand elle peut être employée abondamment, son usage est très souvent considéré comme une nuisance coûteuse. Plus la qualité du béton est grande (faible rapport E/L), plus l'eau a de la difficulté à pénétrer dans le béton pour améliorer le processus d'hydratation et diminuer les effets du retrait endogène. Dans le Chapitre 13, nous verrons que dans le cas d'un faible rapport E/L il est nécessaire de développer certains stratagèmes pour fournir des conditions de mûrissement adéquates à l'entière masse du béton. On verra aussi dans ce chapitre qu'il est très important de payer les entrepreneurs pour mûrir spécifiquement le béton avec de l'eau de façon à rendre les structures en béton plus durables et soutenables.

6.3   Influence de l'eau sur la rhéologie du béton frais

L'eau introduite dans un malaxeur n'est pas utilisée seulement pour hydrater les particules de liant mais aussi pour participer à la rhéologie du béton frais. Quand l'eau commence à mouiller les particules de liant, elle donne une certaine cohésion au béton frais, une cohésion que l'on ne retrouve pas quand une poudre de filler calcaire ou siliceux ayant la même granulométrie qu'un ciment Portland est mélangée avec la même quantité d'eau. C'est une des raisons pour lesquelles, dans les ciments à maçonner qui contiennent 50 % de filler calcaire mélangé à 50 % de clinker de ciment Portland, on doit ajouter un agent modificateur de viscosité pour compenser ce manque d'action physique de l'eau sur le filler calcaire et conférer au mortier produit la plasticité désirée par les maçons lors de la pose de blocs ou de briques.

Dans le cas du ciment Portland, c'est l'eau fixée à la surface des particules de ciment dès qu'elles sont mouillées qui crée la cohésion et réduit les risques de ségrégation et de ressuage. Cette cohésion trouve son origine dans la formation des premiers hydrates à la surface des particules de ciment et dans les forces électriques développées entre les particules de ciment et les molécules d'eau très polaires. Comme on peut le voir sur la Figure 6.1, une molécule d'eau peut être considérée comme un dipôle électrique parce que, à cause de sa structure particulière, les centres de gravité de la charge positive et des deux charges négatives ne sont pas superposés.

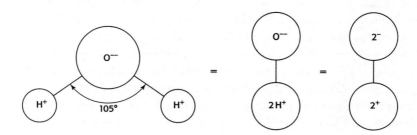

Figure 6.1 Représentation schématique d'une molécule d'eau.

Les fillers, inertes, et nombre d'ajouts cimentaires, pratiquement inertes durant les premières heures, n'ont pas cette réaction initiale avec l'eau et, lorsqu'ils sont ajoutés en quantité significative, le béton obtenu risque d'être sujet à une ségrégation et une ressuée importantes. Il convient alors d'y remédier par un adjuvant approprié, par exemple un entraîneur d'air ou un agent modificateur de viscosité.

Généralement, les forces de cohésion développées initialement par les molécules d'eau n'augmentent pas de façon trop rapide la viscosité du béton. Si, durant le transport du béton, ces premiers liens deviennent trop nombreux et trop forts, le béton peut arriver sur chantier avec une maniabilité insuffisante. Toute tentative de restaurer la maniabilité nécessaire à une mise en place du béton par un ajout d'eau est catastrophique d'un point de vue résistance, durabilité et soutenabilité. En effet, il y correspond un accroissement du rapport E/L avec pour conséquence un plus grand écartement des particules de ciment dans la pâte de liant. La seule façon acceptable pour restaurer la maniabilité désirée est d'employer un réducteur d'eau ou même un superplastifiant. Dans certains cas extrêmes, comme par exemple par grande chaleur, il vaut mieux contrôler la perte d'affaissement en se servant de retardateur de prise.

Dans le chapitre précédent, nous avons vu que beaucoup de problèmes de chantier relatifs à la maniabilité du béton découlent du fait que l'optimisation de la composition du liant à la cimenterie s'est faite sur une pâte pure ayant un rapport E/L relativement élevé de 0,485 à 0,50 sans adjuvant. En outre, en considérant la très grande influence de la température sur la rhéologie du béton, il n'est pas facile d'optimiser de la même façon les caractéristiques du ciment tout au long de l'année. C'est pourquoi, au Québec, certains producteurs ont des formulations d'été et d'hiver pour leur ciment Portland ordinaire.

6.4 L'eau et l'hydratation du ciment

Les réactions d'hydratation seront décrites en détail dans le Chapitre 11. Ici, nous allons les traiter brièvement, en termes généraux. Les réactions chimiques commencent par la libération des ions non saturés présents à la surface des quatre phases minérales principales du clinker de ciment Portland (C_3S, C_2S, C_3A et C_4AF) et aussi par la mise en solution des différents sulfates présents dans le ciment, le sulfate de calcium ajouté pour contrôler la rhéologie du béton frais et les sulfates alcalins retrouvés régulièrement dans le clinker de ciment Portland. Les conséquences de ces deux phénomènes chimiques simultanés peuvent s'observer chimiquement et thermodynamiquement dans la pâte de ciment, la température de la pâte de ciment augmente légèrement ainsi que sa conductivité électrique. Dans un béton, il est beaucoup plus difficile d'observer le changement de température à cause de l'effet de la masse de granulats qui présentent une grande inertie thermique. Par contre, il est facile de constater l'augmentation de la conductivité électrique, comme on peut le voir dans la Figure 6.2.

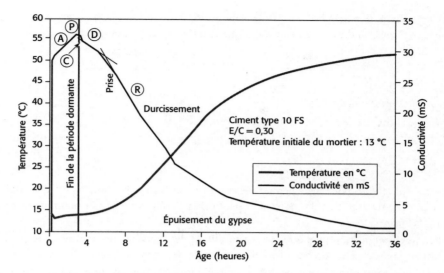

Figure 6.2 Évolutions de la conductivité électrique et de la température d'un ciment composé contenant 8 % de fumée de silice (Aitcin, 2008).

6.5 L'eau et le retrait

Pratiquement, on observe quatre types différents de retraits dans des circonstances bien spécifiques durant la vie du béton :

- le retrait plastique se produisant dans tout béton frais ;
- le retrait endogène se produisant dans tout béton dès que la réaction d'hydratation commence ;
- le retrait de séchage se produisant quand de l'eau s'évapore à partir du ciment durci ;
- enfin, le retrait de carbonatation quand la pâte de ciment se carbonate.

Dans ce qui suit, nous n'aborderons pas le retrait de carbonatation. Nous nous concentrerons plutôt sur le rôle physique très important de l'eau dans le développement des trois autres formes de retrait (les effets particuliers de ces trois types de retrait sur les propriétés du béton seront décrits en détails dans le Chapitre 12).

Pour l'essentiel, le retrait découle de la désaturation des pores de la pâte du béton frais puis du béton durci. Chaque interface eau-air (plus exactement eau-vapeur) créée par cette désaturation est matérialisée par un ménisque, siège de tensions d'autant plus fortes que le diamètre du pore au droit du ménisque est plus petit. C'est l'addition de toutes ces tensions dans tous les pores qui crée le retrait et les pores les plus fins y jouent le plus grand rôle. Ils sont à la fois les plus nombreux et ceux dans lesquels se développent les plus fortes tensions. Lorsque les forces de retrait outrepassent les forces de cohésion du matériau, il y a fissuration.

Ces tensions ont le même effet qu'une dépression, curieusement appelée «pression capillaire», appliquée au droit de chaque ménisque et régie par la loi de Laplace…

$$p = \frac{2\,\sigma\cos\theta}{r}$$

où : p est la pression capillaire,

σ est la surface de tension du liquide,

θ est l'angle de contact entre le liquide et le solide,

r est le rayon du pore capillaire.

Le retrait plastique concerné le béton frais et c'est l'évaporation de l'eau superficielle qui est la cause de la désaturation des pores. On peut éviter ou limiter le retrait plastique de différentes façons :

- l'évaporation de l'eau peut être évitée en utilisant des vaporisateurs comme ceux que l'on trouve dans des serres où on cultive des fleurs (voir le Chapitre 13 sur le mûrissement) ;
- un produit de mûrissement peut être appliqué immédiatement sur la surface du béton pour créer une membrane imperméable empêchant l'évaporation de l'eau ;
- enfin, on peut appliquer à la surface du béton un retardateur d'évaporation. Les retardateurs d'évaporation sont des alcools aliphatiques couvrant la surface du béton d'un film monomoléculaire empêchant l'évaporation de l'eau. Ils ont été développés pour limiter l'évaporation de l'eau dans les piscines.

Le retrait endogène est la conséquence de la contraction volumétrique appelée «contraction chimique» ou «contraction Le Chatelier» qui accompagne l'hydratation (Le Chatelier, 1904). En absence d'une source d'eau extérieure (extérieure à la pâte de ciment), les espaces créés par cette contraction chimique ne peuvent être remplis par un apport d'eau extérieur et les pores se désaturent, causant le retrait endogène. Il se développe dès le début de la réaction d'hydratation dans tous les bétons non mûris qui ont commencé à acquérir une certaine cohésion, ceci quel que soit le rapport E/L. Il est négligeable dans les bétons de rapport E/L élevé car leur structure est très lâche et l'eau des gros pores migre facilement vers les espaces plus fins créés par la contraction chimique. Par contre, il peut être significatif dans les bétons de faible rapport E/L car la réserve d'eau interstitielle y est plus faible (du fait de E/L plus faible) et surtout car, dans de tels bétons à la structure très dense, les pores très fins sont plus nombreux et la migration de l'eau vers les espaces créés par la contraction chimique est très lente (Aïtcin, 1999). Le développement incontrôlé du retrait endogène peut être catastrophique d'un point de vue durabilité et soutenabilité parce qu'il se développe à un moment où la résistance en traction du béton est très faible, ce qui entraîne la fissuration de la surface exposée du béton. Cependant, quand la pâte de ciment qui s'hydrate dispose d'une source d'eau extérieure, la porosité créée par la contraction chimique se remplit d'eau au fur et à mesure. Aucun ménisque ne se forme dans la pâte de ciment en train de s'hydrater ; aucune force de tension n'est créée et il n'y a pas de retrait endogène (Aïtcin, 1999). D'un point de vue pratique, pour éviter le développement du retrait endogène, on doit fournir soit une source d'eau extérieure en utilisant un mûrissement à l'eau extérieure (extérieure au béton) ou un mûrissement interne (interne au béton) comme on le verra plus tard.

Le retrait de séchage concerne le béton durci. Il se produit quand de l'eau contenue dans les capillaires du béton s'évapore suite à des conditions ambiantes favorables à cette évaporation (air sec, air chaud, vent sec). Pour éviter le développement du retrait de séchage, on doit couvrir les surfaces des éléments de béton avec un film imperméable ou avec un bouche-pores.

6.6 L'eau et la réaction alcalis-granulats

Au sujet des réactions alcalis-granulats, il y a au moins un point sur lequel tous les chercheurs s'entendent : il faut de l'eau pour que cette réaction se produise. Très souvent, pour stopper ou limiter le développement d'une réaction alcalis-granulats, il suffit d'imperméabiliser la surface du béton exposée à la pluie ou à une autre source d'eau. Plus d'eau, plus de réaction alcalis-granulats.

6.7 Mûrissement interne

Dans un effort pour contrer la fissuration initiale des bétons de faible rapport E/L due à un développement initial incontrôlé du retrait endogène, différentes techniques de mûrissement à l'eau ont été proposées (Klieger, 1957 ; Bentz et Snyder, 1999 ; Mather, 2001 ; Kovler et Jensen, 2005). Étant donné que l'efficacité d'un mûrissement externe décroît rapidement lorsque la pâte de ciment hydratée se densifie, il faut recourir à un autre type de mûrissement à l'eau : le mûrissement interne. Cette technologie sera exposée en détails dans le Chapitre 13. Ici, nous nous contenterons d'en présenter les caractéristiques les plus importantes.

Elle consiste à introduire dans le béton un matériau pouvant emmagasiner une quantité significative d'eau, comme par exemple des granulats légers ou des polymères superabsorbants. Cette eau « cachée » ne modifie pas les conditions de malaxage ni le rapport E/L initial. Ce n'est que lorsque la contraction chimique commence à créer une porosité que l'eau contenue dans ces petits réservoirs dispersés de façon homogène dans le béton peut être drainée par la pâte de ciment pour remplir cette porosité. Il est essentiel que cette eau cachée puisse être facilement drainée par la pâte de ciment et qu'elle soit présente en quantité suffisante pour remplir toute la porosité créée par la contraction chimique. Cette technique de mûrissement constitue une percée technologique très importante qui ne manquera pas d'augmenter la durabilité et la soutenabilité des bétons de faible rapport E/L. Quand on contrôle le retrait endogène, on allonge immanquablement le cycle de vie des structures en béton.

6.8   Utilisation d'eaux spéciales

6.8.1   L'eau de mer

Peut-on utiliser l'eau de mer pour fabriquer un béton ? La réponse est définitivement positive. Bien que, chaque fois que cela est possible, il soit préférable d'éviter l'utilisation de l'eau de mer pour fabriquer du béton, il existe des circonstances où l'on n'a pas d'autre choix. On peut utiliser de l'eau de mer dans des **éléments de béton non armés** bien que la résistance en compression de ce béton diminuera de 20 % par rapport à un béton fabriqué avec de l'eau pure (Mindess *et al.*, 2003).

6.8.2   Utilisation des eaux de lavage des centrales à béton

De plus en plus souvent, les producteurs de béton ne sont plus autorisés à déverser leurs eaux de lavage dans le système d'égout (c'est-à-dire les eaux servant à nettoyer les cuves des camions-malaxeurs). Ils doivent les recycler dans le béton qu'ils produisent ou les traiter avant de les déverser dans les égouts (voir Chapitre 17). L'élimination des particules solides contenues dans les eaux de lavage est facilitée par utilisation de techniques physiques séparatives ou de floculants spéciaux. Cependant, l'eau claire récupérée n'est pas pure, elle peut contenir beaucoup d'espèces ioniques (notamment des alcalins), de molécules organiques ou de polymères utilisés dans les gâchées de béton précédentes. Une trop grande quantité de ces molécules organiques ou polymères peut altérer les propriétés d'une nouvelle gâchée de béton car ils sont encore actifs. Aussi est-il important de limiter le volume d'eaux de lavage introduit dans le nouveau béton pour que leur dilution réduise leur effet à un niveau tolérable. Leur utilisation en plus grande quantité peut se faire dans des bétons ordinaires peu sophistiqués, mais leur usage dans des bétons plus pointus devra être maîtrisé car il peut compliquer l'obtention des propriétés spéciales recherchées dans ces bétons.

CHAPITRE 7

Les superplastifiants

7.1 Introduction

Nous n'avons pas jugé nécessaire dans cet ouvrage de consacrer un chapitre à l'utilisation des adjuvants en général. L'interaction entre le ciment Portland et la plupart des adjuvants a été suffisamment bien traitée que ce soit d'un point de vue théorique ou d'un point de vue pratique dans divers livres spécialisés tels que ceux de Dodson (1990), Rixom et Mailvaganam (1999) et bien d'autres. Les adjuvants tels que les entraîneurs d'air, les réducteurs d'eau, les accélérateurs et les retardateurs vont, pour les bétons ordinaires, continuer à être employés comme ils l'ont été pendant de très nombreuses années sans changement majeur (voir norme européenne EN 934-2 par exemple). Ce n'est pas le cas des superplastifiants auxquels ce chapitre est consacré exclusivement.

En effet :

- ce sont des composants essentiels des bétons durables et soutenables ;
- leur comportement dans les ciments composés n'a pas été étudié en profondeur (Saric-Coric, 2001 ; Roberts et Taylor, 2007 ; Bédard, 2005) ;
- enfin, la nouvelle famille de superplastifiants à base de polycarboxylates est toujours en développement en 2012.

L'utilisation de superplastifiants n'est pas nouvelle. Elle a progressé depuis les années 1970, mais pas assez à notre opinion. Dans l'introduction de ce livre, nous avons montré que des bétons ayant un très faible rapport E/L sont plus soutenables que les bétons courants de 25 et 30 MPa. L'utilisation de tels bétons pour construire des structures entraîne des économies très importantes de matériaux et réduit significativement les émissions de gaz à effet de serre associées à l'usage du béton. Par contre, un béton de faible rapport E/L ne peut être fabriqué sans un superplastifiant.

D'un point de vue pratique, l'emploi de susperplastifiants a été de beaucoup retardé par les problèmes d'incompatibilité et de robustesse de beaucoup trop de combinaisons ciment/ superplastifiant, facteurs clés de leur succès dans les bétons à haute performance. L'expérience démontre que ce ne sont pas tous les ciments qui sont compatibles avec tous les superplasti-fiants trouvés sur le marché et que tous les superplastifiants ne sont pas nécessairement compatibles avec un ciment particulier. Dans le Chapitre 5, nous avons présenté au moins une raison, à tout le moins partielle, expliquant cette situation. Les problèmes de compatibi-lité et de robustesse sont dus au fait qu'à l'heure actuelle, quand ils optimisent les caractéris-tiques du clinker de ciment Portland ou des ciments composés, trop de producteurs de ciment sont obsédés par la résistance des cubes plutôt que par la rhéologie de la pâte de ciment normalisée. Quand le rapport E/L décroît, l'optimisation de la rhéologie du ciment exige des caractéristiques de plus en plus en contradiction avec celles de l'optimisation de la résistance. C'est là la principale source des problèmes de chantier rencontrés lors de l'emploi de super-plastifiants.

Les superplastifiants sont d'abord des produits chimiques dispersant les particules de ciment. Dans la suite, ils seront souvent désignés «dispersants» dans le but d'insister sur leur action physique sur les particules de ciment plutôt que sur leur effet sur la rhéologie du béton.

Pendant de nombreuses années, les premiers superplastifiants disponibles sur le marché étaient essentiellement des polysulfonates: des lignosulfonates purifiés (LS), des polynaphta-lènes sulfonates (PNS) et des polymélamines sulfonates (PMS) qui tous fonctionnaient essentiellement par répulsion électrostatique. L'interaction de ces polysulfonates avec le ciment Portland a été étudiée en profondeur, de telle sorte qu'à l'heure actuelle il est possible de prévoir, avec un bon degré de confiance, la compatibilité et la robustesse d'une combi-naison de ciment/polysulfonate. Récemment, une nouvelle famille de superplastifiants est apparue sur le marché sous le nom de polycarboxylate ou de polyacrylate. La dispersion des particules de ciment par les polycarboxylates ne résulte plus de forces de répulsion électrosta-tique mais plutôt de forces de répulsion stérique de telle sorte que les connaissances acquises sur les polysulfonates ne sont plus applicables quand on utilise des polycarboxylates. Cette nouvelle famille de superplastifiants est encore en développement et la configuration molécu-laire optimale de ces polymères n'a pas encore été fixée définitivement. Elle continue de s'améliorer sans cesse.

D'un point de vue pratique, les superplastifiants peuvent être employés pour augmenter l'affaissement d'un béton de rapport E/L donné (repère «1» dans la Figure 7.1), pour dimi-nuer le rapport E/L pour un affaissement donné (repère «2») ou pour augmenter l'affaisse-ment et décroître le rapport E/L en même temps (repère «3»).

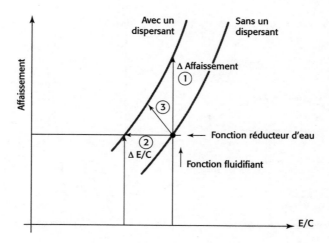

Figure 7.1 Les différentes utilisations d'un dispersant.

7.2 Définition

7.2.1 Compatibilité

Une combinaison ciment/superplastifiant est dite « compatible » quand elle permet l'obtention d'une bonne maniabilité initiale qui, ensuite, se conserve avec peu de perte jusqu'à la fin de la mise en place du béton, soit durant au moins 1 h 30.

Dans le cas contraire, elle est dite « incompatible ». En cas de forte incompatibilité, il peut arriver que le temps pendant lequel le béton conserve sa maniabilité initiale soit aussi court que 15 minutes.

7.2.2 Robustesse

De façon générale, on dit qu'un processus industriel n'est pas robuste quand une petite variation d'un des paramètres de production affecte significativement la stabilité du procédé et/ou la qualité du produit final. Au contraire, un processus industriel est dit robuste quand il accepte une grande variation d'un des paramètres sans que la stabilité du procédé ou la qualité du produit final en soit significativement affectée. Plus est grande la variation permise des paramètres de fabrication, plus le procédé est robuste. Les ingénieurs de procédé préfèrent un procédé robuste à un autre plus efficace mais moins robuste (Figure 7.2), les producteurs de béton aussi.

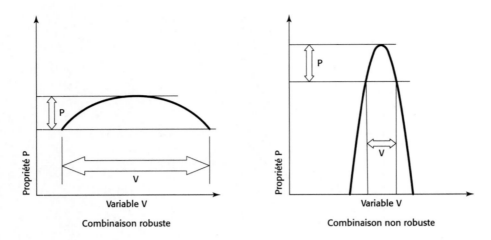

Figure 7.2 Notion de robustesse.

Une association ciment/superplastifiant robuste est celle qui supporte sans effet négatif les variations courantes des quantités de ciment et éventuels ajouts, de la quantité d'eau y compris l'eau cachée, de la température, du temps de transport, etc.

7.3   Dispersion des particules de ciment

Tous les ciments commerciaux partagent une faiblesse technologique qui décroît leur efficacité en tant que liant : quand ils sont mélangés avec de l'eau, ils ont tendance à floculer très rapidement. Il est très facile de démontrer que, sans superplastifiant, les particules de ciment floculent très rapidement quand elles sont mises en présence d'eau : il suffit de mettre 50 g de ciment dans une bouteille d'un litre remplie d'eau et de reposer cette bouteille sur une table. Au bout de 5 à 10 minutes, on peut voir que de larges flocs de ciment se forment et sédimentent très rapidement au fond de la bouteille. À la fin de ce processus de sédimentation, le volume de ciment floculé au fond de la bouteille est bien plus grand que le volume initial de la poudre de ciment sèche (Figure 7.3).

Quand on ajoute 5 cm³ de superplastifiant dans la bouteille, les particules de ciment ne floculent plus mais sédimentent lentement. Habituellement, 24 heures plus tard, la plupart des particules de ciment ont atteint le fond de la bouteille. On peut constater qu'au fond de la bouteille les plus grosses particules se retrouvent à la partie inférieure du dépôt et les plus fines sur le dessus, mais surtout que le volume final des particules sédimentées est alors égal ou plus faible que le volume initial des particules sèches de ciment. Ceci confirme que les superplastifiants sont d'abord des dispersants. Les réducteurs d'eau sont des dispersants moins efficaces que les superplastifiants.

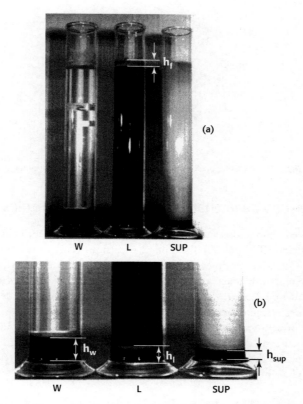

Figure 7.3 Floculation et sédimentation des particules de ciment : dans de l'eau pure (W) ;
dans de l'eau + un réducteur d'eau (L) ; dans de l'eau + un superplastifiant (SUP).

7.3.1   Les raisons de la floculation des particules de ciment

Les particules de ciment floculent quand elles entrent en contact avec l'eau car :
- d'une part, elles ont des surfaces électriquement très chargées présentant à la fois des sites positifs et négatifs ;
- d'autre part, les molécules d'eau sont très polaires et chacune est assimilable à un dipôle électrique (voir la Figure 6.1).

Dans un floc de ciment, chaque extrémité des molécules d'eau peut créer des liens suffisamment forts avec des particules de ciment adjacentes ayant une charge opposée. En outre, comme on peut le voir sur la Figure 7.4, de l'eau est piégée à l'intérieur des flocs de ciment ainsi constitués. Cette eau ne joue plus aucun rôle dans la rhéologie de la pâte de telle sorte qu'il est nécessaire d'utiliser plus d'eau pour obtenir une maniabilité donnée. C'est cette eau additionnelle que l'on introduit pour établir la maniabilité qui diminue la résistance, la durabilité et la soutenabilité du béton.

Figure 7.4 Présentation schématique d'un floc de particules de ciment.

7.3.2 Les raisons de la charge électrique des particules de ciment

Le clinker de ciment Portland est un mélange de quatre minéraux principaux : les silicates dicalcique et tricalcique (C_2S et C_3S), l'aluminate tricalcique (C_3A) et le ferroaluminate tétracalcique (C_4AF). Quand les nodules de clinker sont broyés lors de la fabrication du ciment Portland, ces différents minéraux sont fracturés et des charges électriques apparaissent à la surface des particules de ciment. La Figure 7.5 montre le type de charges de surface rencontrées sur les cellules élémentaires des quatre principaux minéraux trouvés dans le ciment Portland : le C_3S présente essentiellement des charges négatives tandis que le C_2S, C_3A et C_4AF présentent surtout des charges positives. Par conséquent, les particules de ciment Portland offrent plutôt des charges de surface négatives parce que, généralement, la phase dominante est le C_3S qui est, de plus, la plus chargée.

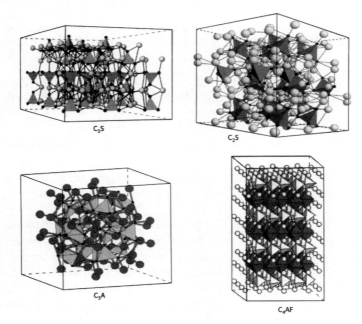

Figure 7.5 Structure cristalline des quatre principaux minéraux du
clinker de ciment Portland (tiré de Bensted et Barnes, 2002).
Les cristaux sont des arrangements d'ions ; les ions positifs sont facilement repérables
car ils sont toujours de plus petite dimension que les ions négatifs.

7.3.3 Façons d'éliminer la floculation

Il y a deux façons d'éliminer la floculation. La première consiste à utiliser un polymère organique couvrant toutes les particules de ciment avec une simple charge électrique de façon à ce que ces particules se repoussent les unes des autres. Comme le C_3S est le minéral le plus abondant dans le ciment Portland, il est préférable d'employer un polyélectrolyte qui neutralise les charges positives superficielles des grains de C_3S, comme on peut le voir dans la Figure 7.6. La surface de toutes les particules de ciment est alors chargée négativement et elles se repoussent mutuellement.

La deuxième façon consiste à recouvrir les particules de ciment dont l'extrémité libre est neutre d'un point de vue électrique par des molécules de polymères qui agissent comme des cils empêchant le contact direct entre les particules de ciment. Ceci est désigné par «effet stérique». C'est le cas des polycarboxylates, comme on le voit sur la Figure 7.7. En réalité, le mode d'action de ces deux familles de superplastifiants n'est pas aussi clairement différencié; les polysulfonates ont un léger effet de répulsion stérique et les polycarboxylates un léger effet de répulsion électrostatique.

Répulsion électrostatique

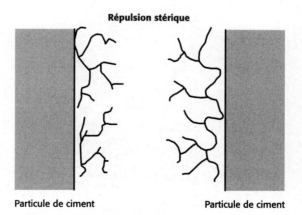

Particule de ciment   Particule de ciment

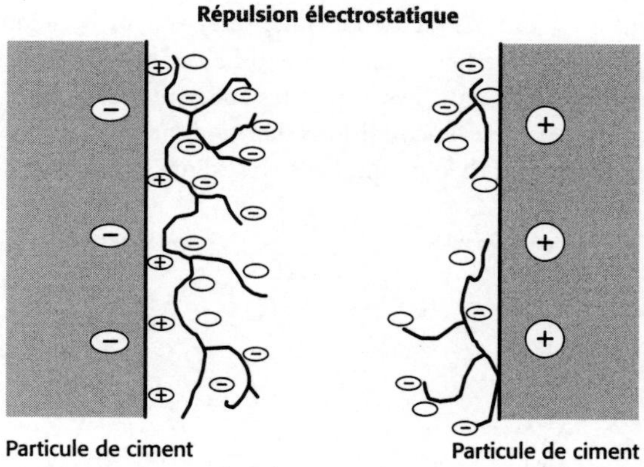

Figure 7.6 Répulsion électrostatique (d'après Jolicoeur *et al.*, 1994).

Répulsion stérique

Particule de ciment   Particule de ciment

Figure 7.7 Répulsion stérique (d'après Jolicœur *et al.*, 1994).

7.4 Compatibilité et robustesse

7.4.1 Pourquoi certaines combinaisons ciment/superplastifiants sont compatibles et robustes et d'autres non?

Les concepts de compatibilité et robustesse ont été définis aux § 7.2.1 et 7.2.2.

Comme nous l'avons déjà mentionné brièvement, toutes les combinaisons ciment/superplastifiant ne sont pas aussi efficaces les unes que les autres. Toutes ne sont pas «compatibles» et toutes, pas nécessairement les mêmes, ne sont pas «robustes». Cette différence de comportement des combinaisons ciment/superplastifiant est due au fait que non seulement les phases principales du ciment Portland réagissent avec les molécules de superplastifiant mais aussi les composés mineurs, les sulfates alcalins et de calcium réagissent avec les molécules de superplastifiant, comme on peut le voir sur la Figure 7.8. Étant donné que les clinkers sont fabriqués à partir de matières premières naturelles et de combustible contenant différentes quantités d'impuretés, leur composition phasique et la composition de leurs éléments mineurs varient d'un clinker à l'autre.

Nous l'avons déjà vu, il est impossible de fabriquer exactement le même clinker de ciment Portland dans deux usines différentes. Il est même difficile de produire le même clinker toute l'année dans un même four à ciment. Les impuretés contenues dans les matières premières et dans le combustible aussi bien que les conditions thermodynamiques dans la zone de clinkérisation influencent les propriétés rhéologiques et la résistance du clinker de ciment Portland.

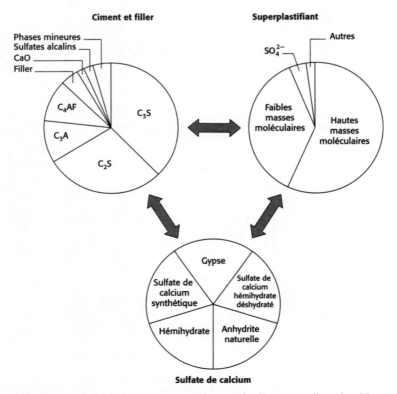

Figure 7.8 Complexité des interactions entre ciment, polysulfonate, et sulfates de calcium.

En outre, deux clinkers peuvent avoir la même composition phasique mais pas forcément la même broyabilité parce que les conditions thermodynamiques existantes dans le four où à la sortie du four au moment où les deux clinkers se sont formés n'étaient pas exactement les mêmes. Par conséquent, après leur broyage, les particules de ciment issues de ces deux clinkers peuvent être différentes. La Figure 7.9 représente schématiquement quatre clinkers ayant la même composition phasique mais des morphologies diverses. Une différence de phase à la surface des particules de ciment est très importante d'un point de vue pratique parce que, au tout début du contact eau/ciment, les molécules de superplastifiant n'agissent que sur la surface des particules de ciment, sans égard aux phases en dessous de la surface. Dans les cas présentés dans la Figure 7.9, les molécules de superplastifiant peuvent, selon la morphologie de la particule de ciment, agir comme si la particule de ciment était exclusivement composée de C_3S ou C_3A ou un mélange de C_3S et de phase interstitielle.

Pour beaucoup de spécificateurs, le risque de réaction alcalis-granulats constitue le principal danger à éviter, ce qui complique la recherche de compatibilité entre les polysulfonates et certains ciments. Dans cet esprit, beaucoup de spécificateurs préconisent systématiquement des ciments à faible teneur en alcalis même quand les granulats ne sont pas potentiellement réactifs. Une telle attitude est aussi encouragée par certains producteurs de ciment qui exploitent des matériaux ayant une très faible teneur en alcalis et qui arrivent à convaincre leurs clients qu'en utilisant leur ciment ils n'auront aucun problème de réactions alcalis-granulats.

Cependant, il n'est pas toujours vrai qu'un ciment ayant un contenu en alcalis de 0,2 % est plus sûr qu'un ciment ayant une teneur en alcalis de 0,6 %, qui représente la limite maximale de la teneur en alcalis pour qu'un ciment se qualifie comme un ciment à faible teneur en alcalis. Par contre, en utilisant un ciment ayant une très faible teneur en alcalis, l'action des sulfates alcalins très solubles, si importante pour contrôler les débuts de l'hydratation du C_3A, est inhibée. Ces ciments sont donc exposés à des pertes très rapides d'affaissement. En réalité, la réaction alcalis-granulats est une cause mineure de détérioration du béton si on la compare à l'usage des bétons avec des rapports E/C très élevés ou à des mauvaises pratiques de mûrissement. On dispose de nos jours de moyens très efficaces pour éviter les réactions alcalis-granulats autres que la spécification de l'utilisation d'un ciment à faible teneur en alcalis, comme, par exemple, l'emploi d'ajouts cimentaires. À notre avis, un ciment Portland ayant une teneur en alcalis de 0,8 % dont la moitié est très rapidement soluble (sulfates alcalins) représente un ciment préférable.

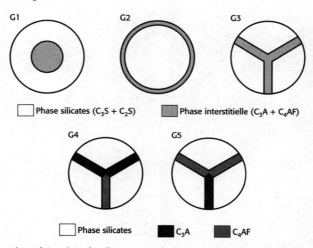

Figure 7.9 Présentation schématisée des diverses morphologies envisageables pour les particules de ciment.

7.4.2 Comment évaluer la compatibilité et la robustesse d'une combinaison ciment/superplastifiant?

La compatibilité et la robustesse d'une combinaison ciment/superplastifiant dépend de certaines propriétés très spécifiques du ciment et du superplastifiant et aussi de leurs conditions d'utilisation. Il n'est pas facile de prévoir avec précision le comportement réel d'une combinaison ciment/superplastifiant. Cependant, grâce aux résultats des recherches effectuées durant les quinze dernières années sur les interactions entre les polysulfonates et le ciment Portland, il est possible d'estimer avec un bon degré de certitude le comportement de la combinaison.

Les interactions ciment/superplastifiant peuvent être étudiées en utilisant deux essais comparatifs très simples : l'essai du minicône et l'essai au cône de Marsh (Figures 7.10 et 7.11). Ces essais ont été décrits en détails dans la littérature (Aïtcin, 1998). Dans les deux cas, il est préférable d'effectuer les essais avec une pâte de rapport E/C de 0,35 et à température constante. Un essai, le minicône, est de type statique, l'autre, le cône de Marsh, est dynamique.

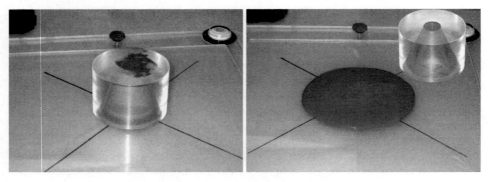

Figure 7.10 Essai d'affaissement au minicône.

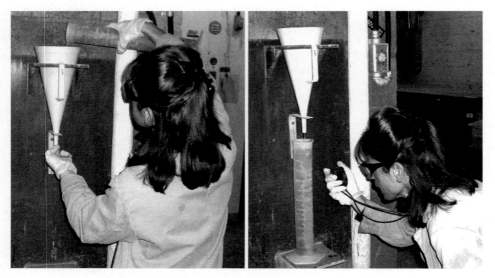

Figure 7.11 Essai au cône de Marsh.

Quand on effectue ces essais, il est recommandé de comparer la combinaison étudiée à une combinaison éprouvée, un ciment et un superplastifiant à un dosage donné, prise pour référence. Évidemment, la bonne sélection des produits de référence est primordiale ; ils doivent être produits par des fabricants de ciment et d'adjuvants qui contrôlent de très près leur production. Une étude en profondeur de ces deux produits de référence doit être menée dans le but de récolter toutes les données pour la meilleure interprétation des différences de comportement observées avec les produits étudiés.

En utilisant les essais du minicône et du cône de Marsh, on peut déterminer ce que l'on appelle « le point de saturation du superplastifiant », tel qu'on peut le voir sur la Figure 7.12. C'est le dosage en superplastifiant au-delà duquel on n'obtient plus d'amélioration de la rhéologie de la pâte et quelquefois, en plus, un retard de l'hydratation du ciment. Un très haut dosage peut aussi entraîner une quantité excessive de grosses bulles d'air (l'effet « champagne »). Ces essais rhéologiques doivent être menés durant une période de 1 h 30. Il est très important aussi de maintenir le coulis à la même température durant toute l'expérience.

Si le dosage au point de saturation à 10 minutes est relativement faible et n'augmente pas de beaucoup à 1 h 30, la combinaison est dite compatible, économique et robuste, comme on peut le voir dans la Figure 7.13. Par ailleurs, si le dosage au point de saturation à 10 minutes est élevé et encore plus élevé à 1 h 30, la combinaison est dite non compatible, non économique et peu robuste.

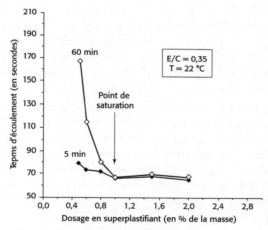

Figure 7.12 Évolution du temps d'écoulement en fonction du dosage en superplastifiant.

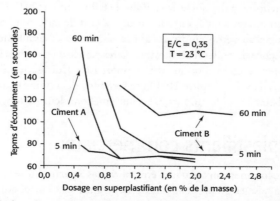

Figure 7.13 Exemple de deux ciments : l'un compatible et robuste (A), l'autre non compatible et peu robuste (B).

7.5   Utilisation des superplastifiants

Comme nous l'avons vu, on peut utiliser des superplastifiants pour :
* augmenter l'affaissement ;
* diminuer le rapport E/L pour un affaissement donné ;
* ou diminuer le rapport E/L tout en augmentant l'affaissement.

Le 1er type d'utilisation est typique de l'industrie de la préfabrication ou de la fabrication de bétons autoplaçants. Le 3e type d'utilisation concerne les bétons de faible rapport E/L.

Des combinaisons compatibles permettent ce qui suit.
* Augmenter l'affaissement jusqu'à 180 ou 200 mm sans qu'un phénomène de ségrégation ne se développe dans les bétons contenant au moins 300 kg/m^3 de ciment. Quand le dosage en ciment est inférieur, il est préférable d'employer un réducteur d'eau « de milieu de gamme », légèrement moins efficace mais plus robuste.
* Fabriquer des bétons ayant un rapport E/L de 0,35 avec des affaissements aussi élevés que 220 à 240 mm. Dans quelques cas, on peut même faire des bétons fluides de rapport E/L égal à 0,30. Dans de telles applications, la substitution d'une partie du clinker de ciment Portland par un ou plusieurs ajouts cimentaires et/ou fillers peut être avantageuse sur le plan rhéologique. Dans le cas des bétons de rapport E/L inférieur à 0,40, une petite quantité de fumée de silice ou de métakaolin permet d'éviter tout risque de ségrégation lors de l'augmentation de l'affaissement. Pour un rapport E/C inférieur à 0,35, 7 à 8 % de fumée de silice permet d'obtenir à la fois une très bonne rhéologie et une résistance élevée. Récemment, on a trouvé que dans les ciments quaternaires (clinker de ciment Portland, laitier, cendres volantes et fumée de silice) on pouvait diminuer la quantité de fumée de silice à 4 ou 5 % sans nuire à la qualité du béton.

Dans le cas d'un rapport E/L de 0,35, il est possible de fabriquer des bétons fluides ayant une résistance en compression comprise entre 65 et 85 MPa. Pour obtenir un béton de 100 MPa, il est nécessaire de diminuer le rapport E/L aux environs de 0,30. Dans un tel cas, on doit aussi vérifier la résistance en compression du gros granulat. Pour fabriquer des bétons encore plus résistants, ou en des occasions très particulières, on a montré qu'il était possible d'abaisser le rapport E/L jusqu'à 0,25 et même moins. Dans un cas particulier, le premier auteur a pu fabriquer un béton fluide ayant un rapport E/L de 0,19 et une résistance en compression à 28 jours de 150 MPa en employant un gros granulat très résistant.

Il existe d'autres moyens complémentaires, pouvant être utilisés conjointement aux super-plastifiants, pour améliorer la rhéologie des bétons de faible rapport E/L. Les entraîneurs d'air sont particulièrement recommandés dans le cas des bétons de faible rapport E/L parce qu'ils améliorent la rhéologie du béton en diminuant la résistance au cisaillement du béton frais. Évidemment, la présence de bulles d'air diminue la résistance en compression du béton, mais il est très facile d'y remédier en diminuant le rapport E/L. L'utilisation de l'air entraîné est décrite plus en détails dans le Chapitre 10. On se sert aussi de modificateurs de viscosité dans les bétons autonivelants de faible rapport E/L pour améliorer leur rhéologie.

7.6   Superplastifiants commerciaux

Les superplastifiants commerciaux peuvent être fabriqués à partir d'une seule base ou à partir d'un mélange d'une base et de plusieurs autres adjuvants. Ces autres adjuvants sont incor-porés pour améliorer l'efficacité de la base avec certains types de ciment. Dans quelques cas, les adjuvantiers ajoutent une faible quantité de retardateur, d'accélérateur ou d'agent désentraîneur d'air. Quelques fois, dans le but de diminuer les coûts de production, certaines compagnies d'adjuvants substituent une partie du superplastifiant par un réducteur d'eau moins coûteux. On emploie aussi un réducteur moins efficace et moins coûteux pour produire ce que l'on appelle des réducteurs d'eau « de milieu de gamme » employés quand le rapport E/L visé n'est pas trop bas (0,40 à 0,50).

En dépit de ces variations dans la composition des superplastifiants commerciaux, il est avantageux d'étudier l'action des bases pures sur des ciments Portland purs pour mieux comprendre le mode d'action des principaux polymères utilisés. Cette connaissance fondamentale peut être très utile quand on se propose d'analyser l'efficacité d'une combinaison particulière ciment/superplastifiant. Cela facilite les discussions avec l'adjuvantier et le cimentier pour permettre la production de faible rapport E/L. Il est vraiment dommage qu'à l'heure actuelle les producteurs de béton n'essaient pas d'imposer plus vigoureusement leurs besoins rhéologiques aux cimentiers et adjuvantiers !

7.7 Les polysulfonates

On utilise actuellement trois types de polysulfonates comme base des superplastifiants commerciaux :
- les lignosulfonates ;
- les polynaphtalènes sulfonates ;
- les polymélamines sulfonates.

Historiquement, le premier agent dispersant, breveté fin des années 1930, fut un polynaphtalène sulfonate (PNS). Mais commercialement ce sont des lignosulfonates qui ont été les premiers utilisés dans les années 1950. Les propriétés dispersantes très puissantes du polynaphtalène sulfonate furent redécouvertes au Japon tandis qu'un superplastifiant à base de polymélamine sulfonate (PMS) était breveté en Allemagne.

Les polysulfonates sont des agents dispersifs efficaces, pas très coûteux à produire mais leurs terminaisons SO_3 (Figure 7.14) peuvent réagir avec le C_3A, un rôle normalement réservé aux ions SO_4^{2-} produits par la dissolution des sulfates alcalins et de calcium. Cette réaction secondaire peut diminuer significativement l'efficacité du polysulfonate.

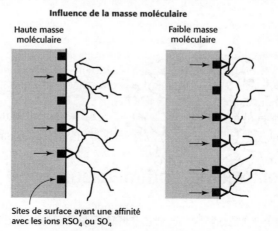

Influence de la masse moléculaire

Haute masse moléculaire

Faible masse moléculaire

Sites de surface ayant une affinité avec les ions RSO_4 ou SO_4

Figure 7.14 Inhibition des sites réactifs (d'après Jolicoeur *et al.*, 1994).

7.7.1 Les lignosulfonates

Pendant très longtemps et encore de nos jours, beaucoup de réducteurs d'eau étaient et sont à base de lignosulfonates. C'est un dispersant bon marché, sous-produit de la fabrication du papier selon le procédé au bisulfite. Dans ce procédé de fabrication du papier, la lignine qui colle ensemble les fibres de cellulose dans le bois est dissoute à chaud, en phase aqueuse et en présence de bisulfite. Après ce traitement, les fibres de cellulose sont récupérées tandis que la lignine et tous les produits chimiques indésirables se trouvant dans le bois (sucres, surfactants, etc.) sont éliminés sous forme d'un liquide brun foncé qui peut être utilisé comme réducteur d'eau. Quelquefois, ce liquide est traité pour en extraire les sucres et les surfactants qui agissent sur le processus d'hydratation : dans un tel cas, on dit que les lignosulfonates ont été purifiés. À cause de leur configuration moléculaire (Figure 7.15), ce ne sont pas des dispersants très efficaces. Leur utilisation n'entraîne très souvent qu'une diminution de 5 à 8 % de la quantité d'eau de gâchage pour un même affaissement. Exceptionnellement, quand ils ont été purifiés, certains lignosulfonates peuvent réduire la quantité d'eau nécessaire pour obtenir un affaissement donné de 10 à 15 %. Les propriétés dispersantes des lignosulfonates sont affectées par le procédé chimique particulier utilisé dans l'usine, les espèces d'arbres employées, les proportions de ces diverses espèces, la période de l'année à laquelle ces arbres ont été abattus, le temps écoulé entre leur abattage et leur transformation en papier, etc. La qualité des lignosulfonates commerciaux est aussi influencée par leur traitement (ou non-traitement) pour éliminer les sucres et les surfactants.

Étant donné que le processus au bisulfite est de plus en plus abandonné par les compagnies de pâte et papier, à cause de son manque d'efficacité et de la pollution qu'il entraîne, il n'y aura bientôt que très peu d'usines de pâte et papier utilisant ce procédé pour fournir des lignosulfonates à l'industrie du béton. Actuellement, la plupart des usines de pâte et papier fonctionnent à l'aide d'un procédé thermomécanique plus efficace et moins polluant. La lignine n'est plus éliminée mais incluse dans le papier.

De fait, on dispose maintenant de polynaphtalènes, de polymélamines et de polyacrylates qui sont des dispersants beaucoup plus efficaces, il n'y a donc pas lieu de s'étendre plus longtemps sur les polysulfonates et nous nous concentrerons plutôt sur les superplastifiants mis couramment sur le marché actuellement.

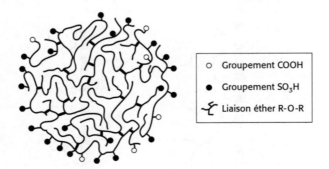

Figure 7.15 Micelle de lignosulfonate (d'après Rixom et Mailvaganam, 1999).

7.7.2 Les polynaphtalènes sulfonates

Les polynaphtalènes sulfonates (PNS) sont des polymères synthétiques employés comme dispersants dans diverses industries : l'industrie du béton, du gypse, des pâtes et papiers, du cuir et de la peinture parmi tant d'autres. Dans chacune de ces industries, une configuration spéciale des polymères a été développée pour optimiser l'efficacité du polynaphtalène (Figure 7.16). Le polynaphtalène sulfonate est synthétisé selon un processus chimique relativement simple à partir de quatre matières premières : le naphtalène, l'acide sulfurique, le formaldéhyde et la soude (ou la chaux). La première étape du processus consiste à sulfoner les anneaux du naphtalène par condensation en se servant de formaldéhyde. Lorsque le degré de polymérisation désirée est atteint, l'acide sulfonique polymérisé est neutralisé, en général avec de la soude, ou avec de la chaux quand il est nécessaire d'avoir un superplastifiant sans alcalis ou chlore (quand on utilise de la chaux, il faut ajouter une étape de filtration pour éliminer l'excès de chaux). Ce procédé est décrit en détails dans le livre *Béton à haute performance* (Aïtcin, 1998).

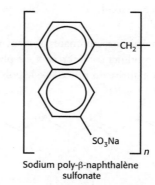

Sodium poly-β-naphthalène
sulfonate

Figure 7.16 Polynaphthalène sulfonate.

Les points clés de la fabrication sont :

- le degré de sulfonation (environ 90 %) et le nombre de sites β sulfonés (environ 90 % dans les meilleurs cas) ;
- le degré de polymérisation (environ 10 dans le cas de superplastifiants pour béton) ;
- la quantité de sulfates résiduels après le processus de neutralisation.

L'efficacité d'un polynaphtalène dépend du contrôle du producteur sur ses paramètres de fabrication. Certaines usines de superplastifiants utilisent des matières premières relativement pures tandis que d'autres se servent de matières premières bon marché, sous-produits d'autres processus industriels pour réduire leur coût de production. Par conséquent, tous les polynaphtalènes sulfonates commerciaux disponibles sur le marché ne se valent pas. L'achat d'un superplastifiant bon marché n'est pas toujours économique pour un producteur de béton parce que son dosage optimal peut être plus élevé que celui d'un superplastifiant plus coûteux. Les polynaphtalènes sulfonates sont généralement vendus sous forme de sel de sodium (si neutralisation à l'hydroxyde de sodium), sous la forme d'un liquide brun ayant un contenu en matières solides (polymères actifs et sulfates résiduels) de 41 %. Ils sont aussi disponibles en poudre et, comme déjà signalé, sous forme de sel de calcium (si neutralisation à l'hydroxyde de calcium). Sous forme liquide, leur efficacité est très sensible à la température : en dessous de 10 °C, ils commencent à cristalliser et perdent rapidement de leur efficacité.

7.7.3   Les polymélamines sulfonates

Les propriétés dispersives des polymélamines sulfonates (PMS) furent découvertes en Allemagne au début des années 1970 (Figure 5.17). La synthèse du polymélamine sulfonate s'effectue à partir de la mélamine, du formaldéhyde et du bisulphite de sodium. En milieu alcalin, le formaldéhyde réagit avec les groupes amines de la mélamine. Une fonction méthoxyle vient se greffer sur un ou plusieurs groupes amines selon le rapport formaldéhyde-mélamine introduit. La sulfonation d'un des groupes méthoxyles est ensuite faite à l'aide de bisulphite de sodium en milieu alcalin. Enfin, la formation du PMS est amorcée en milieu légèrement acide en chauffant doucement (les monomères peuvent se lier les uns aux autres par une liaison ester ou, à plus haute température, par une liaison méthylène) et arrêtée en augmentant le pH. En général, le nombre de condensation est compris entre 50 et 60.

Pendant tout le temps où le brevet couvrit la production de polymélamines sulfonates, la compagnie SKW était le seul producteur de Melment™. Au début, le Melment™ était une solution laiteuse ayant une teneur en solides de 21 %, mais plus tard on trouva des solutions à 31 % et même à 41 % de solides.

Depuis la fin du brevet, les polymélamines sulfonates peuvent être produites par toute compagnie chimique et la qualité des produits commerciaux est plus variable, selon la pureté des matières premières utilisées et la maîtrise du processus de polymérisation.

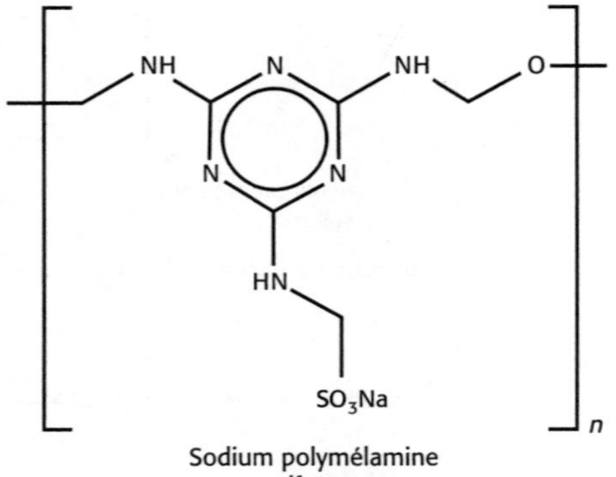

Sodium polymélamine
sulfonate

Figure 7.17 Polymélamine sulfonate.

7.7.4   La compatibilité et la robustesse des polysulfonates

Les polysulfonates sont capables de disperser efficacement certains ciments Portland tandis qu'avec d'autres ils ne présentent aucune efficacité. Certaines combinaisons sont compatibles, d'autres incompatibles, certaines sont robustes, d'autres ne le sont pas. Étant donné que les polysulfonates ont été largement utilisés pendant les dix dernières années dans les bétons de faible rapport E/L, leur compatibilité et leur robustesse ont été étudiées en profondeur. Le résultat de ces efforts de recherche a donné naissance à une nouvelle science : la science des adjuvants.

Les polysulfonates dispersent essentiellement les particules de ciment par répulsion électro-statique mais, à travers leur terminaison SO_3, ils peuvent réagir avec le C_3A. Quand un ciment Portland est riche en C_3A dans sa forme la plus réactive (cubique) et quand le sulfate de calcium rajouté durant le broyage final (anhydrite naturelle, gypse) ne se dissout pas rapidement et que le ciment a une faible teneur en sulfate alcalin (ciment à faible teneur en alcalins, ciment blanc), une certaine quantité de polysulfonate se fixe sur le C_3A. Cette partie de sulfonate ne peut plus agir comme dispersant et l'affaissement initial est rapidement perdu. La surface spécifique du ciment est aussi un facteur très important parce que l'action des polysulfonates est essentiellement superficielle : plus le ciment est fin, plus la surface à neutraliser est grande. Étant donné que le groupe fonctionnel SO_3 du polysulfonate peut réagir avec le C_3A, il est préférable de l'introduire tardivement, au cours du malaxage, ceci afin de laisser aux ions SO_4^{2-} mis en solution, à partir des sulfates alcalins et du sulfate de calcium introduit durant le broyage final, le temps de réagir avec le C_3A présent à la surface des particules de ciment pour former de l'ettringite. Il n'est cependant pas toujours possible de retarder l'introduction du superplastifiant, particulièrement dans les bétons de faible rapport E/L. Dans de tels cas, une certaine quantité de réducteur d'eau ou de superplastifiant sera introduite dans le béton au début de son malaxage tout en sachant bien qu'il sera rapidement capté par le C_3A. La quantité complémentaire de polysulfonate est introduite vers la fin du malaxage et celle-ci reste totalement disponible pour agir comme dispersant. Dans l'industrie du béton, cette technique est connue sous le nom de « double introduction ». En 2000, Kim a pu énoncer les règles suivantes gouvernant la compatibilité et la robustesse des combinaisons ciment/superplastifiant. Les meilleures combinaisons sont celles obtenues avec les ciments ayant les caractéristiques suivantes :

- une faible teneur en C_3A (comprise entre 6 et 8 %) ;
- une teneur suffisante en sulfates alcalins **solubles** (0,4 à 0,6 %) ;
- présence des formes les plus rapidement solubles du sulfate de calcium (hémihydrates ou anhydrites dites solubles) ;
- enfin, avoir une finesse modérée (inférieure à 400 m²/kg).

À l'autre extrémité du spectre, on trouve les pires ciments, ceux qui ont :

- un contenu en C_3A élevé (de 8 à 12 %) ;
- une faible teneur en alcalis-équivalents (inférieure à 0,6 %) ;
- les formes les moins rapidement solubles du sulfate de calcium (l'anhydrite naturelle et le gypse) ;
- enfin, une grande finesse.

Par conséquent, l'utilisation des polysulfonates n'est généralement pas recommandée avec les ciments blancs, sauf quand la mise en place du béton peut être très rapide. En effet, les ciments blancs sont très riches en C_3A (plus de 12 %) et pauvres en alcalis. De plus, en raison de sa couleur laiteuse, il vaut mieux utiliser un superplastifiant à base de polymélamine car la couleur brune des polynaphtalènes donne une légère teinte beige au béton.

Les polynaphtalènes avec un haut degré de sulfonation de leur site β (2 heures) sont les plus efficaces. Leur degré de polymérisation optimale est d'environ 10 et leur degré de branchement doit être le plus faible possible (faible viscosité).

Les polysulfonates sont des superplastifiants bon marché. Leur coût de production n'est pas directement lié au coût de production du pétrole mais plutôt à celui du charbon. Leur utilisation permet d'entraîner facilement de l'air dans les bétons et ils sont robustes. Par contre, la performance des polynaphtalènes est affectée par la température du béton frais.

Les polynaphtalènes perdent beaucoup de leur efficacité quand la température du béton frais est inférieure à 10 °C, ce qui n'est pas le cas pour les polymélamines. Les lignosulfonates et les polysulfonates retardent quelque peu la prise et le durcissement du béton mais pas les polymélamines.

7.7.5 Les polysulfonates commerciaux

Très souvent, les polysulfonates commerciaux contiennent d'autres adjuvants mélangés à une base pure pour « améliorer » leur efficacité avec certains ciments ou simplement pour diminuer leur coût de production. En fait, certains polysulfonates commerciaux sont de véritables cocktails complexes contenant un peu de lignosulfonate, un peu de retardateur, un peu d'accélérateur et même un peu d'agent entraîneur d'air. Nous avons connaissance d'un cas où pas moins de cinq adjuvants différents sont ajoutés (en faible quantité) à une base pure.

L'utilisation d'un nom générique pour désigner un superplastifiant ou un adjuvant en général ne signifie pas forcément qu'il est toujours fabriqué avec les mêmes matières premières. Les adjuvantiers ont basé le nom commercial de leurs produits davantage sur leur action spécifique sur un béton que sur leur composition chimique. Par exemple, durant une seule année, un agent entraîneur d'air a pu être basé sur trois produits chimiques légèrement différents sans changement de nom, tout en restant durant toute cette année un excellent entraîneur d'air produisant dans les trois cas un faible facteur d'espacement.

Les superplastifiants à base de polysulfonates sont couramment utilisés en Amérique du Nord par l'industrie du béton prêt à l'emploi parce que, finalement, il y a assez peu de cas d'incompatibilité (sauf avec les ciments à faible teneur en alcalis). La plupart des clinkers nord-américains sont du Type I/II, contenant de 6 à 8 % de C_3A. En outre, aux USA et au Canada, la plupart des bétons fabriqués dans les centrales de béton prêt à l'emploi sont des bétons à air entraîné avec lesquels les polysulfonates permettent facilement de développer un réseau stable de bulles d'air ayant un faible facteur d'espacement. De plus, en Amérique du Nord, la préfabrication n'est pas très répandue et a peu d'influence sur la consommation des superplastifiants.

Cette situation est totalement différente en Europe :
- de façon générale, les centrales européennes de béton prêt à l'emploi utilisent moins d'adjuvants qu'en Amérique du Nord. Ainsi, alors que l'usage des plastifiants est généralisé dans la production du béton prêt à l'emploi (dosage commercial de 0,4 % en moyenne), l'usage des superplastifiants est limité aux bétons autoplaçants ou aux bétons à haute performance et ce sont plutôt les polycarboxylates qui sont utilisés ;
- les clinkers produits sont plus riches en C_3A (8 à 12 %), de sorte qu'avec les polynaphtalènes de nombreuses combinaisons ciment/superplastifiant s'avèrent incompatibles et non robustes ; ainsi, dans le passé, ce sont surtout les polymélamines qui ont été utilisées ;
- l'industrie de la préfabrication y est très solidement implantée et constitue le plus grand utilisateur de superplastifiants, ce qui influence grandement le choix des adjuvants utilisés (historiquement les polymélamines, plus récemment les polyacrylates et polycarboxylates) ;
- enfin, le climat étant souvent plus clément qu'en Amérique du Nord, l'entraînement d'air n'est pas aussi systématique et, du même coup, n'est pas un critère essentiel de sélection.

7.8   Les polycarboxylates

Les polycarboxylates constituent la famille la plus récente de superplastifiants apparus sur le marché. Comme mentionné précédemment, ils dispersent les particules de ciment plutôt par répulsion stérique que par répulsion électrostatique. Le groupe fonctionnel de ces polymères est leur terminaison, -COOH (Figure 7.18). Les polycarboxylates sont aussi largement employés comme dispersants dans les détergents et dans différentes formulations de produits chimiques dans l'eau (Spiratos *et al.*, 2003).

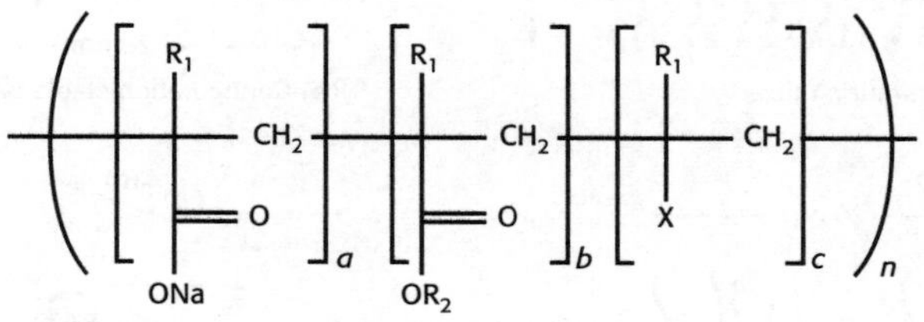

$R_1 = H$ ou CH_3
$R_2 = CH_3$, EO, PO ou EO-PO
$X = CN$, SO_3, etc

Copolymère de polyacrylate

Figure 7.18 Polycarboxylate.

Étant donné que la configuration des polycarboxylates est beaucoup plus complexe que celle des polysulfonates, l'industrie des adjuvants est encore en train d'essayer d'optimiser leur efficacité dans la dispersion des particules de ciment. Les premiers carboxylates utilisés comme dispersants dans le béton nécessitaient de faibles dosages souvent égaux à la moitié de celui nécessaire avec le plus efficace des polysulfonates. Cependant, certains de ces polycarboxylates entraînaient une quantité excessive d'air, si bien qu'il fallait leur ajouter un agent désentraîneur d'air. D'un point de vue chimique, un polycarboxylate est composé d'une chaine principale sur laquelle on greffe deux chaînes latérales, tel que représenté sur la Figure 7.19 (Otha *et al.*, 2000). Ne contenant pas de terminaison sulfonique, ils ne réagissent pas avec les sites actifs de C_3A. On pensait alors qu'ils élimineraient totalement les problèmes de compatibilité, ce qui n'a pas été le cas. Certaines combinaisons ciment/polycarboxylate sont incompatibles parce que certaines molécules du polycarboxylate peuvent réagir avec des C_3A très réactifs grâce à leur terminaison carboxylique.

Pour un ciment donné, en contenu solide, le dosage en polyacrylates au point de saturation est généralement de l'ordre du tiers ou de la moitié de celui d'un polynaphtalène ou d'une polymélamine, mais leur prix unitaire est plus élevé. Il faut donc faire une étude comparative de coûts dans chaque cas pour trouver la solution la plus économique. Lorsque ces adjuvants sont vendus sous forme liquide, ce comparatif doit tenir compte du contenu solide de chacun (il varie de 15 à 40 % selon le produit).

Les polyacrylates étant moins sensibles à la teneur en C_3A et à leur réactivité, leur usage est très courant en Europe dans l'industrie de la préfabrication qui utilise des ciments fins et riches en C_3S et C_3A pour obtenir une grande résistance initiale. À l'heure actuelle, il existe quelques polyacrylates avec lesquels il est très difficile de développer un réseau stable de bulles d'air ayant un faible facteur d'espacement pour protéger le béton contre les effets de cycle de gel et dégel et contre l'action des sels de déverglaçage si bien que leur emploi n'est pas très répandu en Amérique du Nord dans l'industrie du béton prêt à l'emploi.

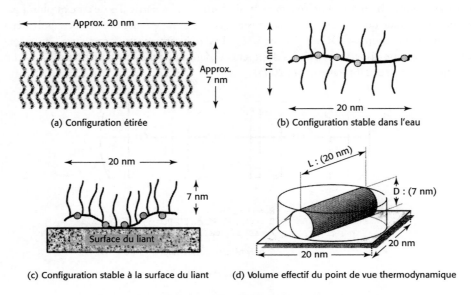

Figure 7.19 Configuration des polycarboxylates (Otha *et al.*, 2000).

7.9   Utilisation pratique des superplastifiants

7.9.1   L'expression du dosage en superplastifiant

Le dosage en superplastifiant peut être exprimé de diverses façons. Il est très souvent donné en litre de solution commerciale par mètre cube de béton, ce qui est la façon la plus simple de l'exprimer dans une centrale à béton. Cependant, ce n'est pas la meilleure façon de l'exprimer dans un article scientifique ou dans un livre parce que tous les superplastifiants commerciaux n'ont pas la même teneur en solides et la même densité. Ce serait une grave erreur que d'utiliser la même valeur du dosage liquide avec deux superplastifiants ayant une densité et un contenu en solides différents. À titre d'exemple, on peut trouver des superplastifiants à base de mélamines avec des contenus en solides aussi variables que 22, 33 ou 40 %. Par conséquent, il est toujours préférable de donner le dosage en superplastifiant en pourcentage de solides par rapport à la masse de ciment. Cette manière d'exprimer le dosage en superplastifiant est importante chaque fois que l'on veut comparer le coût de divers plasti-fiants commerciaux. Théoriquement, c'est la quantité de solides actifs qu'il faut prendre en compte et non la quantité totale des solides car un superplastifiant contient toujours des solides résiduels non actifs comme dispersant. Cependant, par souci de simplification, on ne fait généralement pas cette distinction dans les livres. Pour pouvoir passer d'un dosage exprimé en litre par mètre cube à un dosage exprimé en solides, il faut connaître la densité du liquide et son contenu en solides.

7.9.2   La densité des superplastifiants

D'après la Figure 7.20, la densité G_{sup} du superplastifiant liquide est :

$$G_{sup} = \frac{M_{liq}}{V_{liq}} \tag{7.1}$$

avec M_{liq} mesuré en grammes et V_{liq} en centimètres cubes.

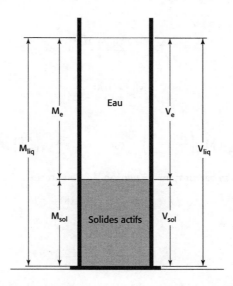

Figure 7.20 Représentation schématique d'un superplastifiant et notations utilisées.

7.9.3   Le contenu en solides

Toujours selon la Figure 7.20, le contenu en solides, s, du superplastifiant est :

$$s = \frac{M_{sol}}{M_{liq}} \times 100 \tag{7.2}$$

Par conséquent, la masse totale en solides, M_{sol}, contenue dans un certain volume de superplastifiant ayant une densité égale à G_{sup} et un contenu total en solides égal à s est :

$$M_{sol} = \frac{s \times M_{liq}}{100} = \frac{s \times G_{sup} \times V_{liq}}{100} \tag{7.3}$$

Par exemple, 6 litres de superplastifiant à base de mélamines ayant une densité de 1,10 et une teneur totale en solides de 22 % contient $0,22 \times 1,10 \times 6 = 1,45$ kg de solides, tandis que 6 litres de superplastifiant à base de naphtalène ayant une densité de 1,21 et une teneur en solides totale de 42 % contient $0,42 \times 1,21 \times 6 = 3,05$ kg de solides.

7.9.4 La masse d'eau contenue dans un volume donné de superplastifiant

Quand on ajoute un superplastifiant liquide dans un béton, il faut tenir compte de la quantité d'eau rajoutée au béton de façon à pouvoir calculer exactement le rapport E/L du béton. Ceci est fait de la manière suivante. Avec les notations présentées sur la Figure 7.20, on peut tirer l'égalité suivante :

$$M_{liq} = M_e + M_{sol} \quad \text{d'où l'on tire :} \quad M_e = M_{liq} - M_{sol}.$$

À partir de l'équation 7.2, on a :

$$M_{liq} = \frac{M_{sol} \times 100}{s} \tag{7.4}$$

d'où :

$$M_e = \frac{M_{sol} \times 100}{s} - M_{sol}$$

qui peut s'écrire :

$$M_e = M_{sol}\left(\frac{100}{s} - 1\right) \quad \text{ou} \quad M_e = M_{sol}\left(\frac{100 - s}{s}\right) \tag{7.5}$$

En remplaçant M_{sol} par sa valeur dans l'équation 7.3, on en tire :

$$M_e = \frac{s \times G_{sup} \times V_{liq}}{100} \times \frac{100 - s}{s}$$

et finalement :

$$M_e = V_{liq} \times G_{sup} \times \frac{100 - s}{100} \tag{7.6}$$

Quand on utilise le gramme et le centimètre cube ou le kilogramme et le litre, M_e et V_e ont la même expression numérique.

$$V_e = V_{liq} \times G_{sup} \times \frac{100 - s}{100} \tag{7.7}$$

Exemple : 8,25 litres de polynaphtalène sulfonate ayant une densité de 1,21 et une teneur en solides de 40 % ont été utilisés dans un béton pour obtenir l'affaissement désiré. Quel est le volume d'eau V_e qui a été ajouté au béton quand on y a introduit le superplastifiant ? Selon l'équation 7.7, ce volume d'eau est :

$$V_e = 8,25 \times 1,21 \times \frac{100 - 40}{100} = 6 \text{ litres/m}^3$$

7.9.5 Autres formules utiles

Si d représente le pourcentage de solides contenus dans le superplastifiant que préconise l'adjuvantier pour obtenir un affaissement désiré dans un béton contenant une masse C de ciment ou plus généralement de liant, le volume de liquide de superplastifiant V_{liq} ayant une densité G_{sup} et un contenu en solides s peut être calculé de la façon suivante :

$$M_{sol} = C \times \frac{d}{100} \tag{7.8}$$

Mais à partir de l'équation 7.2 :

$$M_{sol} = \frac{s \times M_{liq}}{100} \qquad (7.9)$$

Par conséquent :

$$\frac{s \times M_{liq}}{100} = C \times \frac{d}{100} \qquad (7.10)$$

et en remplaçant M_{liq} par sa valeur déduite de l'équation 7.1 :

$$\frac{s \times G_{sup} \times V_{liq}}{100} = C \times \frac{d}{100}$$

$$V_{liq} = \frac{C \times d}{s \times G_{sup}} \qquad (7.11)$$

7.9.6   Masse des solides et du volume requis

Si C est la masse totale du ciment ou plus généralement du liant utilisé dans un mélange et si *d* représente le dosage préconisé de solides, alors la masse de solides M_{sol} nécessaire est :

$$M_{sol} = C \times \frac{d}{100} \qquad (7.8)$$

Le volume de superplastifiant liquide nécessaire pour avoir M_{sol} de particules solides est calculé en remplaçant M_{liq} de l'équation 7.1 par sa valeur trouvée dans l'équation 7.2 :

$$V_{liq} = \frac{M_{liq}}{G_{sup}} \quad \text{et} \quad M_{liq} = \frac{M_{sol} \times 100}{s}$$

d'où :

$$V_{liq} = \frac{M_{sol} \times 100}{s \times G_{sup}} \qquad (7.12)$$

7.9.7   Volume de particules solides contenues dans V_{liq}

À partir de la Figure 7.1, on tire $V_{sol} = V_{liq} - V_e$.

En remplaçant V_e par sa valeur donnée par l'équation 7.7 :

$$V_{sol} = V_{liq} - V_{liq} \times G_{sup} \times \frac{100 - s}{100} \qquad (7.13)$$

$$V_{sol} = V_{liq} \left(1 - G_{sup} \times \frac{100 - s}{100} \right) \qquad (7.14)$$

7.9.8 Exemples

7.9.8.1 Exemple 1 : passer d'un dosage en volume exprimé en l/m³ au dosage exprimé par le rapport en % de la masse du contenu en solides à la masse de liant

Un béton à haute performance contient 450 kg de ciment par mètre cube de béton dans lequel on a utilisé 7,5 litres de polynaphtalène. Celui-ci a une densité de 1,21 et un contenu en solides de 41 %. Quel est le dosage en superplastifiant exprimé en pourcentage de solides par rapport à la masse de ciment ?

La masse de 7,5 litres de superplastifiant est :

$$7,5 \times 1,21 = 9,075 \text{ kg}$$

La quantité de solides contenue dans cette masse de superplastifiant est :

$$9,075 \times 41/100 = 3,72 \text{ kg}$$

Le dosage massique en superplastifiant solide est donc :

$$3,72/450 \times 100 = 0,8 \text{ %.}$$

7.9.8.2 Exemple 2 : passer d'un dosage exprimé en pourcentage de solides à un dosage exprimé en l/m³

Dans un article scientifique, on peut lire qu'un dosage massique en superplastifiant égal à 1,1 % a été utilisé pour fabriquer un béton à haute performance ayant un rapport E/C de 0,35 et contenant 425 kg/m³ de ciment. Le superplastifiant utilisé était une polymélamine de densité 1,15 avec un contenant en solides de 33 %. Quelle quantité de solution commerciale a été requise pour fabriquer le béton ?

La quantité de solides est :

$$425 \times 1,1/100 = 4,675 \text{ kg}$$

Elle est contenue dans $4,675/0,33 = 14,17$ kg de superplastifiant liquide, ce qui représente, $14,17/1,15 = 12,3$ litres de solution commerciale.

7.10 Conclusion

Les superplastifiants sont des composants clés des bétons modernes. En les utilisant, on augmente la résistance du béton, sa durabilité, sa fluidité et sa soutenabilité. C'est pourquoi l'utilisation des superplastifiants ne fera qu'augmenter dans le futur.

Le mode d'action des polysulfonates et des polycarboxylates est maintenant bien compris. Sur ces bases, l'utilisation des polysulfonates est mieux dominée que celle des polycarboxylates qui est encore de nos jours dans sa phase de développement.

La compatibilité et la robustesse des combinaisons ciment/superplastifiant représentent les plus grands défis actuels.

La science des adjuvants a progressé très rapidement durant les 20 dernières années mais il reste encore beaucoup de recherche à faire pour affiner leur utilisation, particulièrement dans le cas des polycarboxylates.

Il faut espérer que, dans un proche avenir, les cimentiers optimiseront la rhéologie de leurs liants plutôt que leur résistance mesurée sur petits cubes et qu'ils fourniront une liste d'adjuvants compatibles avec leurs liants. Une compagnie pakistanaise incorpore déjà un superplastifiant dans ses sacs de ciment.

CHAPITRE 8

Les granulats naturels

8.1 Introduction

Ce sera un court chapitre, non pas parce que les granulats ne constituent pas une partie importante du béton mais plutôt parce que les règles générales gouvernant la qualité des granulats continuent de s'appliquer. Les granulats devront être :

- propres ;
- avoir une granulométrie comprise dans les fuseaux normalisés ;
- être non réactifs avec les alcalis du ciment.

Cependant, si les granulats sont potentiellement réactifs, on pourra toujours utiliser un ciment spécial à faible teneur en alcalis ou un ciment composé contenant une cendre volante ou un laitier.

Tout ceci est bien connu, est traité en détail dans la littérature et ne sera pas repris dans ce livre. Le lecteur pourra trouver toutes les informations pertinentes qui s'appliquent à l'utilisation du sable et des gros granulats dans les bétons ordinaires dans :

- la norme ACI 221 *Guide for Use of Normal Weight and Heavyweight Aggregates in Concrete* ;
- *Design and Control of Concrete Mixtures* (Kosmatka *et al.*, 2002) ;
- *Aggregates in Concrete* (Alexander et Mindess, 2005) ;
- les normes européennes béton (EN 206-1) et granulats (EN 12620).

Seuls certains aspects des caractéristiques des granulats seront vus en détails dans ce chapitre :
- l'état saturé surface sèche ;
- l'influence des propriétés mécaniques, résistance en compression et module élastique, du gros granulat sur celles du béton ;
- la substitution partielle d'une certaine quantité de sable naturel par un sable léger saturé dans les bétons de faible rapport E/L.

Nous insisterons une fois de plus sur l'importance de l'état « saturé surface sèche » (SSS), état de référence pour les granulats lors de la fabrication du béton.

Dans tous les livres, on suppose premièrement que :
- l'eau contenue dans le granulat n'a pas d'influence sur la rhéologie du béton frais ;
- cette eau n'a aucune influence sur l'hydratation des particules de ciment, ce qui est généralement vrai sauf lorsqu'on utilise une certaine quantité de granulat léger saturé remplaçant un volume équivalent de sable ou de gros granulat en vue d'un mûrissement interne (voir § 6.7, § 8.4, puis tout le Chapitre 13). Le mûrissement interne constitue une façon très efficace de contrer les effets adverses du retrait endogène dans les bétons de faible rapport E/L.

8.2 L'état SSS : l'état de référence pour les granulats

Dans le Chapitre 3, nous avons vu que la quantité d'eau « cachée » dans les granulats constitue l'élément le plus difficile à maîtriser lors de la fabrication d'un béton, particulièrement celle contenue dans le sable. Nous avons vu qu'une variation de 2 % dans la teneur en eau libre des granulats représente une variation de 16 litres d'eau par mètre cube de béton soit 10 % de la quantité d'eau totale de malaxage. La quantité d'eau « cachée » est mesurée par différence avec un état de référence qui, en Amérique du Nord et en Europe, est appelé « état saturé surface sèche » (respectivement SSD et SSS). Cet état est défini dans les normes ASTM C 127 *Standard Test Method for Density, Relative Density (Specific Gravity) and Absorption of Coarse Aggregates* et ASTM C 128 *Standard Test Method for Density, Relative Density (Specific Gravity) and Absorption of Fine Aggregates* et dans la norme européenne NF EN 1097-6 *Essais pour déterminer les caractéristiques mécaniques et physiques des granulats – Partie 6 : Détermination de la masse volumique réelle et du coefficient d'absorption d'eau*. Ces méthodes d'essai décrivent en détail la manière de mesurer l'état SSS.

8.2.1 Détermination des caractéristiques d'un granulat dans son état SSS

On obtient l'état SSS d'un gros granulat en l'immergeant pendant 24 heures dans l'eau. Il est ensuite retiré de l'eau et sa surface est asséchée à l'aide d'un linge absorbant. La Figure 8.1 représente schématiquement un gros granulat à l'état SSS.

Par convention, l'état SSS d'un granulat fin est obtenu quand un petit tronc de cône de sable ne se tient plus à cause des forces capillaires se trouvant entre les particules de sable mouillé.

La Figure 8.2 illustre la mesure de l'état SSS d'un sable.

La Figure 8.3 représente schématiquement les étapes menant à la détermination des caractéristiques SSS d'un gros granulat.

Dans les deux cas, la proportion, w_{abs}, d'eau absorbée par le granulat quand il est dans son état SSS est désignée «teneur en eau absorbée du granulat» (c'est ce que la norme ASTM désigne «absorption»), elle est exprimée en pourcentage de la masse de granulat sec. En Amérique du Nord, la composition d'un béton est toujours exprimée avec des granulats fins et gros dans l'état SSS.

En Europe, on utilise les mêmes types d'essai pour déterminer un coefficient d'absorption d'eau (en pourcentage de la masse sèche) après immersion pendant 24 h, noté WA_{24}.

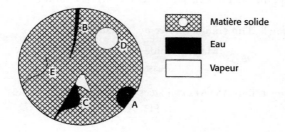

Figure 8.1 Gros agrégat dans l'état «saturé surface sèche» (SSS).

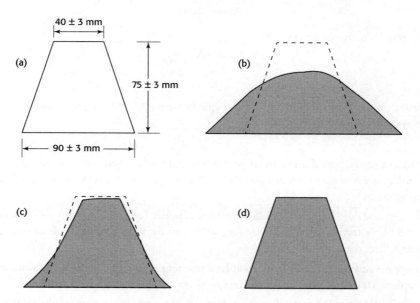

Figure 8.2 Détermination de l'état SSS pour un sable : (a) le microcône utilisé ; (b) teneur en eau inférieure à l'état SSS ; (c) teneur en eau égale à l'état SSS ; (d) teneur en eau supérieure à l'état SSS.

8.2.2 Expression des caractéristiques SSS des granulats

L'eau absorbée à l'intérieur des granulats ne contribue pas à la rhéologie du béton frais ni à la résistance du béton durci parce que normalement elle ne participe pas à l'hydratation du ciment. Par contre, l'eau adsorbée à la surface des granulats et piégée entre ses grains par des forces capillaires, c'est celle qui est illustrée sur la Figure 8.4, s'ajoute à l'eau de gâchage et, à ce titre, influence à la fois l'affaissement et l'hydratation.

Au contraire, lorsque la quantité d'eau contenue dans les granulats est inférieure à celle de son état SSS, ceux-ci absorberont une part de l'eau de malaxage, augmentant la vitesse de perte d'affaissement du béton.

C'est pour cela que la quantité d'eau à introduire dans le malaxeur doit être ajustée pour obtenir finalement le rapport E/L et l'affaissement visés.

Cet ajustement s'appuie notamment sur les définitions et notations ci-après.

- Teneur en eau totale d'un granulat notée w_{tot} calculée par:

$$w_{tot} = \frac{\text{Masse humide} - \text{Masse sèche}}{\text{Masse sèche}} \times 100 \qquad (8.1)$$

soit, avec les conventions ASTM explicitées sur les Figures 8.3 et 8.4:

$$w_{tot} = \frac{H - A}{A} \times 100 \qquad (8.2)$$

- Teneur en eau à l'état SSS : déjà vu, désignée «teneur en eau absorbée du granulat», notée w_{abs} et calculée par:

$$w_{abs} = \frac{\text{Masse à l'état SSS} - \text{Masse sèche}}{\text{Masse sèche}} \times 100 \qquad (8.3)$$

soit avec les conventions ASTM :

$$w_{abs} = \frac{B - A}{A} \times 100 \qquad (8.4)$$

- Teneur en eau libre du granulat (c'est ce que la norme ASTM désigne «humidité»). Elle est notée w_h et calculée par:

$$w_h = w_{tot} - w_{abs}$$

La teneur en eau libre d'un granulat peut être négative si la teneur en eau totale du granulat est inférieure à sa teneur en eau absorbée. Ceci se reproduit souvent en été dans le cas du gros granulat.

Alors, quand par exemple 1 000 kg d'un gros granulat (ayant une teneur en eau absorbée de 0,8 %) se trouve absolument sec ($w_{tot} = 0$), dans un malaxeur, il absorbera très rapidement 8 litres d'eau de malaxage.

À l'opposé, quand ce même gros granulat a une teneur en eau de 1,8 % après une averse, il apporte 10 litres d'eau dans le malaxeur.

Dans ces deux cas, si l'on n'effectue pas les corrections nécessaires, cela entraînera un effet négatif sur l'affaissement, la résistance en compression et la perméabilité du béton.

- Densité[1] d'un granulat à l'état SSS notée d_{SSS}

Elle est mesurée conformément au schéma de la Figure 8.3 et, avec les notations ASTM, se calcule par :

$$d_{SSS} = \frac{B}{B - C} \tag{8.5}$$

La densité SSS exprime combien de fois un granulat SSS est plus dense que l'eau. L'application du principe d'Archimède montre que c'est la valeur de d_{SSS} qui doit être prise en compte quand on veut connaître le volume exact occupé par les granulats dans un béton (Aïtcin, 1991).

- Densité sèche d'un ciment Portland ou d'un matériau cimentaire ou de n'importe laquelle poudre sèche notée d_s, calculée par :

d_s = masse du matériau sec divisée par son volume.

La norme ASTM C 128 explique comment mesurer cette valeur et, avec ses notations, on a :

$$d_s = \frac{A}{A - C} \tag{8.6}$$

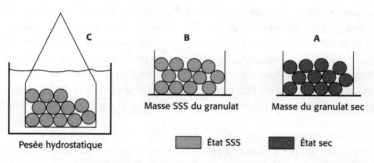

Figure 8.3 Représentation schématique de la mesure de la teneur en eau absorbée (teneur en eau à l'état SSS) et de la masse volumique d'un gros granulat.

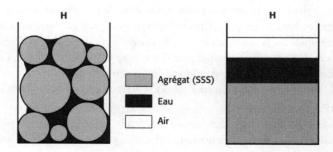

Figure 8.4 Représentation schématique d'un granulat humide.

---

1. En Europe, on préfère traiter de la masse volumique. Contrairement à la densité, elle a une dimension (masse/volume). Lorsque la masse volumique est exprimée en g/cm^3 ou kg/dm^3 ou t/m^3, en première approximation la masse volumique de l'eau vaut 1 et les valeurs de la masse volumique et de la densité d'un corps donné s'expriment alors par le même nombre.

8.3 Influence des propriétés mécaniques des gros granulats sur les propriétés correspondantes du béton

Il est faux de penser que :

- les propriétés mécaniques d'un béton de faible rapport E/L sont simplement celles d'un béton plus résistant ;
- les propriétés mécaniques des bétons de faible rapport E/L peuvent être déduites par simple extrapolation de celles des bétons usuels ;
- les propriétés mécaniques ne sont pas reliées entre elles.

Finalement, il est tout aussi faux de vouloir appliquer aveuglément aux bétons de faible rapport E/L les relations empiriques développées au cours des ans pour les bétons ordinaires afin de relier leurs propriétés mécaniques à leur résistance en compression. Il vaut mieux examiner l'influence des mécanismes fondamentaux qui relient la microstructure du béton aux propriétés structurales macroscopiques considérées.

Il y a certainement des cas où les bétons de faible rapport E/L se comportent simplement comme des bétons plus résistants mais il y a bien d'autres cas où ils se comportent très différemment. Cette différence observée dans le comportement mécanique des bétons de faible rapport E/L et des bétons ordinaires résultent du fait que leurs microstructures sont complètement différentes, particulièrement au niveau de la zone de transition entre le gros granulat et la pâte de ciment. Quand une charge est appliquée sur un béton de faible rapport E/L, elle ne développe pas le même champ de contrainte dans le matériau et ce dernier réagit différemment.

La valeur élevée du rapport E/L des bétons ordinaires se traduit par une microstructure très poreuse, spécialement autour des gros granulats où on peut observer une zone de transition très poreuse, plus ou moins épaisse. Plus le rapport E/L est élevé, plus la microstructure de la pâte de ciment est poreuse et plus la zone de transition est épaisse. Par conséquent, dans un béton ordinaire, le degré de transfert des contraintes entre la pâte de ciment et le gros granulat est limité. Dans ces bétons, les propriétés mécaniques du gros granulat influencent peu les propriétés mécaniques du béton : c'est la pâte de ciment hydratée qui constitue le lien le plus faible. La plupart des propriétés mécaniques des bétons ordinaires peuvent être reliées aux propriétés mécaniques de leur pâte de ciment (ou à son rapport E/L) et à sa résistance en compression. D'où des relations simples entre la résistance en compression et la plupart des autres propriétés mécaniques.

Au contraire, la microstructure des bétons de faible rapport E/L est plus compacte. Particulièrement dans la zone de transition. Par conséquent, les propriétés mécaniques du gros granulat ont plus d'influence sur les propriétés mécaniques des bétons de faible rapport E/L. Même la loi du rapport E/C n'est plus valable dans le cas de certains bétons de faible rapport E/L fabriqués avec de gros granulats de faible résistance. Dans le cas de chaque gros granulat, il y a une valeur critique du rapport E/L en dessous de laquelle une diminution du rapport E/L ne se traduit pas par une augmentation de la résistance en compression. Cette valeur critique dépend non seulement de la résistance de la pierre utilisée pour fabriquer le gros granulat mais aussi de sa dimension maximale parce que, quand on concasse un bloc de pierre, les plus petits fragments sont habituellement plus résistants que les gros car ils contiennent moins de défauts.

Généralement, on peut dire que les bétons ordinaires réagissent essentiellement comme des matériaux homogènes et isotropes dans lesquels le plus faible lien est la pâte de ciment hydratée et/ou la zone de transition. Par contre, les bétons de faible rapport E/L agissent essentiellement comme des matériaux composites non isotropes faits de pâte de ciment hydratée et de granulats qui ont chacun des propriétés mécaniques possiblement très différentes. Les propriétés de ce matériau composite sont influencées par les propriétés de chacun des constituants, par leur proportion dans le mélange aussi bien que par le rapport E/L (Asselanis *et al.*, 1989, Baalbaki *et al.*, 1991). Il est facile, d'un point de vue mécanique de faire une distinction entre des bétons usuels ayant un rapport E/L de 0,50 et un béton ayant un rapport E/L de 0,30, mais il est beaucoup plus difficile de faire une telle distinction quand le rapport E/L décroît graduellement entre 0,50 et 0,30. En fait, il n'y a pas de discontinuité dans les bétons ayant un rapport E/L intermédiaire, mais plutôt une évolution continuelle. Ceci est une autre raison pour laquelle on peut dire que les propriétés mécaniques des bétons de faible rapport E/L ne sont pas simplement celles d'un béton plus résistant. Nous n'avons pas l'intention dans le cadre de ce livre de faire une revue complète de tous les résultats les plus récents publiés dans la littérature à ce sujet. Trop souvent, les conditions précises dans lesquelles ces résultats ont été obtenus ne sont pas connues avec assez de précision et il est par conséquent impossible d'interpréter correctement ces résultats. Les paragraphes suivants présentent majoritairement des résultats obtenus à l'Université de Sherbrooke en s'attardant plus sur les tendances générales que sur les effets spécifiques.

8.3.1   La résistance en compression

Évidemment, la résistance en compression des bétons de faible rapport E/L est supérieure à celle des bétons ordinaires. Comme dans le cas des bétons ordinaires, la résistance en compression des bétons de faible rapport E/L augmente quand le rapport E/L diminue jusqu'à ce que la résistance à l'écrasement des gros granulats devienne le maillon faible dans le béton à haute performance. Quand le gros granulat n'est plus suffisamment résistant par rapport à la pâte de ciment hydratée, la résistance en compression des bétons de faible rapporte E/L n'augmente plus de façon significative quand le rapport E/L décroît. La seule façon d'augmenter la résistance en compression d'un tel béton est d'employer un granulat plus résistant, ce qui peut entraîner une différence de prix significative en raison de l'éloignement de la carrière. Les concepteurs devraient être au courant du prix de revient du mètre cube de béton quand ils décident de sa résistance en compression pour une construction particulière.

Même quand le gros granulat est très résistant, il est encore impossible d'établir une relation générale entre le rapport E/L et la résistance en compression du béton parce qu'un grand nombre de facteurs influencent cette relation. En se basant sur notre expérience personnelle, on pourra se référer aux suggestions détaillées au Tableau 8.1 pour prévoir la résistance maximale en compression (pas la résistance de calcul) pour divers rapports E/L. Dans ce tableau, on a supposé que les gros granulats étaient plus résistants que le béton fabriqué. Les valeurs proposées peuvent apparaître conservatrices dans certains cas mais, compte tenu du grand nombre de combinaisons de matériaux utilisées dans la fabrication des bétons de faible rapport E/L et qu'en plus ceux-ci ont des propriétés différentes, il est difficile d'être plus précis. Seuls des essais réalisés sur des échantillons obtenus sur des gâchées d'essais peuvent donner les véritables valeurs dans chaque cas particulier. Il y a aussi d'autres points importants reliés à la résistance en compression qui doivent recevoir une attention particulière, quoique non traités dans ce volume, comme :

- la résistance en compression initiale des bétons de faible rapport E/L ;
- l'influence de la température maximale atteinte en début d'hydratation sur la résistance en compression du béton ;
- le développement à long terme de la résistance en compression des bétons de faible rapport E/L ;
- et la résistance de carottes comparée à celle d'éprouvettes normalisées.

Tableau 8.1 Résistance maximum en compression en fonction de E/L.

E/L	f_c (MPa)
0,40	50
0,35	75*
0,30	100*
0,25	150*

* Les gros granulats doivent être plus résistants que cette valeur.

8.3.2 Module élastique

Le module élastique des bétons de faible rapport E/L devient un facteur clé permettant de déterminer la rigidité de la structure lorsqu'on conçoit des bâtiments de très grande hauteur, spécialement quand ceux-ci doivent faire face à des vents violents – il est aussi de grande importance vis-à-vis de la connaissance et de la prise en compte des déformations instantanées et différées (fluage) sous charge des grands ouvrages.

Par exemple, le gratte-ciel Two Union Square à Seattle fut conçu avec un béton de 130 MPa ayant un module élastique de 50 GPa alors que d'un point de vue purement statique un béton de 90 MPa aurait pu être suffisant. Il a été nécessaire d'augmenter la résistance en compression de calcul jusqu'à 130 MPa pour être certain d'obtenir un module élastique de calcul de 50 GPa. Le producteur de béton utilisait un gravillon glaciaire de 10 mm de diamètre dans son béton qui avait un rapport E/L de 0,22. De façon à assurer une livraison rapide et à cadence régulière, indispensable pour garantir que ce béton très particulier arrive sur chantier avec une réserve de maniabilité suffisante, l'entrepreneur décida de le mettre en place la nuit. Pour avoir la paix avec le voisinage autour de l'usine de béton, l'entrepreneur et le producteur de béton construisirent gratuitement un terrain de jeu pour les enfants de la communauté, ce que la ville de Seattle refusait de faire (Aïtcin, 1998).

Plus récemment, la Freedom Tower a été construite à New York sur le site du World Trade Center avec une des spécifications les plus succinctes vues par les auteurs : il était simplement stipulé que le module élastique de calcul devait être supérieur à 43 GPa. Dans ce cas, le producteur de béton a été obligé d'importer (par bateau, ce qui n'était pas très coûteux) un gros granulat à base de granit provenant de la Nouvelle-Écosse, au Canada.

Au Japon, Watanabe *et al.* (2008) ont rapporté que la construction résidentielle d'un immeuble de 49 étages, la Kobugi Tower à Kawasaki, nécessita un béton ayant une résistance en compression de 150 MPa. Le module élastique de ce béton varia de 47 à 57 GPa. Il fut fabriqué avec un gros granulat ayant une résistance en compression moyenne de 175 MPa et un module élastique de 60 GPa.

La tour Burj Khalifa à Dubaï, le plus haut édifice au monde en 2008, a été construite avec un béton de faible rapport E/L affichant une résistance de calcul de 80 MPa et un module élastique de calcul de 43,8 GPa (valeur moyenne de 47,9 GPa). Pour fabriquer un tel béton, il a fallu réduire le rapport E/L à 0,27. La teneur en liant était de 484 kg/m³ avec 12 % de cendres volantes et 9 % de fumée de silice (Aldred, 2010).

Nielsen et Aïtcin (1992) ont montré qu'il était possible de faire un béton de rapport E/L de 0,27 ayant un module élastique pouvant varier entre 26 et 60 GPa en changeant seulement la nature du gros granulat. La plus faible valeur du module élastique a été obtenue avec un gros granulat léger et la plus élevée avec un granulat lourd à base d'ilménite. À partir de cette étude, les auteurs ont pu proposer une relation donnant la valeur du module élastique en fonction de la masse volumique du béton et de sa résistance en compression.

Pour les bétons légers et les bétons ordinaires,

$$E_c = 0,31 \, \rho^{1,29} f_c^{0,35} \text{ (MPa)}$$

et pour les bétons lourds,

$$E_c = 0,008\,45 \, \rho^{1,80} f_c^{0,29} \text{ (MPa)}$$

où ρ est la masse volumique du béton en kg/m³ et f_c sa résistance en compression en MPa.

Baalbaki (1997) a proposé une formule empirique liant quelques types de granulats avec le module élastique de béton de faible rapport E/L. Ces résultats sont basés sur une série de bétons fabriqués avec des granulats concassés de diverses origines : calcaire, grès et granit dont les caractéristiques sont données dans le Tableau 8.2.

Baalbaki a proposé la relation empirique simple suivante :

$$E_c = K_0 + 0,22 f_c \text{ (GPa)}$$

où f_c est exprimé en MPa

et K_0 est un facteur dépendant du type de granulat comme suit :

$K_0 = 9,5$ GPa pour un grès,

$K_0 = 19$ GPa pour un granit,

$K_0 = 22$ GPa pour un calcaire.

Pour obtenir une relation simple (Figure 8.5), il faut que les valeurs de K_0 varient beaucoup. Baalbaki (1997) fut en mesure d'exprimer la valeur de K_0 en fonction du module élastique du gros granulat de telle sorte que la relation précédente peut être exprimée de façon plus générale comme suit :

$$E_c = -52 + 41,6 \log(E_g) + 0,2 f_c$$

où E_g est le module élastique du gros granulat exprimé en GPa.

Tableau 8.2 Propriétés mécaniques et caractéristiques des granulats considérés par Baalbaki (1997).

	Calcaire	Granite	Grès
Résistance en compression, C_0 (MPa)	95	130	155
Module élastique, E_0 (GPa)	60	50	30
Coefficient de Poisson, ν_0	0,14	0,13	0,07
Résistance en fendage, T_0 (MPa)	7,5	12,0	7,0
Porosité (%)	2,9	3,0	6,4
Masse spécifique	2,68	2,72	2,53
Teneur en eau absorbée (%)	1,2	1,1	3,7

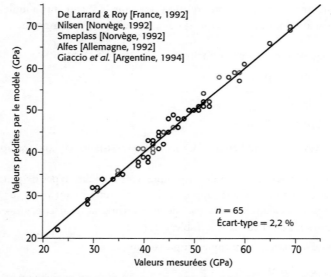

Figure 8.5 Modèle de Baalbaki : corrélation entre les valeurs prédites et mesurées du module élastique.

Baalbaki (1997) propose un abaque (Figure 8.6) pour prédire le module élastique de n'importe quel type de béton à partir du module élastique du gros granulat et de la résistance en compression du béton. Baalbaki propose aussi une relation entre le coefficient de Poisson du granulat et le module élastique du béton :

$$E_c = 5,5\,(E_m)^{0,53}\,(E_g)^{0,22}\,(\nu_g)^{0,38}$$

où E_m est le module élastique du mortier, E_g et ν_g sont les module élastique et coefficient de Poisson du gros granulat.

Cette formule est intéressante car elle montre l'influence relative des divers paramètres sur la valeur du module élastique des bétons de faible rapport E/L.

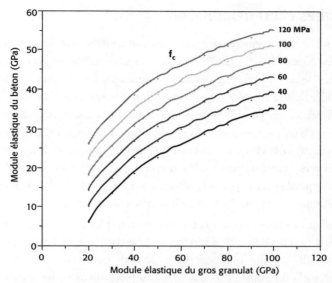

Figure 8.6 Abaque pour prédire le module élastique d'un béton à partir de sa résistance en compression et du module élastique du gros granulat.

En dépit du mérite de toutes ces formules empiriques, les auteurs pensent que, plutôt que de se baser sur des modèles théoriques ou empiriques pour prévoir le module élastique des bétons de faible rapport E/L, il vaut mieux mesurer celui-ci sur des échantillons faits dans les conditions réelles de chantier à partir de gâchées d'essais. Khayat *et al.* (1995) l'énoncent comme suit : « Plutôt que de se baser sur des formules génériques, dans des projets importants il serait préférable de déterminer directement le module élastique à partir d'échantillons fabriqués avec chaque béton à haute résistance que l'on se propose d'utiliser. Même pour un granulat donné, on peut obtenir des modules élastiques différents chaque fois que l'on change les proportions du béton. Par conséquent, il est important de faire des essais spécifiques. »

Des producteurs de béton intéressés à développer un marché pour leurs bétons de faible rapport E/L peuvent commencer par fabriquer trois gâchées expérimentales ayant des rapports E/L de 0,35, 0,30 et 0,25 pour chaque type de granulat envisagé et compatible pour une telle utilisation (dur, propre et plutôt cubique). Ils pourront alors mesurer la résistance en compression, le module de rupture, le module élastique et le coefficient de Poisson de ces divers bétons de façon à pouvoir fournir aux concepteurs des valeurs qu'ils peuvent obtenir. Ainsi, le concepteur pourra utiliser les véritables valeurs du béton quand il concevra une structure en béton de faible rapport E/L. À partir de ces valeurs expérimentales, il sera possible de fixer les paramètres des diverses formules empiriques déjà citées pour obtenir une bonne prévision des propriétés mécaniques réelles de toute la gamme des bétons de faible rapport E/L qui pourront être fabriqués. De plus, le producteur de béton pourra fixer le prix du m^3 de béton pour chaque niveau de résistance en compression et de module élastique. C'est cette approche qui avait été appliquée avec succès pour le second pont en BHP de Toulouse (France), le viaduc de Lalande.

8.3.3 Courbes effort-déformation

Différents types d'équation représentant les courbes effort-déformation des bétons ordinaires ont été proposés. L'existence d'autant d'équations suggère qu'il n'est pas facile d'exprimer à l'aide d'une seule équation toutes les données obtenues par les chercheurs puisque les paramètres qui influencent la forme d'une courbe effort-déformation sont reliés à la fois aux propriétés du béton et aux conditions expérimentales. La branche ascendante de la courbe effort-déformation n'est pas toujours linéaire ; elle dépend de la qualité de l'interface pâte de ciment/gros granulat, de la vitesse de déformation, de la composition de la pâte de ciment et de la nature du gros granulat. Toute relation empirique devrait incorporer les paramètres suivants : la valeur pic de f_c, la valeur de la déformation à ce pic, le module séquent, le module tangent et la déformation à laquelle on définit le critère de rupture.

En réalité, les bétons de faible rapport E/L se comportent plus comme des roches artificielles que comme des bétons ordinaires. L'expérience acquise dans le domaine de la mécanique des roches est très utile car elle évite de partir de zéro quand on considère les courbes effort-déformation. D'un point de vue courbe effort-déformation, les roches peuvent être classées en trois grandes catégories selon la forme de leur courbe d'hystérésis obtenue lors d'un essai de chargement-déchargement (Figure 8.7). Des formes de courbes d'hystérésis semblables ont été observées sur des bétons de faible rapport E/L (Aïtcin et Mehta, 1990).

Houpert (1979) a étudié l'influence des caractéristiques des roches sur leurs courbes effort-déformation et il a trouvé qu'en général la plupart de ces courbes avaient une forme qui pouvait être reliée aux trois courbes schématiques présentées dans la Figure 8.7. Si nous regardons de près la courbe effort-déformation présente sur la Figure 8.8, on constate qu'elle est composée de quatre segments principaux séparés par les lettres A, B, C, D. Depuis l'origine jusqu'au point A, le comportement est de type viscoélastique non linéaire. Il correspond à la fermeture des fissures préexistantes dans la roche, spécialement celles perpendiculaires à la direction dans laquelle la charge axiale est appliquée. Entre les points A et B, le comportement est élastique linéaire et la déformation est élastique et réversible ; il y a peu de changement dans la microstructure de la roche sauf peut-être quand elle est soumise à des cycles de chargements et de déchargements. La partie comprise entre les points B et C de la courbe correspond à un comportement viscoélastique linéaire. Des fissures se développent continuellement mais elles restent stables. Si l'échantillon est déchargé, on observe une déformation résiduelle permanente. La partie de la courbe comprise entre les points C et D correspond au développement de fissures instables qui commencent à apparaître près du point C, là où la résistance maximale est atteinte. À partir du point D, la fracturation de la roche est très avancée et la résistance résiduelle est essentiellement due à la friction entre les diverses parties fissurées. Le même scénario s'applique aux bétons de faible rapport E/L. Les concepteurs doivent se rendre compte que les formules simplifiées des divers codes ne sont que des approximations grossières du comportement des bétons de faible rapport E/L qu'elles prétendent représenter.

Les équations les plus employées dans les codes sont :

- CEB/FIB

$$\varepsilon_0 = \frac{1}{1\,000}\,[2,0 + 0,005\,(f_c - 50)]$$

$$\varepsilon_u = \frac{1}{1\,000}\left[2,5 + 2\,(1 - \frac{f_c}{100})\right]$$

- Norvège

$$\varepsilon_0 = \frac{1}{1\,000}\,[0,004\,f_c + 1,9]$$

$$\varepsilon_u = \frac{f_c}{E_c} \times \frac{2,5\,\varepsilon_0\,E_c}{f_c - 1,5}$$

On trouvera, sur la Figure 8.9, la signification de f_c et de E_c. Dans la plupart des cas, les auteurs préfèrent obtenir la courbe expérimentale effort-déformation réelle plutôt que de se fier à de telles équations.

Les différentes formes des courbes effort-déformation que l'on peut obtenir sur des bétons de faible rapport E/L sont illustrées dans la Figure 8.10 où l'on peut voir qu'elles sont fortement influencées par la nature du granulat. Ce dernier point met en évidence l'importance de choisir un « bon » granulat quand on fabrique un béton de faible rapport E/L. Il montre aussi que, en sélectionnant un gros granulat approprié, il est possible d'ajuster les différentes propriétés d'un béton de faible rapport E/L pour répondre au mieux aux besoins du concepteur.

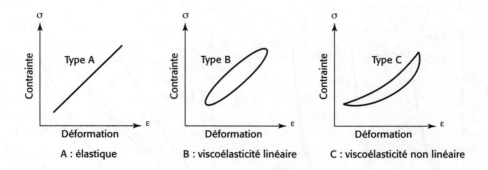

Figure 8.7 Représentation schématique de la réponse d'une roche lors d'un essai de chargement-déchargement (courbe d'hystérésis).

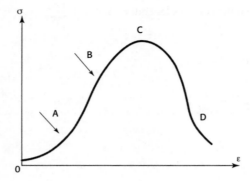

Figure 8.8 Schématisation de la courbe contrainte-déformation d'une roche (Houpert, 1979).

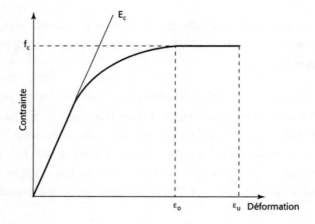

Figure 8.9 Courbe contrainte-déformation type utilisée dans les codes.

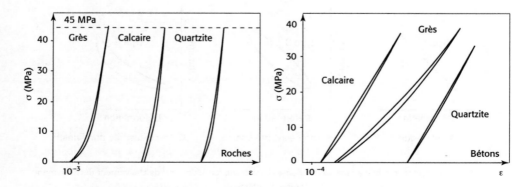

Figure 8.10 Allure de la courbe contrainte-déformation dans différents cas (Baalbaki *et al.*, 1991).

8.4 Substitution partielle d'un granulat ordinaire par un granulat léger saturé

En général, les granulats légers sont utilisés pour construire des structures plus légères avec des bétons ayant une masse volumique variant de 1 350 à 1 850 kg/m^3. On utilise des granulats de schiste d'ardoise ou d'argile expansé pour fabriquer de tels bétons. Ces granulats sont mis sur le marché sous forme de sable ou de gros granulat. En Amérique du Nord, ils doivent être conformes à la norme ASTM C 330 et en Europe à la norme EN 13055. Jusqu'à présent, ils étaient essentiellement employés pour réduire le poids mort d'une structure quand, par exemple, on voulait construire des étages supplémentaires au-dessus d'un immeuble déjà existant ou pour améliorer la flottabilité des plates-formes pétrolières afin de faciliter leur transport sur les sites d'exploitation. Étant donné que la substitution totale d'un granulat ordinaire par un granulat léger diminue la résistance en compression et le module élastique, dans certains cas on se contente d'une substitution partielle. Généralement, on limite ceci au gros granulat. Cependant, quand il faut trouver un compromis entre la densité du béton et sa résistance en compression, on peut être amené à substituer à la fois une part des granulats gros et fin. Au cours des années, l'utilisation de granulats légers saturés a été proposée comme source d'eau pour un mûrissement interne, avec les bétons de résistance ordinaire (Klieger, 1957 ; Roberts, 2004), puis avec les bétons de faible rapport E/L (Weber et Reinhardt, 1997). Cette technique est présentée en détail dans le Chapitre 12. Jusqu'à tout récemment, le mûrissement interne n'a été que peu utilisé (Villarreal et Crocker, 2007), ceci en dépit du fait qu'il procure les trois avantages majeurs suivants :

- une hydratation plus complète du ciment Portland en procurant un mûrissement différé, ceci même avec les bétons de résistance normale ;
- une meilleure hydratation des ajouts cimentaires qui, souvent, est tardive et se poursuit lentement bien au-delà de 28 jours. On oublie trop souvent que l'eau est absolument nécessaire à la réaction pouzzolanique. Aussi, lorsqu'un béton de résistance normale qui contient des ajouts cimentaires est exposé à un climat sec, il y a un risque réel que, par manque d'eau, ces ajouts ne soient pas hydratés et que leur apport se limite à celui d'un simple filler ;
- un meilleur contrôle du retrait endogène dans les bétons de faible rapport E/L.

Un grand handicap des bétons à faible rapport E/L est leur retrait endogène à l'origine d'une fissuration précoce particulièrement préjudiciable. Des études récentes conduites à l'université de Sherbrooke ont montré que le mûrissement interne peut y porter efficacement remède. Par exemple, quand une partie d'un sable ordinaire, environ 20 %, est remplacée par le même volume de granulats légers saturés en eau (Figure 8.11) et que le béton est coulé dans des coffrages isolés de façon que son hydratation initiale se fasse en condition quasi adiabatique, il est possible d'éliminer pratiquement tout le retrait endogène sans avoir recours à un adjuvant chimique (Duran-Herrera *et al.*, 2008). Un béton n'ayant pratiquement pas de retrait a longtemps été le rêve des concepteurs.

Ce problème réglé, les bétons de faible rapport E/L sont beaucoup plus soutenables que les bétons ordinaires, d'une part car ils sont très durables, d'autre part car (voir § 3.7) leur empreinte carbone et la quantité de granulats consommée sont plus faibles par unité de charge supportée.

Figure 8.11 Sable léger (Schiste expansé).

8.5   Conclusion

Les bétons de faible rapport E/L sont de véritables matériaux composites et on ne peut plus négliger l'influence des gros granulats sur leurs propriétés mécaniques. On devrait voir à l'avenir de plus en plus de bétons de faible rapport E/L spécifiés pour augmenter la rigidité de certaines structures en béton. Alors, la rigidité primera sur la résistance en compression.

Cependant, il conviendra de mesurer expérimentalement cette rigidité car il s'avère que la plupart des lois réglementaires surestiment les modules de déformation et principalement pour les bétons à haute et très haute performance. La cause en est les différences importantes dans les caractéristiques mécaniques des granulats et dans la qualité de la zone d'interface entre granulats et pâte.

CHAPITRE 9

Granulats recyclés

9.1 Introduction

L'utilisation de matériaux recyclés ou de déchets industriels fait partie d'une politique de soutenabilité du béton. Il existe trois principales catégories de matériaux recyclables par les industries du ciment et du béton :

- les ajouts cimentaires tels que les laitiers de haut fourneau, les cendres volantes et la fumée de silice qui peuvent remplacer une partie du ciment Portland, comme nous l'avons vu en détail dans le Chapitre 5 ;
- les huiles usagées, des solvants, des pneus et autres déchets utilisables comme combustibles lors de la fabrication du ciment Portland, comme mentionné dans le Chapitre 1 ;
- des déchets de construction et de démolition incluant les vieux bétons recyclables pour servir de gros granulats dans le béton. Étant donné que les gros granulats représentent généralement 40 % de la masse d'un béton, leur remplacement par des granulats recyclés réduit d'autant le prélèvement en carrière, d'où un effet significatif pour la préservation des ressources naturelles.

En Europe et en Amérique du Nord, on récupère annuellement un peu plus d'une tonne par personne de déchets de construction et de démolition (une quantité semblable à la consommation annuelle de béton par habitant). La plupart de ces matériaux sont actuellement employés pour construire des bases et sous-bases de routes et le reste est mis en décharge. Une portion de ces matériaux peut être traitée de façon à devenir des granulats pour béton et remplacer des granulats naturels, c'est ce que nous allons voir dans ce chapitre. Certains déchets admissibles comme granulats pour béton sont présentés dans le Tableau 9.1.

Tableau 9.1 Quelques déchets admissibles comme granulats recyclés pour usage dans du béton.

Matériau	Industrie	Composition
Déchets minéraux	Mines et carrières	Roches naturelles
Laitiers de hauts fourneaux	Sidérurgie	Silicates ou aluminosilicates de calcium et de magnésium, silicates vitreux
Laitiers métallurgiques	Raffinage de métaux	Silicates, aluminosilicates, verres
Gravats	Démolition	Béton, brique, maçonnerie
Mâchefers	Production d'électricité	Silice vitreuse
Déchets municipaux	Déchets commerciaux et privés	Verre, plastique, métal
Résidus d'incinérateur	Municipalités et industrie	Verre d'emballage, métal, verre plat
Caoutchouc granulé	Automobile (pneus usagés)	Caoutchouc

Nous limiterons notre discussion à l'utilisation de gros granulats recyclés. En effet, les granulats fins issus de déchets de construction et de démolition contiennent très souvent une part de vieille pâte de ciment et de mortier qui peuvent amener des problèmes de résistance et de stabilité des mélanges puis finalement augmenter le retrait de séchage et le fluage (Alexander et Mindess, 2005). Ainsi, un rapport RILEM (Hansen, 1990) recommande de ne pas utiliser de granulats recyclés de diamètre inférieur à 2 mm (passant le tamis numéro 8). De la même façon, au Royaume-Uni, la norme BS 8500-2: 2002 interdit l'usage des fines d'un béton recyclé pour fabriquer de nouveaux bétons. D'autres juridictions permettent l'utilisation limitée d'une quantité de granulats fins recyclés. Ce sujet sera discuté séparément dans la section 9.2.1.

9.2 Recyclage du béton

Le béton est un des composants majeurs des déchets de construction et de démolition. Meyer (2008) a estimé qu'en Amérique du Nord et en Europe le béton représente à lui seul la moitié de tels déchets. Le recyclage du béton n'est pas très difficile, il suffit de broyer, enlever les contaminants, laver et tamiser en diverses fractions.

Le béton de démolition contient évidemment de nombreux autres matériaux existant dans une construction moderne tels que du bois, des briques d'argile, du verre, des métaux, des tuiles, du gypse, des plastiques, de l'asphalte, de la poussière, etc., comme on peut le voir dans la Figure 9.1.

En 2011, il n'y avait pas encore de norme ASTM précisant les exigences à respecter pour les bétons de granulats recyclés. Sakai (2007) a proposé des limites pour les teneurs en substances contaminantes dans les granulats de bétons recyclés ; elles sont présentées dans le Tableau 9.2. Des exigences plus spécifiques se retrouvent dans la norme anglaise DS 8500-2: 2002 ; elles sont présentés dans le Tableau 9.3. Ces valeurs sont très conservatives ; Poon et Chan (2005) ont montré que, pour des applications de bas de gamme, on pouvait tolérer jusqu'à 10 % de contaminants. Ceci montre la nécessité d'évaluer chaque source de granulats recyclés pour chaque application particulière.

En France, les exigences pour les granulats recyclés ont été introduites dans un amendement (A1) de la norme granulat NF EN 12620. Pour ces granulats, les normes d'essais EN 933-11 (*Essai de classification des gravillons recyclés selon leur composition*) et EN 1744-6 (*Détermination de l'influence des granulats recyclés sur le temps de prise du ciment*) complètent les caractérisations relatives aux granulats naturels. Les spécifications portent sur la proportion de constituants de gravillons recyclés, la teneur en sulfates solubles (< 0,2 %) et l'influence sur le temps de prise, Par ailleurs, la teneur en ions chlorures doit être déclarée. Enfin, la dernière version française de la norme béton EN 206-1, qui interdit uniquement l'usage de granulats recyclés pour la fabrication de bétons précontraints, complète ces spécifications en termes de fréquence d'essais (toutes les 1 000 ou 2 000 tonnes) et de taux maximum de substitution (différent selon la classe d'exposition).

On a trouvé qu'en général la résistance de la source du granulat recyclé n'avait pas beaucoup d'effet sur la résistance du béton fabriqué avec ces granulats recyclés. La résistance d'un béton fabriqué avec un granulat recyclé peut être inférieure de 8 MPa à un béton de même rapport E/L fabriqué avec des granulats naturels. Cette différence peut être facilement rattrapée en diminuant légèrement le rapport E/L (Alexander et Mindess, 2005). Les autres propriétés des bétons fabriqués avec des granulats recyclés sont affectées au même degré que la résistance à la compression ; on peut en juger dans le Tableau 9.4 (Dhir *et al.*, 2004).

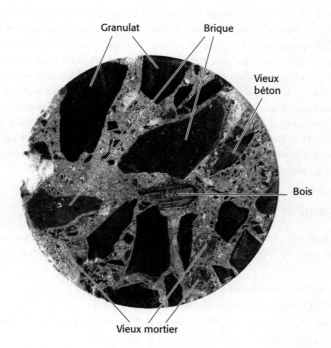

Figure 9.1 Section polie d'une carotte de béton dont les gros granulats proviennent de béton et gravats recyclés (Alexander et Mindess, 2005).

Tableau 9.2 Proportion maximum de substances contaminantes admissible dans un béton de granulats recyclés, d'après Sakai (2007).

Substance contaminante	Proportion maximum (en masse %)
Brique et céramiques, asphalte	2,0
Verre	0,5
Plâtre	0,1
Autres substances inorganiques	0,5
Plastiques	0,5
Bois et papier	0,1
Toutes substances contaminantes confondues	3,0

Tableau 9.3 Exigences de la norme BS 8500-2: 2002 pour les gros granulats recyclés pour béton.

Substance contaminante	Proportion maximum (en masse %)
Maçonnerie	5,0
Fines	5,0
Matériaux légers	0,5
Asphalte	5,0
Autres corps étrangers (verre, plastique, métal, …)	1,0
Sulfates solubles dans l'acide, SO_3	1,0

En général, on trouve que le béton fabriqué avec des granulats recyclés a une plus forte absorption et une plus faible densité qu'un béton fait avec des granulats naturels. En outre, quand on utilise un granulat d'origine inconnue, il est préférable d'en faire une analyse pétrographique afin d'identifier d'éventuels contaminants qui pourraient causer des problèmes de durabilité. En plus des granulats provenant de la démolition de structures en béton, comme nous le verrons dans le Chapitre 16, certains retours de béton peuvent être utilisés pour couler de gros blocs de béton qui seront concassés et fourniront de nouveaux granulats. Ces granulats provenant des retours de bétons durcis ont l'avantage de ne pas avoir été contaminés. Obla *et al.* (2007) ont estimé que 5 % des 455 millions de mètres cubes de béton produits aux États-Unis en 2006 retournent à la centrale à béton, ce qui représente un bon potentiel de gros granulats recyclés.

9.2.1 Granulats fins recyclés

Plusieurs organismes permettent l'utilisation de la fraction fine des granulats recyclés. Elle inclut de plus grandes quantités de pâte de ciment hydraté et de mortier avec pour conséquences :

- risque de bétons raides et peu maniables ;
- augmentation du retrait et du fluage du nouveau béton ;
- une perte de résistance qui, d'après Hansen (1990), est attribuable à la portion de granulats recyclés plus fins que 2 mm.

L'utilisation de fines de granulats recyclés ne devrait pas dépasser 10 à 20 % du total de granulats fins.

9.2.2 Considérations pratiques

Il est bon de noter la grande variété de sources de granulats recyclés qui amène de grandes variations dans les propriétés du béton. Zega *et al.* (2010) ont clairement établi que les propriétés des bétons recyclés étaient beaucoup plus affectées par le type de granulat naturel utilisé pour fabriquer le béton initial que par son rapport E/L. Il faut en tenir compte quand on emploie des granulats recyclés. Par exemple, Deshpande *et al.* (2009) ont trouvé que certains bétons fabriqués avec 100 % de granulats recyclés étaient de piètre qualité quand on les comparait à des bétons semblables fabriqués avec des granulats naturels, ceci en terme de résistance à la compression et à la flexion, de module élastique et de retrait. Aussi certains granulats recyclés doivent-ils absolument être mélangés avec des granulats naturels.

Les granulats de bétons recyclés ont la réputation de donner des bétons de qualité inférieure peut-être à cause de la manière dont ont été conçus les bétons contenant ces granulats recyclés. Si on remplace le même volume de granulats naturels par des granulats recyclés, la quantité de mortier sera augmentée car le béton concassé contient déjà une grande quantité de vieux mortier. Pour calculer des mélanges de façon appropriée, Fathifazl *et al.* (2008) ont suggéré que les granulats recyclés soient considérés comme un matériau biphasique composé de roches naturelles et de mortier et que le vieux mortier fasse partie du contenu en mortier du nouveau béton. Les bétons conçus de cette façon ont démontré des propriétés semblables à celles des bétons conventionnels.

Actuellement, en Amérique du Nord, très peu de granulats recyclés sont utilisés pour produire des nouveaux bétons. La raison est d'abord économique, même si l'extrême conservatisme de l'industrie du béton puisse y jouer un rôle. Les matériaux à recycler doivent être transportés dans un site central, puis le béton doit être séparé des autres débris de construction, et enfin être broyé et tamisé. Le coût de ces opérations est supérieur à celui de l'exploitation d'une carrière produisant des granulats vierges. Mais, sous la pression d'impératifs et considérations environnementaux, l'équation économique change. L'épuisement des sources de granulats naturels à proximité des grandes villes et la nécessité d'aller les chercher beaucoup plus loin entraînent des coûts de transport beaucoup plus élevés. Le coût de mise en décharge des débris augmente continuellement. Enfin, dans le but de rendre l'industrie du béton plus soutenable, certaines agences gouvernementales commencent à exiger l'utilisation de matériaux recyclés dans les constructions supportées par les fonds publics. En fonction de tout cela, l'utilisation de béton de granulats recyclés va s'accélérer.

9.3 Autres déchets industriels utilisés comme granulats

Les volumes concernés sont faibles comparé au recyclage de béton usagé.

9.3.1 Recyclage des pneus

Selon Xi *et al.* (2002), environ 2 à 3 milliards de pneus usagés sont stockés aux USA seulement et pratiquement 250 millions s'y ajoutent chaque année. Ceci cause des problèmes environnementaux considérables car bien souvent on ne peut pas les mettre dans des décharges classiques ; ces dépôts sont très laids et sont constitués de matières inflammables. Une certaine quantité est déjà employée comme combustible alternatif dans les fours à ciment, mais cet usage ne diminue pas de façon significative les piles de pneus, d'où un intérêt accru pour incorporer une partie de ce caoutchouc dans le béton pour remplacer une partie des granulats fins et des gros granulats. Pour un tel type d'usage, les pneus doivent être déchiquetés, moulus et mis en miettes.

Évidemment, le caoutchouc a une résistance et un module élastique plus faibles que la pâte de ciment hydratée. La résistance en compression et en flexion ainsi que le module élastique du béton sont plus faibles quand on utilise des granulats à base de caoutchouc, ceci d'autant plus que le contenu en granulats caoutchouc est plus élevé. Selon El-Dieb *et al.* (2001) et Eldin et Sénouci (1993), la perte de résistance peut atteindre 80 %. En outre, le coefficient de Poisson du caoutchouc étant beaucoup plus élevé que celui de la matrice cimentaire, cela induit, lors du chargement, des efforts d'éclatement qui conduisent à la fissuration prématurée du béton et à sa ruine. Xi *et al.* (2004) ont aussi montré que l'usage d'agents de couplage appropriés pour améliorer la liaison ciment-caoutchouc pouvait améliorer les propriétés du béton. À cette fin, ils ont testé des PVA et des silanes. D'un autre côté, le caoutchouc réduit la propagation des fissures et conduit à une augmentation de la capacité de déformation et de la ténacité (absorption d'énergie) (Skripkiunas *et al.*, 2007 ; Xi *et al.*, 2004 ; Taha *et al.*, 2005). L'utilisation de granulats de caoutchouc augmente aussi considérablement le retrait libre du béton (Turatsinze *et al.*, 2006-2007). Par contre, en dépit de l'augmentation du retrait, ces bétons affichent une déformabilité supérieure avant fissuration ; l'addition de fibres peut retarder encore plus l'apparition de leur fissuration.

Il a été suggéré que les granulats de caoutchouc amélioreraient l'absorption du son et les propriétés thermiques du béton. Malgré tout, bien qu'il y ait certaines possibilités intéressantes des granulats de caoutchouc, cette technologie n'est encore que peu exploitée dans la pratique.

9.3.2 Le verre

Le verre est un déchet ménager et industriel très courant. Pour fabriquer du verre nouveau, on ne recycle que les verres transparents. Les verres colorés qui ne sont pas en général triés par couleur sont généralement mis en décharge. Depuis longtemps, on a cherché à utiliser les déchets de verre comme source de granulats pour le béton (Phillips et Chan, 1972 ; Johnson, 1994 ; Meyer, 2003). Les déchets de verre ne peuvent pas être utilisés comme gros granulats parce que, en forme d'éclats et fragiles, ils pourraient se briser durant le processus de malaxage. De plus, leurs arêtes aiguës et coupantes posent de sérieux problèmes de manutention. L'application la plus intéressante du verre est comme granulat fin.

Le facteur adverse à l'utilisation du verre dans le béton est le risque de voir se développer une réaction alcali-granulat, même quand on se sert d'un ciment à faible teneur en alcalis (Moulinier *et al.*, 2006). Le déchet de verre le plus commun est à base de sodium, susceptible de développer des réactions alcalis-granulats. Comme dans le cas des granulats naturels, c'est un phénomène complexe et il n'est pas toujours facile de prédire le comportement d'un verre particulier dans un béton. Par exemple, la Figure 9.2 présente le comportement d'éprouvettes de mortier en forme de barres contenant 10 % de granulat à base de verre de différentes grosseurs et couleurs (Jin *et al.*, 2000). On peut voir que l'expansion dépend à la fois de la couleur du verre et de sa finesse. On peut aussi voir que le verre coloré est moins réactif que le verre transparent et même que le verre vert n'est pas du tout réactif, il ne présente aucune différence de comportement par rapport au granulat de référence. Il a été montré que sa non-réactivité est due à l'oxyde de chrome ajouté au verre pour lui donner sa couleur verte. Il est intéressant de noter que c'est lorsqu'il est moulu grossièrement et passé au tamis n° 16 (maille de 1,37 mm) ou plus gros encore que le verre est le plus réactif. Par contre, s'il est moulu significativement plus fin pour passer au tamis n° 50 (maille de 0,315 mm), ou encore plus fin, sa réactivité est annihilée. On trouvera dans l'article *"The Use of Glass Powder as a Supplementary cementitious Material"* (Tagnit-Hamou et Bengougam, 2012) une utilisation d'un verre broyé très fin comme ajout cimentaire. Utilisation très prometteuse !

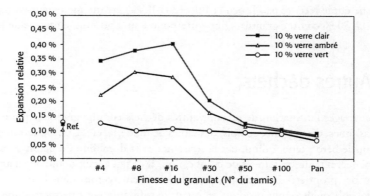

Figure 9.2 Expansion de barres de mortier contenant 10 % de granulat de verre en fonction de la granulométrie du verre et de sa couleur (Jin *et al.*, 2000).

En plus de problèmes (potentiels) d'alcalis-réaction, il y a certaines difficultés pratiques à utiliser des déchets de verre comme granulats. La maniabilité du béton est réduite à cause de l'angularité des particules de verre broyé et la teneur en air est augmentée à cause du trop grand nombre de particules fines (Park *et al.*, 2004). Comme dans le cas de tout granulat inhabituel, toute source de granulat de verre doit être étudiée soigneusement avant d'être employée dans un béton.

Une application nouvelle de granulats à base de verre est leur utilisation dans les bétons décoratifs ou architecturaux (Liang *et al.*, 2007). Les déchets de verre contiennent une grande variété de verre pouvant soit réfléchir, soit réfracter la lumière, particulièrement lors de l'utilisation de ciment blanc.

9.3.3 Les mâchefers

Plusieurs municipalités se débarrassent des ordures ménagères et autres déchets en les brûlant, ce qui réduit leur masse de solides d'environ 70 % (Péra *et al.*, 1997). 90 % des résidus de ces incinérateurs sont constitués de mâchefer. Un matériau qui ressemble à un laitier récupéré sur les grilles de l'incinérateur. Une autre source majeure de mâchefer est le matériau solide retrouvé à la partie inférieure des chambres de combustion des centrales thermiques brûlant du charbon. Bien que ces mâchefers ne soient pas aussi réactifs que les cendres volantes, ils ont tout de même certaines propriétés cimentaires.

Les mâchefers des incinérateurs municipaux contiennent généralement différents métaux lourds comme du zinc ou de l'aluminium pouvant réagir chimiquement avec le ciment Portland et former des composés dangereux pour le béton car ils peuvent provoquer des gonflements ou de la fissuration. Même s'il est possible de les bonifier, cela n'a pas été fait sur une échelle commerciale (quelques applications néanmoins en France).

Les mâchefers provenant de la combustion du charbon sont plus intéressants. Selon Aggarwal *et al.* (2007) et Andrade *et al.* (2007), ils ont une grande demande en eau et nécessitent l'utilisation de superplastifiants. En général, la résistance d'un béton contenant un mâchefer de foyer comme granulat fin est diminuée. L'emploi de tels bétons peut être satisfaisant pour certaines applications structurales où l'on peut se contenter de béton bas de gamme. Une étude récente par Topçu et Bilir (2010) suggère qu'une teneur en mâchefer de foyer de 40 à 50 % comme granulats fins correspond à un optimum en terme de résistance.

9.4   Autres déchets

On a pu envisager l'utilisation de certains autres déchets comme granulats pour béton tels que des plastiques, des copeaux de bois, des sables de fonderie, etc. L'introduction de tous ces déchets dans le béton tend à diminuer la résistance et la durabilité du béton et, en général, leur emploi nécessite un traitement de bonification. Il ne fait aucun doute que d'autres matériaux ayant des propriétés intéressantes pour le béton émergeront dans le futur, mais il est assez improbable qu'ils seront produits en quantité suffisante pour permettre une réduction significative de l'usage de granulats naturels.

CHAPITRE 10

L'air entraîné

10.1 Introduction

La découverte accidentelle des bénéfices obtenus à la fois dans le béton frais et le béton durci lorsqu'on y stabilise entre 3,5 et 6 % d'air (35 à 60 l/m^3), sous forme d'un réseau de très petites bulles de 10 à 100 µm de diamètre, a permis à la durabilité du béton de faire un grand pas. Dans ce chapitre, nous allons insister sur les effets bénéfiques de l'entraînement d'une petite quantité d'air dans **tous** les bétons, non seulement pour améliorer leur durabilité face aux cycles de gel et dégel mais aussi pour améliorer leur maniabilité, un facteur clé quand on considère la soutenabilité des structures en béton. Nous sommes convaincus que l'air entraîné est un facteur très important pour tous les bétons dans tous les environnements. Nous ne sommes pas les seuls à partager cet avis puisque les Japonais entraînent systématiquement de 3,5 à 6 % d'air dans tous leurs bétons en dépit du fait que la résistance aux cycles de gel-dégel n'est pas une préoccupation majeure au Japon, à l'exception de la partie septentrionale de l'archipel dans l'île de Hokkaido.

10.2 Les mythes de l'air entraîné

10.2.1 L'air piégé et l'air entraîné

Lorsque l'on place du béton sans air entraîné dans des coffrages, on y retrouve toujours un certain nombre de grosses bulles irrégulières piégées dans la masse du béton, bulles que la vibration n'a pu éliminer. L'air contenu dans ces grosses bulles est appelé «air piégé». Habituellement, un béton ordinaire placé avec soin contient de 1 à 2 % (10 à 20 l/m^3) d'air piégé. Ce volume dépend de la viscosité de la pâte de liant, de la quantité de gros granulats, de l'épaisseur de la couche de béton, de l'intensité de la vibration et de bien d'autres facteurs.

Chacune de ces grosses bulles d'air crée un point de faiblesse dans le béton affectant ses propriétés mécaniques.

Pour obtenir un réseau de très petites bulles d'air bien dispersées dans le béton durci, il faut utiliser un agent entraîneur d'air (Dodson, 1990 ; Rixom et Mailvaganam, 1990). On peut tout de suite noter que l'expression « agent entraîneur d'air » peut créer une certaine confusion : ce type d'adjuvant n'entraîne pas par lui-même de l'air mais simplement stabilise l'air entraîné durant le malaxage sous forme de millions de petites bulles. Il vaudrait mieux appeler ce type d'adjuvant « stabilisateur de bulles d'air ». Dans le béton frais, cet adjuvant est concentré à la surface des bulles d'air où il forme une mince enveloppe suffisamment forte pour résister à la destruction des bulles par le malaxage ainsi qu'à la fusion de bulles entre elles pour former des bulles plus grosses (coalescence). L'addition d'un agent entraîneur d'air a pour conséquence de stabiliser un système de millions de petites bulles d'air bien dispersées dans le béton frais qui subsistent dans le béton durci.

Entraîner de 3,5 à 4,5 % d'air améliore significativement la maniabilité d'un béton frais et, de plus, décroît sa tendance au ressuage et à la ségrégation ; ceci revient en fait à augmenter le volume de pâte de 35 à 45 l/m³. Pour améliorer la résistance aux cycles de gel et dégel en présence ou non de sel de déverglaçage, il faut entraîner un peu plus d'air, en général de 5 à 6 % (50 à 60 l/m³) et surtout que les bulles d'air soient suffisamment rapprochées les unes des autres pour assurer une bonne protection. La demi-distance moyenne entre les petites bulles est un facteur essentiel appelé « facteur d'espacement ». Nous en discuterons dans la section 10.7.

10.2.2 Les effets bénéfiques de l'entraînement d'air

Malheureusement, pour beaucoup de gens de l'industrie du béton, l'air entraîné n'a que deux effets : il améliore la résistance du béton aux cycles de gel et dégel et il diminue la résistance. En fait, les effets les plus bénéfiques de l'air entraîné sont :
- la fluidification de la pâte de ciment ;
- l'amélioration de la rhéologie du béton ;
- la diminution du ressuage ;
- la diminution de l'absorptivité et de la perméabilité du béton durci ;
- la dissipation de l'énergie concentrée à la tête des fissures ;
- enfin, la présence d'un volume libre disponible pour des produits expansifs.

Il est tout à fait vrai qu'un béton qui contient de 50 à 60 litres d'air par m³ n'est pas aussi résistant qu'un béton qui a le **même rapport eau-liant** contenant 10 à 20 litres d'air piégé. On ne prend pas en compte dans un raisonnement aussi simpliste que l'air entraîné améliore la maniabilité du béton de telle sorte qu'un même niveau de maniabilité peut être obtenu avec moins d'eau de gâchage. Moins d'eau de gâchage signifie un plus faible rapport E/L qui à son tour signifie une meilleure résistance. Par conséquent, la règle de la diminution de 5 % par pourcentage additionnel de teneur en air, qui se vérifie pour les bétons à air piégé, n'est plus vraie dans le cas des bétons à air entraîné. L'expérience montre même que, dans le cas des bétons de très faible résistance (20 MPa ou moins), c'est le contraire que l'on observe. Ainsi, quand on compare la résistance en compression des bétons à air entraîné et sans air entraîné, il est important de comparer des bétons qui ont la même maniabilité et le même rapport E/L. En fait, grâce à leur action lubrifiante dans les bétons frais, on pourrait considérer que les agents entraîneurs d'air sont des réducteurs d'eau.

10.2.3 L'air entraîné et la soutenabilité

Étant donné que la durabilité du béton est essentiellement fonction de son rapport E/L et non de sa résistance, un béton contenant 5 à 6 % d'air entraîné est plus durable et plus soutenable qu'un béton sans air entraîné ayant la même maniabilité, même si sa résistance en compression est plus faible. Ainsi, pour améliorer la soutenabilité du béton, il est crucial d'y stabiliser un faible volume d'air entraîné (3,5 à 4,5 %) sous la forme d'un réseau de petites bulles dispersées. Ce bénéfice découle de l'amélioration significative des propriétés du béton frais. La faible perte en résistance en compression qui en résulte peut être compensée par une faible diminution du rapport E/L en ajoutant un réducteur d'eau ou un superplastifiant. Ceci améliore la durabilité du béton sans ajout d'un seul gramme de ciment dans le béton, ce qui est excellent d'un point de vue environnemental.

Ce n'est que dans les pays nordiques ayant des conditions climatiques très sévères qu'il sera nécessaire d'augmenter la quantité d'air entraîné avec un facteur d'espacement suffisamment faible pour le protéger contre les cycles de gel et dégel.

10.3 L'action bénéfique sur la maniabilité du béton frais

Tel que mentionné précédemment, en entraînant 35 à 60 litres d'air dans le béton frais, on diminue la quantité de sable d'un volume équivalent et le béton devient plus «crémeux». Cette modification de la composition de la pâte améliore plusieurs propriétés du béton frais, en particulier sa maniabilité. L'explication donnée habituellement pour cette action bénéfique est que les millions de petites bulles d'air agissent comme des billes de roulement à billes à l'intérieur de la pâte. En fait, le phénomène est un peu plus compliqué que cela car l'air entraîné modifie aussi la viscosité et la cohésion de la pâte. L'expérience démontre que la présence d'air entraîné diminue les risques de ressuage et de ségrégation parce que les bulles d'air créent des liens plus forts entre les particules de ciment et les molécules d'eau, liens qui s'opposent aux forces de gravité à l'intérieur de la pâte. Cette action bénéfique se rencontre aussi dans la zone de transition entre la pâte et les granulats parce que le ressuage interne y est également réduit pour les mêmes raisons.

Une faible quantité d'air entraîné améliore la maniabilité des bétons fabriqués avec des sables concassés ou avec des sables provenant du recyclage de vieux bétons où la forme et l'absorption de leurs grains ont un fort effet négatif sur la maniabilité du béton. L'air entraîné peut être aussi utilisé pour améliorer la maniabilité de bétons fabriqués avec des sables très grossiers. Le premier auteur de ce livre a recommandé l'utilisation d'air entraîné dans l'Arctique canadien parce que le seul sable disponible avait un module de finesse de 4,5, ce qui donnait des bétons difficiles à mettre en place. Paradoxalement, la résistance de ce béton au gel et dégel n'était pas un problème car l'Arctique canadien bénéficie d'un climat sec avec très peu de cycles de gel et dégel annuellement!

Finalement, l'air entraîné améliore de façon drastique la maniabilité des bétons richement dosés contenant plus de 400 kilos de liants (Aïtcin, 1998). Il est très facile de démontrer cet effet avec l'expérience suivante : on commence par fabriquer une gâchée de béton sans air entraîné ayant un rapport E/L de 0,35. On constate immédiatement que le mélange est très cohésif et visqueux et qu'il est difficile à cisailler avec une truelle. Quand on y ajoute une très faible quantité d'agent entraîneur d'air, on voit que, au fur et à mesure qu'on continue à le malaxer et que se développe un réseau de petites bulles d'air, le béton devient plus maniable, moins visqueux et beaucoup plus facile à cisailler avec une truelle. Cette amélioration de la maniabilité des bétons à haute performance par une faible quantité d'air entraîné a été utilisée sur beaucoup de chantiers pour faciliter la mise en place et la pompabilité du béton avec comme avantage supplémentaire d'améliorer l'apparence visuelle des éléments en béton lorsqu'ils sont décoffrés.

10.4 L'action bénéfique contre la fissuration

Quand une fissure se développe à l'intérieur de la pâte de ciment, la plus grande partie de l'énergie de fracture se trouve concentrée en pointe de fissure. Lorsque cette pointe de fissure rencontre une bulle d'air, toute l'énergie se disperse sur la surface de la bulle, agissant comme une dilution de cette énergie, et très souvent la fissure s'arrête là. Ceci limite la propagation des fissures qui auraient diminué la durabilité du béton.

10.5 L'action bénéfique sur la perméabilité et l'absorptivité

Les effets de l'air entraîné sur la perméabilité à l'eau du béton ne font pas l'unanimité. Par exemple, Neville (1995) pense que l'entraînement d'air réduit la perméabilité de la pâte tandis que Kosmatka *et al.* (2002) considèrent qu'il n'a aucun effet. Quant à nous, nous sommes d'avis que la présence d'un réseau de bulles d'air devrait diminuer la migration de l'eau dans les capillaires suite à la formation de ménisques quand un capillaire se termine dans une bulle. Pour les mêmes raisons, l'absorptivité d'un béton à air entraîné devrait être plus faible que celle d'un béton sans air entraîné ayant le même rapport E/L.

10.6 L'action bénéfique contre les réactions d'expansion

Les millions de petites bulles bien dispersées dans la masse du béton constituent des volumes vides dans lesquels des produits expansifs peuvent se déposer sans causer de dommages au béton. Dans de nombreux échantillons de bétons endommagés recueillis sur des ouvrages aussi bien que dans des échantillons soumis à des cycles de gel et dégel, on trouve toujours quelques bulles d'air remplies de cristaux d'ettringite. Les ions nécessaires à la formation de ces cristaux d'ettringite à l'intérieur des bulles ont été transportés par l'eau durant les cycles de gel et dégel.

Raphaël *et al.* (1989) ont eu l'opportunité d'observer à l'aide d'un microscope électronique des échantillons de béton prélevés dans sept barrages construits par Hydro Québec avec sept granulats granitiques différents. Ces granits contenaient des cristaux de quartz présentant une extinction ondulatoire sous lumière polarisée due à des contraintes internes. Ces granulats sont reconnus comme étant faiblement réactifs avec les alcalis du ciment. Dans le cas de ces sept barrages, les bulles d'air et la zone de transition poreuse avaient fourni suffisamment d'espace pour accepter le gel expansif formé durant la réaction alcalis-granulats. Le résultat de ce phénomène n'a pas résulté en un affaiblissement du béton mais plutôt en une augmentation de la résistance en compression et du module élastique qui étaient alors bien supérieurs aux valeurs initiales. La perméabilité de ces bétons avait aussi diminué. Dans ce cas-ci, la faible réactivité des granulats n'avait pas fissuré la pâte mais plutôt l'avait améliorée parce qu'il y avait assez d'espace libre dans le réseau de bulles d'air introduites initialement dans le béton pour le protéger contre les effets de gel et dégel. Par contre, dans le cas des trois derniers barrages où les granulats étaient très réactifs, la présence de 50 à 60 litres d'air entraîné par m^3 de béton n'avait pas été suffisante pour contrecarrer les effets du gel expansif. Ces trois bétons étaient sévèrement endommagés.

10.7 L'effet bénéfique sur la résistance du béton aux cycles de gel et dégel

En Amérique du Nord, la durabilité d'un béton aux cycles de gel et dégel est évaluée selon l'essai très sévère ASTM C 666. Deux procédures sont proposées :
- la procédure A qui consiste à effectuer des cycles de gel et dégel dans l'eau (codifiée en France dans la norme NF P 18-424) ;
- la procédure B où le gel s'effectue dans l'air (codifiée en France dans la norme NF P 18-425).

En général, les essais de durabilité au gel-dégel se font selon la procédure A. La température au centre des échantillons de béton doit passer de $-15\ ^\circ$C à $+15\ ^\circ$C en 6 heures (de $-18 \pm 2\ ^\circ$C à $+9 \pm 3\ ^\circ$C en 4 à 6 heures en France). Au Canada comme en France, pour qu'un béton soit considéré comme résistant au gel-dégel, il doit pouvoir résister avec succès à 300 cycles de gel-dégel. Ainsi, après 2 semaines de mûrissement initial (4 semaines en France), il faut au moins 75 jours d'essais (pour un total de pas moins de 13 semaines) pour déterminer si ce béton est résistant au gel-dégel. Comme cet essai est très long, on a cherché à trouver une évaluation plus rapide de la durabilité au gel-dégel. En se basant sur ses travaux sur l'air entraîné, Powers trouva que l'espacement moyen entre les bulles d'air devait être inférieur ou égal à 200 µm si l'on voulait protéger le béton efficacement contre les effets des cycles de gel-dégel. Cet espacement moyen est appelé « le facteur d'espacement » ; il est mesuré selon la norme ASTM C 457-98, *Standard Test Method for Microscopical Determination of Parameters of the Air-Void System in Hardened Concrete.*

Selon la norme canadienne A 23.1, la limite maximale du facteur d'espacement est de 220 µm pour un béton ordinaire et de 250 µm pour un béton de faible rapport E/L. Cependant, la norme canadienne permet d'effectuer 300 cycles de gel-dégel pour prouver la durabilité du béton si le facteur d'espacement du béton dépasse ces deux limites. Dans le cas du pont de la Confédération où le gouvernement canadien désirait obtenir une durée de vie minimale de 100 ans, le béton de faible rapport E/L devait pouvoir soutenir 500 cycles de gel-dégel selon la procédure A. Devant l'impossibilité d'obtenir un facteur d'espacement de 250 µm, requis à cette époque pour tout béton, il fut nécessaire de développer un programme de recherche spécial sur la durabilité au gel-dégel de bétons ayant différents facteurs d'espacement. Après 500 cycles de gel-dégel selon la procédure A, l'étude démontra que, pour ces bétons particuliers, le facteur d'espacement critique était de 350 µm, une valeur bien supérieure aux 220 µm requis par la norme. On continua de soumettre les échantillons au gel-dégel au-delà des 500 cycles. Les différents bétons furent détruits dans l'ordre des facteurs d'espacement décroissants. Le dernier béton fut détruit après 1 956 cycles de gel-dégel ; il avait un facteur d'espacement de 180 µm. Évidemment, un béton de faible rapport E/L ayant un faible facteur d'espacement ne confère pas une protection éternelle contre l'action des cycles de gel-dégel, sa destruction est simplement retardée. Dans la nature, même les roches les plus dures finissent par être détruites par les cycles de gel-dégel. La norme canadienne spécifie aussi la valeur maximale du rapport E/L selon différentes classes d'exposition parce que, comme on l'oublie trop souvent, un faible facteur d'espacement est une condition nécessaire mais non suffisante pour rendre le béton résistant aux cycles de gel-dégel. Le rapport E/L affecte aussi grandement la durabilité aux cycles de gel-dégel (Pigeon et Pleau, 1995 ; Aïtcin *et al.*, 1998).

Les très exigeantes spécifications canadiennes influencent la manière dont les entraîneurs d'air sont utilisés au Canada. Étant donné la grande variété d'équipements de malaxage, les grandes variations dans l'aptitude des sables à piéger de l'air entraîné dans le mortier, l'influence du temps de malaxage, de la température, du mode de mise en place, etc., il faut dans chaque cas ajuster le dosage en agent entraîneur d'air de façon à obtenir une teneur en air entraîné de 5 à 6 % ayant un facteur d'espacement adéquat.

10.8 L'air entraîné et les ajouts cimentaires

Les effets de l'air entraîné sur les bétons fabriqués avec du ciment Portland pur sont bien documentés dans la littérature scientifique. La présence d'un ajout cimentaire dans un ciment composé peut, selon le cas, faciliter ou compliquer l'entraînement d'air pour obtenir le facteur d'espacement visé. Dans la littérature, on peut trouver des conseils de prudence quant à l'utilisation de certains types de cendres volantes (Jolicœur *et al.*, 2009). De façon générale, la difficulté d'entraîner (stabiliser) un réseau de bulles d'air dans le cas de certains ciments composés contenant des cendres volantes est attribuée à une forte proportion de carbone dans ces cendres, que celui-ci soit sous forme de suies ou de grosses particules de charbon non brûlées. Il semble que les agents entraîneur d'air sont absorbés préférentiellement par le carbone de telle sorte qu'ils ne sont plus disponibles pour stabiliser les bulles d'air générées durant le malaxage. Dans un tel cas, on est généralement conduit à doubler ou tripler le dosage de l'agent entraîneur d'air pour stabiliser le bon pourcentage d'air. Dans certains cas, même une très forte augmentation du dosage en entraîneur d'air est insuffisante pour entraîner la quantité d'air requise.

Un autre problème peut venir de la variabilité de la teneur en carbone des cendres volantes utilisées[1]. Dans certaines centrales thermiques, quand elles fonctionnent à capacité réduite, durant la nuit, la quantité de charbon non brûlé est plus élevée. Pour utiliser de telles cendres volantes, il est indispensable de les homogénéiser préalablement si le ciment composé doit servir dans un béton à air entraîné. Il est possible d'améliorer la qualité de telles cendres volantes en les faisant passer dans un cyclone qui élimine les plus grosses particules de charbon imbrûlé (Chapitre 5), mais ce processus ne résout pas le problème des suies.

Ceci est un domaine de recherche très intéressant d'un point de vue développement durable. Malheureusement, à l'heure actuelle, très peu de chercheurs sont actifs dans ce domaine qui requiert des connaissances solides en physico-chimie, chimie organique et science du béton.

---

1. Le même type de problème a été rencontré en France lors de l'utilisation de certains sables alluvionnaires lavés en circuit fermé : certains agents floculants utilisés pour faire floculer les argiles après lavage des sables dans ces installations en circuit fermé peuvent, s'ils sont mis en excès, se retrouver en amont dans le circuit de lavage. Non seulement ils favorisent alors la floculation des argiles sur les granulats, ce qui est contraire au but recherché, mais ils modifient aussi les interactions avec les adjuvants et préférentiellement les entraîneurs d'air. Ainsi, en fonction de la teneur résiduelle en produits floculants dans les sables, on peut observer de très fortes variations de teneur en air (de 2 à 8 %) alors que tout est égal par ailleurs.

CHAPITRE 11

Les réactions d'hydratation

11.1 Introduction

Il est impossible de spécifier ou d'utiliser adéquatement du béton si les bases de la réaction d'hydratation des liants ne sont pas bien comprises.

Comme l'a dit Jorge Schlaich (1987) :

"One cannot design with and work with a material which one does not understand thoroughly."

(« On ne peut pas concevoir une structure et travailler avec un matériau quand on ne le comprend pas parfaitement. »)

La soutenabilité doit commencer par l'éducation.

Peu de spécificateurs et de concepteurs ont eu la chance durant leurs études de suivre un cours de matériaux entièrement dédié au béton. Pour eux, la réaction d'hydratation est à la fois très simple et mystérieuse. On sait que la réaction d'hydratation est une réaction chimique entre l'eau et les minéraux anhydres présents dans le ciment Portland, réaction qui fait durcir le béton. La loi du rapport eau-ciment est bien connue mais son sens profond est généralement ignoré (Bentz et Aïtcin, 2008). On sait aussi que la réaction d'hydratation est accompagnée par une libération de chaleur, mais on ignore souvent que cette réaction est accompagnée d'une contraction volumétrique connue sous le nom de « contraction chimique » ou encore « contraction Le Chatelier ». On sait encore moins que le retrait endogène est une conséquence de cette contraction chimique.

Par conséquent, nous avons décidé de consacrer tout un chapitre aux conséquences de la réaction d'hydratation non seulement sur les propriétés du béton mais aussi sur la manière dont le béton doit être utilisé sur chantier pour construire des structures durables, soutenables et économiques. Nous ne décrirons aucune réaction chimique complexe, nous nous concentrerons plutôt sur la description et l'explication des conséquences physiques et thermodynamiques de la réaction d'hydratation. Cependant, avant de le faire, nous avons jugé très important de rappeler le travail expérimental de base effectué par Le Chatelier dès 1904, par Powers dans les années 1940 et 1950 et la représentation schématique très récente de la réaction d'hydratation proposée par Jensen et Hansen (2001).

11.2 Les résultats paradoxaux de l'expérience de Le Chatelier

Il y a plus de 100 ans, Henry Le Chatelier (1904) s'intéressa à l'hydratation du ciment Portland et rapporta les résultats de l'expérience simple décrite au paragraphe suivant. Il fut le premier chercheur à étudier scientifiquement ce phénomène particulier. Il fut un grand expérimentateur qui utilisa les quelques appareils disponibles à cette époque et qui sut se servir aussi de ses yeux et de sa logique cartésienne. Son expérience est présentée schématiquement sur la Figure 11.1.

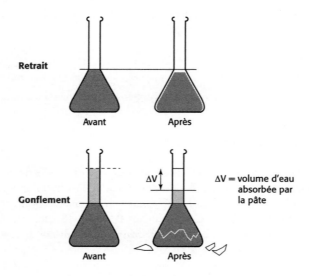

Figure 11.1 Expérience de Le Chatelier (Aïtcin, 2008).

Dans cette expérience, Le Chatelier remplit deux contenants de verre ayant un long col. Dans l'un d'eux, il ajouta de l'eau jusqu'au milieu du col, de telle sorte que l'hydratation se produisait sous l'eau. Dans l'autre l'hydratation se produisait dans l'air. En expérimentateur précautionneux, il plaça un bouchon de verre comportant un tout petit trou au sommet des deux contenants pour éviter toute évaporation qui aurait pu modifier les conditions de la réaction d'hydratation et des observations. Dans le flacon où la pâte de ciment était recouverte d'eau, il observa que le niveau de l'eau se mit à descendre assez rapidement durant les deux ou trois premiers jours, puis par la suite beaucoup plus lentement. Puisqu'il n'y avait aucune évaporation, la conclusion s'imposait : une certaine quantité d'eau était absorbée par la pâte de ciment qui s'hydratait. Dans le deuxième flacon, où l'hydratation se produisait dans l'air, il observa qu'au bout d'une semaine, ou plus, le volume de la pâte s'était contracté et que celle-ci n'occupait plus tout le volume du contenant de verre. Il nota aussi que cette réduction du volume apparent augmentait avec le temps. De façon opposée, il observa dans le cas d'hydratation sous l'eau (cas du premier flacon) qu'au bout d'un certain temps le contenant dans lequel la pâte de ciment s'était hydratée s'était brisé, évidence que, lorsqu'elle s'hydrate sous l'eau, une pâte de ciment gonfle. La conclusion de Le Chatelier fut que, lorsque l'on change les conditions de mûrissement, on obtient deux comportements totalement différents (Aïtcin, 1999) :

- quand une pâte de ciment est mûrie dans l'air, elle se contracte ;
- quand elle est mûrie dans l'eau, elle gonfle.

Le **gonflement du volume apparent** d'une pâte murie dans l'eau est accompagné par une absorption d'eau (baisse du niveau dans le col du flacon) due à une **contraction en volume absolu** qui accompagne l'hydratation. Le Chatelier expliqua ce comportement paradoxal apparent de la pâte de ciment par le rôle « physique » joué par l'eau concomitamment à son action chimique.

Quand la pâte de ciment s'hydrate, son volume absolu (le volume des solides) décroît parce que le volume des nouveaux hydrates formés est plus petit que la somme des volumes absolus des particules anhydres et de l'eau qui ont réagi. Cette contraction volumétrique est connue sous le nom de « contraction chimique » ou encore « contraction Le Chatelier ». Tant que la pâte de ciment se comporte comme un matériau déformable, cette contraction chimique est compensée par une contraction du volume de pâte. Quand la pâte de ciment est devenue rigide suite à la formation des premiers liens créés par les hydrates (au-delà de la fin de prise), la contraction chimique ne peut plus être compensée aussi facilement par une contraction de pâte et elle induit la formation de nouveaux espaces libres au sein de la pâte. Ceux-ci se créent sur le lieu de chaque réaction d'hydratation, au plus près de chaque grain de ciment, et constituent une nouvelle porosité très fine.

Quand la réaction d'hydratation se produit dans l'air, en l'absence d'une source d'eau extérieure, la porosité générée par la contraction chimique ne peut être remplie par un apport d'eau extérieure et des ménisques se développent dans la pâte de ciment. Ces ménisques entraînent des forces de tension qui sont à l'origine d'un retrait, il sera désigné « retrait endogène ».

Quand la même pâte de ciment s'hydrate sous l'eau, de l'eau extérieure est disponible pour remplir la porosité créée par la contraction chimique et aucun ménisque ne se forme. S'il n'y a pas de ménisques, il n'y a pas retrait. Au-delà de l'absence de retrait, reste encore à expliquer le gonflement.

Candidement, Le Chatelier a admis qu'il était incapable d'expliquer le gonflement de la pâte de ciment hydratée sous l'eau en conditions isothermes. Ce phénomène doit être relié à un phénomène autre que celui de la contraction chimique qui se produit chaque fois qu'un ciment réagit avec de l'eau. Une expérience faite à l'université de Sherbrooke a montré que cette expansion était liée à l'eau parce que, quand la source externe de liquide est une huile très fluide, le flacon ne se casse pas. Mladenka Saric, alors étudiante au doctorat à l'université de Sherbrooke, a reproduit l'expérience de Le Chatelier avec divers ciments Portland modernes et pour différents rapports E/C. Elle a aussi effectué une expérience dans laquelle les pâtes de ciment étaient mûries sous une huile hydraulique particulièrement pénétrante. Elle observa que les ciments modernes donnaient exactement les mêmes résultats que ceux rapportés par Le Chatelier avec les ciments disponibles il y a 100 ans (Figure 11.2 ; Bentz et Aïtcin, 2008).

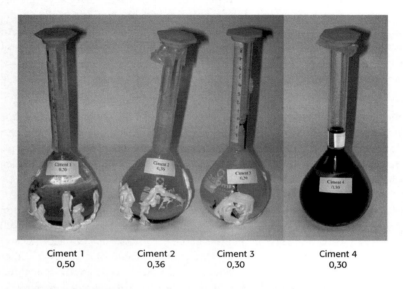

| Ciment 1 | Ciment 2 | Ciment 3 | Ciment 4 |
| 0,50 | 0,36 | 0,30 | 0,30 |

Figure 11.2 Reproduction de l'expérience de Le Chatelier avec des ciments modernes.

Jusqu'à tout récemment, il a été difficile d'expliquer le gonflement lors d'une hydratation ou un mûrissement sous l'eau. Ce phénomène intéresse peu de gens parce que ce gonflement est assez faible à **température ambiante** et surtout parce que, la plupart du temps, les bétons de chantier mûrissent dans l'air et non sous l'eau. Dans les quelques cas où les bétons s'hydrataient sous l'eau, personne ne s'est aperçu de ce gonflement caché et insignifiant. Cependant, dans une expérience plus récente (Duran *et al.*, 2008), il a été observé que quand un béton s'hydrate en présence d'une source d'eau **interne** (obtenue en substituant une partie du sable par un sable léger saturé) dans des conditions quasi adiabatiques, dans des coffrages isolés (et non plus à température ambiante), le gonflement initial pouvait être multiplié par 5 ou 6 si on le comparait au gonflement obtenu en condition quasi isotherme (Figure 11.3). En 2007, Vernet proposa une explication à ce phénomène de gonflement de 300 millionièmes observé en condition quasi adiabatique : ces conditions de mûrissement favorisent la croissance de cristaux ayant un développement très rapide, essentiellement la portlandite et l'ettringite qui se comportent alors comme des microvérins augmentant le volume apparent de la pâte.

Les enseignements technologiques de l'expérience de Le Chatelier sont particulièrement importants parce qu'ils montrent la manière dont le béton réagit selon ses conditions de mûrissement :

• dans l'air, il présente du retrait ;
• sous l'eau, à la température ambiante (condition isotherme), il gonfle légèrement ;
• sous l'eau, en condition adiabatique, il gonfle de façon significative.

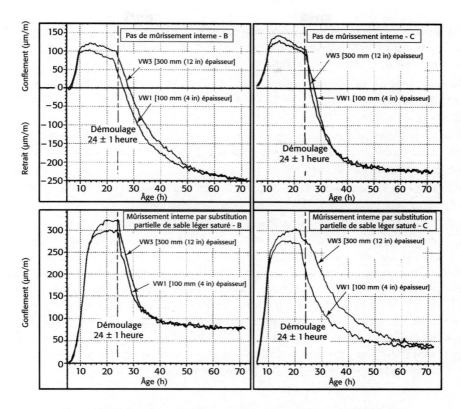

Figure 11.3 Hydratation avec mûrissement interne en conditions quasi-adiabatique.

Le Chatelier fut capable de mesurer la contraction volumétrique de 8 % du volume apparent initial de la pâte quand elle s'hydrate. En 1934, Lynam proposa l'expression « retrait endogène » pour caractériser la réduction du volume apparent de la pâte de ciment quand elle s'hydrate en condition isotherme, en absence de toute évaporation et de toute source d'eau externe. Six ans plus tard, H.E. Davis (1940) proposa la définition suivante du retrait endogène :

"Autogenous volume changes of concrete are defined as those which result from alteration in physical and chemical structure within the mass itself, due to causes other than: (1) movement of moisture to or from the surrounding atmosphere (2) rise or fall in temperature and (3) stresses caused by external load of restraint."

(« Les changements volumétriques endogènes du béton sont définis comme étant ceux qui résultent de l'évolution de la structure physique et chimique de la masse elle-même du béton due à des causes autres que : (1) des mouvements de l'eau avec l'atmosphère environnante, (2) des variations de température et (3) des contraintes causées par des efforts externes. »)

L'existence du retrait endogène n'a pas attiré beaucoup l'attention de la communauté scientifique parce que, pendant très longtemps, on a pu considérer que c'était un phénomène marginal ayant peu d'influence sur les propriétés du béton durci. Ceci s'explique facilement par le fait que, jusqu'à récemment, la plupart des bétons avaient un rapport E/L très élevé, généralement supérieur à 0,50. Dans de tels bétons, le retrait endogène était tout à fait négligeable par rapport au retrait de séchage. D'un point de vue de la durabilité, le véritable problème était alors leur retrait de séchage. H.E. Davis écrivait à ce sujet :

"Moreover, it would ordinarily be neither practical nor desirable to attempt to differentiate between the autogenous movements which are believed usually to be of relatively small magnitude and the different effects of drying and temperature change."

(« En outre, il serait généralement ni pratique ni désirable d'essayer de différencier les divers mouvements endogènes, qui sont en général de très faible amplitude, des différents effets du séchage et des variations de la température. »)

Cette dernière affirmation était valide tant que les rapports E/L des bétons étaient élevés. Elle ne l'est plus pour les bétons de rapports E/L beaucoup plus faibles.

Quand, au début des années 1990, des bétons ayant de faibles rapports E/L commencèrent à être utilisés dans de nombreuses applications, les chercheurs et les ingénieurs de chantier ont eu à faire face aux conséquences catastrophiques d'un retrait endogène non contrôlé sur des éléments structuraux non mûris à l'eau. Dans de tels bétons, le retrait endogène se développe très rapidement durant les premières heures suivant la mise en place du béton, à un moment où la pâte de ciment hydratée n'a pas beaucoup de résistance, et de larges fissures apparaissent rapidement à la surface du béton, portant atteinte à la durabilité de la structure en béton. Seules les colonnes de gratte-ciel échappaient à ce désagrément. Heureusement, on a développé depuis divers moyens pour contrecarrer le développement rapide du retrait endogène dans les bétons de faible rapport E/L comme on pourra le voir dans le Chapitre 12.

11.3 Powers et l'hydratation du ciment Portland

Il serait prétentieux d'essayer de résumer le travail de Powers (1947) sur l'hydratation en un seul paragraphe mais il faut bien admettre que lire Powers dans ses textes originaux n'est pas une tâche facile pour un ingénieur civil. Son texte est si dense qu'il est ardu de lire quelques pages d'un seul trait. Heureusement, certains auteurs ont résumé l'essentiel de ses travaux sur l'hydratation (Neville, 1995 ; Jensen et Hansen, 2001) si bien que nous pouvons emprunter de leur travail les points les plus importants pour un ingénieur civil.

Powers trouva que la quantité d'eau nécessaire pour former des hydrates (l'eau stœchiométrique) correspond à un rapport E/C de 0,22. Il démontra que, quand une pâte de ciment s'hydrate dans un système fermé, elle doit avoir un rapport E/C de 0,42 pour que l'hydratation soit complète. En effet, durant l'hydratation, une certaine quantité d'eau se lie physiquement très solidement aux hydrates nouvellement formés de telle sorte qu'elle n'est plus disponible pour former de nouveaux hydrates ; c'est pourquoi la proportion d'eau fixée à hydratation totale est plus grande que la proportion stœchiométrique et que le rapport eau-ciment passe de 0,22 à 0,42. Il appela cette eau liée physiquement, mais intimement, aux hydrates *« gel water »* et la pâte de ciment hydratée *« solid gel »*. Ces termes sont plutôt vagues et nous ne les traduirons pas. Il faut admettre que, 50 ans plus tard, notre connaissance de la micro et macrostructure des pâtes de ciment n'a pas beaucoup progressé. Il confirma aussi la valeur de la contraction chimique de Le Chatelier.

En 2001, Jensen et Hansen, en s'appuyant sur les travaux de Powers de 1947, proposèrent la schématisation qui suit de l'évolution de la microstructure d'une pâte pure de ciment au fur et à mesure de son hydratation.

Dès 1984, Granju, en s'appuyant sur les mêmes travaux de Powers, proposa une modélisation de l'acquisition et du développement de la résistance dans les pâtes pures de ciment en fonction de leur contenu initial en ciment et de leur degré d'hydratation. Il fit une description de la microstructure du matériau hydraté qui complète efficacement celle de Jensen et Hansen et aide à la compréhension de ce qui suit. Les résultats utiles à ce chapitre sont présentés en *Annexe*.

11.4 Représentation schématique de la réaction d'hydratation d'après Jensen et Hansen

En 2001, Jensen et Hansen proposèrent une représentation très simple de la réaction d'hydratation en se basant sur les résultats de Powers (Figure 11.4). Sur l'axe des x, ils ont reporté le degré d'hydratation de la pâte de ciment qui représente le rapport entre la masse des particules de ciment anhydres qui ont réagi à la masse initiale de ces particules anhydres. Au temps $t = 0$, le degré d'hydratation est égal à 0 ; quand toutes les particules de ciment ont réagi, le degré d'hydratation est égal à 1. Dans cette représentation schématique, on ne tient pas compte du temps nécessaire pour obtenir cette hydratation complète. Sur l'axe des y, Jensen et Hansen ont reporté les volumes relatifs occupés par les différents constituants de la pâte : les matériaux anhydres encore présents, les hydrates formés, l'eau encore présente, enfin le volume gazeux accompagnant une éventuelle désaturation des pores. Au temps $t = 0$, le point i divise le segment $(0 ; 0)$-$(0 ; 1)$ en deux parties correspondant au volume relatif occupé par les particules de ciment anhydres et le volume relatif occupé par l'eau. Dans cette représentation, la pâte de ciment ne comporte aucune bulle d'air piégée.

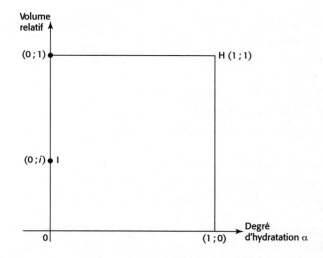

Figure 11.4 **Axes de la représentation schématique de Jensen et Hansen.**

11.4.1 Hydratation d'une pâte de rapport eau-ciment égal à 0,60 dans un système fermé

Examinons, par exemple, une pâte de ciment ayant un rapport eau-ciment de 0,60 qui s'hydrate dans un système fermé, c'est-à-dire en l'absence de tout séchage ou de tout apport d'eau extérieure (Figure 11.5). Selon Powers, l'eau réagit de deux façons différentes quand elle entre en contact avec les particules de ciment :

- une certaine quantité d'eau réagit chimiquement avec le ciment pour former des hydrates. Le rapport eau-ciment stœchiométrique associé est de 0,22 ;
- une quantité complémentaire d'eau est fixée physiquement sur ces hydrates sous forme de *« gel water »*. Le rapport eau-ciment nécessaire pour une hydratation totale compte tenu du *« gel water »* est de 0,42.

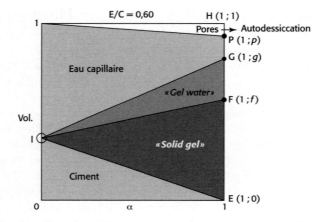

Figure 11.5 Hydratation d'une pâte de E/C = 0,60 dans un système fermé.

En utilisant la représentation de Jensen et Hansen, il est possible d'observer les phénomènes suivants au fur et à mesure que l'hydratation progresse :

- le volume des particules de ciment anhydre décroît depuis le point I $(0 ; i)$ jusqu'au point E $(1 ; 0)$;
- le volume du *« solid gel »* augmente depuis I $(0 ; i)$ à F $(1 ; f)$;
- le volume de *« gel water »* augmente de I $(0 ; i)$ à G $(1 ; g)$;
- quand toutes les particules de ciment se sont hydratées, il reste une certaine quantité d'eau capillaire ;
- un certain volume gazeux apparaît dans la porosité de ce système fermé ; à hydratation totale, il est égal à la longueur du segment compris entre P $(1 ; p)$ et H $(1 ; 1)$; il correspond à la contraction chimique de la pâte de ciment hydratée.

Il est bon de noter que, dans cette représentation schématique, l'unité de volume de la pâte de ciment ne change pas ; la contraction volumétrique qui se produit pendant que la pâte de ciment hydratée est encore molle n'est pas prise en compte, en fait elle est négligeable.

À la fin du processus d'hydratation, la pâte de ciment est composée de quatre parties:
- les hydrates;
- le «*gel water*»;
- une certaine quantité d'eau capillaire;
- enfin, une porosité remplie de vapeur d'eau (puisque nous sommes dans un système fermé).

Évidemment, plus le rapport eau-ciment est grand, plus grand est le volume d'eau utilisable, plus gros seront les capillaires et plus grande est la quantité d'eau qui restera sous forme d'eau capillaire dans le système final. En conséquence, pire sera le béton d'un point de vue durabilité parce que ce large réseau capillaire interconnecté offrira de larges voies de pénétration aux ions agressifs. Par ailleurs, ce large réseau capillaire interconnecté favorisera une évaporation rapide et augmentera le retrait de séchage.

11.4.2 Hydratation d'une pâte de ciment ayant un rapport eau-ciment de 0,42 dans un système fermé

Examinons maintenant ce qui se produit dans une pâte de ciment de E/C = 0,42 qui s'hydrate dans un système fermé. Selon Powers, à la fin du processus d'hydratation, toutes les particules de ciment sont entièrement hydratées et il n'existe plus d'eau capillaire dans la pâte de ciment durcie. Là encore, la contraction chimique a induit le développement d'un certain volume gazeux. La seule différence par rapport à la figure précédente est que, cette fois-ci, les points P et G sont confondus.

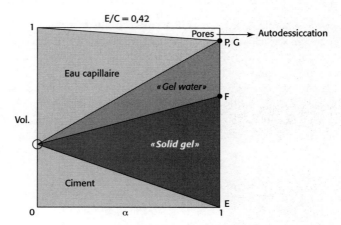

Figure 11.6 Hydratation d'une pâte de E/C = 0,42 dans un système fermé.

11.4.3 Hydratation d'une pâte de ciment ayant un rapport eau-ciment de 0,42 en présence d'une source d'eau extérieure

Que se passe-t-il lorsque, comme dans l'expérience de Le Chatelier, la pâte ci-dessus est hydratée en présence d'une source d'eau extérieure (Figure 11.7)? Le graphique est essentiellement le même que le précédent si ce n'est que, cette fois-ci, la porosité créée par la contraction chimique est remplie d'eau et non par de l'air ou de la vapeur d'eau. En utilisant les résultats de Powers, Jensen et Hansen ont montré que cette eau qui remplit la porosité créée par la contraction chimique pouvait être utilisée pour hydrater complètement une pâte de ciment ayant un rapport eau-ciment de 0,36.

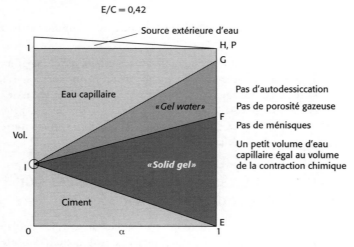

Figure 11.7 Hydratation d'une pâte de E/C = 0,42 avec une source extérieure d'eau.

11.4.4 Hydratation d'une pâte de ciment ayant un rapport eau-ciment de 0,36 en présence d'une source d'eau extérieure

Ne disposant pas de superplastifiant, Powers était incapable de faire une pâte de ciment ayant un rapport eau-ciment de 0,36 ayant la même fluidité qu'une pâte de ciment de 0,42. Dans la Figure 11.8, le point de départ I, sur l'axe des *y*, est un peu plus haut que dans la figure précédente parce qu'il y a plus de ciment et moins d'eau dans la pâte. À la fin du processus d'hydratation, la pâte de ciment hydratée n'est plus composée que de deux parties: le *«solid gel»* et le *«gel water»*; elle ne contient aucune eau capillaire ni aucune porosité. D'un point de vue théorique, c'est un solide **idéal** qui ne contient aucune porosité. Ce type de pâte de ciment est celui qui doit être utilisé pour construire des structures en béton durables et soutenables.

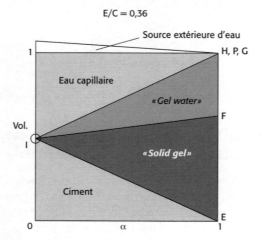

Figure 11.8 Hydratation d'une pâte de E/C = 0,36 avec une source extérieure d'eau.

11.4.5 Hydratation d'une pâte de ciment de rapport eau-ciment < 0,36 dans un système fermé

Que se produit-il quand la pâte de ciment a un rapport eau-ciment inférieur à 0,36 (E/C = 0,30 sur l'exemple de la Figure 11.9) ? C'est typiquement la pâte de bétons servant à construire des colonnes de résistance très élevée dans les gratte-ciel ou à construire des éléments pré ou post-contraints. Dans un tel cas, la réaction d'hydratation s'arrête quand toute l'eau disponible a réagi. À ce moment, seule une fraction du ciment a réagi (en fait, celle qui correspond à un rapport eau-ciment de 0,42). Un certain nombre de particules anhydres demeure dans la pâte de ciment durcie. La porosité gazeuse qui apparaît suite à la contraction chimique correspond à 8 % du volume d'eau et de ciment qui ont réagi.

Comme nous l'avons expliqué précédemment, en dépit du fait que seule une partie du ciment s'est hydratée, la résistance en compression du béton continue encore d'augmenter parce que la résistance en compression est déterminée non seulement par la quantité d'hydrates qui se forment mais aussi par la proximité des particules anhydres dans la pâte de ciment initiale (Bentz et Aïtcin, 2008).

En fait, on observe que même dans une pâte de ciment ayant un rapport eau-ciment de 0,30, les particules anhydres qui y restent peuvent extraire une certaine quantité d'eau du gel de telle façon que la quantité de ciment hydraté est légèrement supérieure. On pourra trouver ce calcul dans la publication de Jensen et Hansen, 2011.

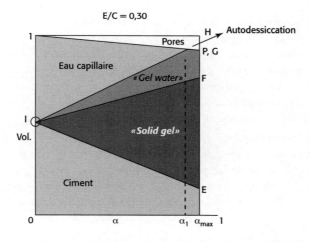

Figure 11.9 Hydratation d'une pâte de E/C = 0,30 dans un système fermé.

11.4.6 Conclusions

Théoriquement, dans un système fermé (sans évaporation ni source d'eau extérieure), l'hydratation complète du ciment est atteinte pour un rapport E/C ≥ 0,42.

Au-dessus d'un rapport eau-ciment de 0,42, une partie de l'eau introduite durant le malaxage n'est pas utilisée pour hydrater les particules de ciment et demeure sous forme d'eau capillaire dans la pâte de ciment durcie. Plus le rapport eau-ciment est élevé, plus il

reste d'eau capillaire et plus grand est le volume du réseau de capillaires. Ceci conduit à un béton de faible résistance et durabilité, soit le pire béton d'un point de vue de la soutenabilité. Un gaspillage considérable de ciment, de granulats et d'eau!

En dépit de la présence d'eau capillaire, une certaine porosité est remplie avec de la vapeur d'eau suite à la contraction chimique. Plus le rapport E/C est faible, moins la contraction chimique est élevée puisqu'il y a moins de ciment hydraté. Les ménisques à l'interface de la vapeur d'eau et de l'eau des capillaires créent des forces de tension responsables du retrait endogène. Plus le rapport E/C est élevé, plus le retrait endogène est faible puisque les ménisques sont formés dans de larges capillaires (Bentz et Stutzman, 2006).

Théoriquement, assurer une source d'eau extérieure à la pâte de ciment, par mûrissement interne ou externe, procure les avantages ci-après:
- les pores capillaires restent continuellement saturés. Il n'y a alors pas de ménisques et, du même coup, pas de retrait endogène;
- si de plus E/C = 0,36, à terme la pâte de ciment atteint cet état particulier où l'hydratation est développée complètement, la porosité est nulle et il ne subsiste plus d'eau capillaire. Cette pâte est alors devenue un solide compact qui ne contient que du « *solid gel* » et du « *gel water* ».

Le béton fabriqué sur ces bases est le meilleur dans notre quête à rendre le béton durable et soutenable, si E/C = 0,36 il atteint même l'idéal.

Le mûrissement interne est de très loin supérieur au mûrissement externe pour atteindre un tel béton idéal parce que la source d'eau interne (mais externe à la pâte de ciment) est bien dispersée dans la masse du béton. On a en effet observé que, dans les bétons de faible E/L, le mûrissement externe ne permet à l'eau de pénétrer que dans les premiers centimètres en dessous de la surface. Il reste cependant très utile car il renforce la microstructure de la pâte de ciment à la surface des éléments structuraux et, de ce fait, participe très efficacement à la protection des aciers d'armature contre la corrosion.

Toujours avec un mûrissement de qualité, en dessous de la valeur critique de E/C = 0,36 qui assure une hydratation complète de la pâte de ciment hydratée, la résistance en compression du béton continue d'augmenter en dépit du fait que c'est toujours la même proportion du ciment qui s'hydrate (celle qui correspond à E/C = 0,36). Cette augmentation de la résistance en compression est due à la plus grande proximité des particules de ciment dans la pâte de ciment initial.

Plus les particules de ciment sont initialement rapprochées, plus les gains de résistance en compression sont rapides et plus la résistance ultime est élevée. Par contre, en l'absence d'un mûrissement de qualité, plus le retrait endogène est rapide et intense. L'absence de mûrissement diminue donc dangereusement la durabilité et la soutenabilité des structures en béton construites avec des bétons de faible rapport eau-ciment.

D'un point de vue pratique, il faut retenir ce qui suit:
- le béton le plus durable, soutenable et économique est un béton ayant un rapport eau-ciment de 0,36 dans lequel on a incorporé une forme de mûrissement interne (sable léger saturé, par exemple);

- si on se limite à un mûrissement externe (aspersion d'eau), le même béton de rapport eau-ciment de 0,36 développe une peau dense et durable qui augmente la durabilité de la surface du béton et protège les aciers d'armature de la corrosion. Cependant, dans la masse des éléments en béton, le mûrissement externe a peu d'effet;
- plus le rapport eau-ciment est faible, moins le mûrissement externe pénètre dans la masse du béton et plus grands sont les risques de fissuration rapide avec pour résultat la construction d'une structure peu durable et soutenable.

C'est essentiellement dans les colonnes supportant de grandes charges de service que les bétons ayant un rapport eau-ciment inférieur à 0,36 devraient être employés. Ces bétons ne se fissurent pas sauf peut-être quand ils sont décoffrés alors que le béton est très chaud en raison de la chaleur d'hydratation. Un mûrissement externe remplira avec de nouveaux hydrates ces microfissures résultant du choc thermique. Dans ce cas, comme l'eau est extérieure au système, le volume de ces nouveaux hydrates formés est plus grand que le volume des particules de ciment anhydres de telle sorte que les nouveaux hydrates formés peuvent remplir rapidement les microfissures. Dans les bétons de très faible rapport eau-ciment, une certaine quantité de ciment ne s'hydratera jamais: en général, c'est la partie interne de grosses particules de ciment. Celle-ci agit comme un filler (coûteux) mais, dans l'état actuel des connaissances, il est impossible d'éliminer ce gaspillage de matériel. Ces portions de particules de ciment non hydratées agissent comme des inclusions très résistantes et rigides dans la pâte de ciment hydratée et en augmentent la résistance en compression et le module d'élasticité. Nous recommanderons toujours l'emploi d'un béton ayant un rapport eau-ciment de 0,36 avec mûrissement interne sauf pour les colonnes où on peut utiliser un rapport eau-ciment plus faible pour augmenter à la fois la résistance en compression et le module élastique.

11.5 Composition du «*solid gel*»

11.5.1 Produits d'hydratation

À l'aide d'un microscope électronique à balayage, on peut voir que le «*solid gel*» est essentiellement composé de:
- silicates de calcium hydraté qui peuvent avoir deux types de morphologie selon la valeur du rapport eau-ciment;
- de cristaux hexagonaux de portlandite ($Ca(OH)_2$ noté CH avec les conventions de la chimie des ciments);
- enfin, de cristaux de sulfoaluminate en forme d'aiguilles (ettringite) ou en forme de paillettes (monosulfoaluminate).

Pour un ingénieur civil, la réaction d'hydratation peut s'écrire:

$$\text{Ciment + Eau} \longrightarrow \begin{cases} \text{Silicates de calcium hydratés} \\ \text{Portlandite} \\ \text{Sulfoaluminates de calcium hydratés} \end{cases}$$

D'un point de vue un peu plus chimique, on constate que les deux silicates de calcium anhydres rencontrés dans le ciment Portland, le silicate tricalcique (C_3S) et le silicate dicalcique (C_2S) s'hydratent sous la forme de silicate de calcium hydraté (C-S-H) (Figure 11.10) et de portlandite (CH) (Figure 11.1). Le silicate de calcium hydraté formé lors de la réaction d'hydratation du C_3S et du C_2S n'a pas une composition chimique fixe; son rapport Ca/Si varie entre 1 et 1,7 si bien que, dans la pratique, on l'écrit sous la forme C-S-H.

Figure 11.10 Silicate de calcium hydraté (hydrates extérieurs).

Figure 11.11 Cristaux hexagonaux de portlandite.

L'aluminate de calcium présent dans le ciment Portland (C_3A) réagit avec le sulfate de calcium ajouté pour contrôler la prise en formant au tout début un minéral sous forme d'aiguilles appelé ettringite (Figure 11.12). Quand tout le sulfate de calcium a réagi, l'ettringite est décomposée partiellement par le C_3A pour former un composé moins riche en sulfate appelé le monosulfoaluminate qui cristallise sous la forme de paillettes (Figure 11.13). L'aluminoferrite tétracalcique (C_4AF) qui accompagne habituellement l'aluminate de calcium (C_3A) forme des composés morphologiquement semblables à ceux décrits ci-dessus pour le C_3A.

Figure 11.12 Cristaux aciculaires d'ettringite.

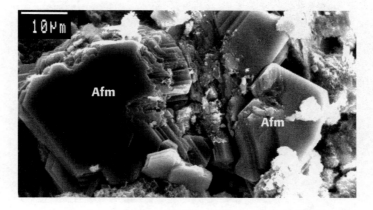

Figure 11.13 Cristaux de monosulfoaluminate. (Photo de I. Kelsey-Lévesque)

Dans les Figures 11.14 et 11.15, on peut voir l'aspect général de deux pâtes de ciment ayant, l'une, un rapport eau-ciment élevé, et l'autre faible. Les véritables réactions chimiques qui se produisent dans la pâte de ciment ont été décrites dans le détail par Bensted (2001) et Gartner *et al.* (2002). Les connaissances les plus avancées sur la composition et la morphologie du C-S-H ont été publiées par Nonat (2005).

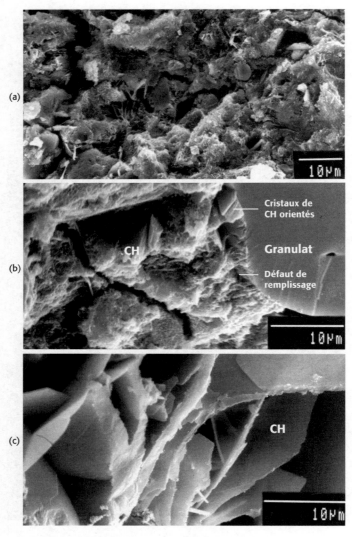

Figure 11.14 Microstructure d'un béton de fort rapport E/C :
(a) forte porosité et matrice hétérogène ;
(b) cristaux de portlandite (CH) orientés ;
(c) cristaux de Portlandite (CH).
(Courtoisie de A. Tagnit-Hamou)

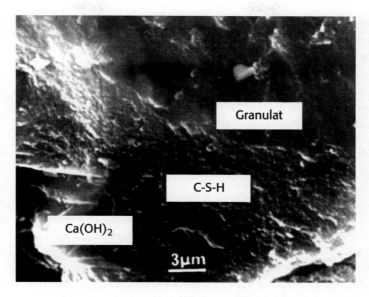

Figure 11.15 Microstructure d'un béton de faible rapport E/C.

11.5.2 Pourquoi est-il nécessaire d'ajouter du sulfate de calcium quand on produit du ciment Portland?

Du sulfate de calcium est ajouté en petite quantité lors du broyage final du clinker, en général à hauteur de 5 % de la masse de ce dernier (Bensted, 2005), pour contrôler l'hydratation du C_3A.

En l'absence de sulfate de calcium, le C_3A réagit fortement et rapidement avec l'eau pour former des hydrates alumineux (hydrogrenats) qui raidissent très rapidement la pâte de ciment. C'est le phénomène de la «prise éclair» qui rend pratiquement impossible d'utiliser du ciment Portland comme on le fait actuellement. Quand le C_3A s'hydrate en présence du sulfate de calcium, il se transforme en un minéral sulfoalumineux appelé «ettringite» qui recouvre la surface de C_3A d'une couche semi-imperméable prévenant pendant quelque temps la formation d'hydrates alumineux. C'est la période dormante et c'est de cette façon que le sulfate de calcium contrôle la prise du ciment Portland.

Pendant de très nombreuses années, l'ajout de sulfate de calcium se faisait sous forme de gypse ($CaSO_4$, $2 H_2O$), c'est pourquoi les chimistes dans les cimenteries ont pris l'habitude d'utiliser le mot «gypse» comme synonyme de sulfate de calcium en dépit du fait que, d'un point de vue minéralogique, leur gypse est maintenant un cocktail de diverses formes minéralogiques du sulfate de calcium : gypse, hémihydrate ($CaSO_4$, $1/2 H_2O$), anhydrite ($CaSO_4$) et des formes synthétiques de sulfate de calcium ($CaSO_4$). Les chimistes se servent de ce cocktail pour ajuster la vitesse de solubilité de leur «gypse» à la réactivité du C_3A présent dans le ciment Portland.

La réactivité du C_3A dépend de :
- la vitesse de solubilité du C_3A qui dépend à son tour de sa forme morphologique (cubique ou orthorhombique ou un mélange des deux) ;
- la quantité de C_3A ;
- la finesse du ciment qui détermine le nombre de sites actifs de C_3A présents à la surface des particules de ciment ;
- enfin, de la quantité de sulfates alcalins.

Par exemple, l'hémihydrate est plus rapidement soluble que le gypse et un sulfate de calcium synthétique est plus rapidement soluble que de l'anhydrite naturelle, la forme la moins rapidement soluble du sulfate de calcium.

Habituellement, les chimistes des cimenteries utilisent, en raison de son coût moins élevé, un gypse impur qui peut contenir un peu d'anhydrite naturelle et un peu de carbonate de calcium – dans une carrière de gypse, la partie la plus pure (la moins contaminée) est vendue à l'industrie du gypse ; en effet, le processus de fabrication des plaques de gypse est très pointu (non robuste), si bien qu'il est essentiel de ne travailler qu'avec un gypse pur.

Dans un effort pour réduire leurs coûts de production, certaines cimenteries « aident » aussi diverses industries générant des déchets de gypse à les éliminer (moules de l'industrie céramique, rejets des usines de gypse, sulfate de calcium provenant d'unités de désulfuration, etc.). L'un des auteurs connaît au moins une cimenterie très avancée dans ce type de recyclage qui reçoit des déchets de gypse de quinze sources différentes. Pour approvisionner le broyeur avec un sulfate de calcium constant, elle doit avoir un hall d'homogénéisation pour ces quinze sources de gypse.

On peut rencontrer deux types de problèmes quand la teneur en gypse est trop faible ou que sa solubilité n'est pas adéquate pour le clinker de ciment utilisé :
- quand il n'y a pas ou pas assez de sulfate de calcium dans le ciment Portland ou quand il n'est pas assez rapidement soluble, on risque une « prise éclair ». Si cela se produit, il faut réagir très promptement en ajoutant autant d'eau que possible dans le malaxeur et en le vidant dès que possible, sinon il faudra le vider à la main. Ce type d'accident est plutôt rare de nos jours mais il se produit tout de même de temps en temps ;
- un autre problème de prise survient quand le ciment Portland contient trop d'hémihydrate après son broyage. La quantité de gypse ajouté pouvait être adéquate mais, durant le broyage final, trop de gypse a été déshydraté en hémihydrate suite à une trop forte élévation de température dans le broyeur à boulets. Ceci peut survenir lorsqu'on fabrique des ciments très fins qui nécessitent un long temps de broyage. Avec de tels ciments, la réhydratation de l'hémihydrate dans le malaxeur sous la forme de cristaux de gypse réduit la maniabilité du béton jusqu'à provoquer son raidissement ; c'est la « fausse prise ». Dans ce cas, il suffit de prolonger le malaxage pour que le béton récupère partiellement sa maniabilité au fur et à mesure qu'une partie du gypse précipité commencera à se dissoudre.

La prise éclair et la fausse prise ont toutes les deux le même effet sur la rhéologie du béton : un raidissement rapide. Dans le cas d'une fausse prise, si l'on continue de malaxer le béton, ce raidissement disparaît. Au contraire, dans le cas d'une prise éclair, il s'accélère. Comme il est impossible de savoir lequel des deux phénomènes survient, il est toujours prudent d'ajouter autant d'eau que possible dans le malaxeur et de le vider le plus vite possible. Ensuite, on pourra effectuer une gâchée de mortier dans un petit malaxeur pour déterminer en face duquel de ces deux phénomènes on se trouve. Dans le cas d'une fausse prise, il suffira d'allonger le temps de malaxage. Dans le cas d'une prise éclair, il y a deux solutions :

- arrêter la production de béton, demander au producteur de ciment de vider le silo et de le remplir à nouveau avec un nouveau ciment ;
- ajouter 3 à 5 % de gypse ou encore mieux d'hémihydrate dans le malaxeur pour fournir le sulfate de calcium manquant responsable du problème.

Les fausse-prises sont de plus en plus rares car les cimenteries emploient maintenant des cyclones très efficaces pour séparer les particules fines produites durant le broyage, si bien que le temps pendant lequel les particules fines restent dans le broyeur est beaucoup plus court qu'autrefois. Certains chimistes parlent alors de «broyage à froid».

11.5.3 Pourquoi y a-t-il des alcalis dans le ciment Portland?

Il est bien connu que certains granulats peuvent réagir avec des alcalis (Na^+, K^+) présents dans le ciment pour produire des composés gonflants pouvant détruire plus ou moins rapidement des structures en béton. Ce gonflement du béton dépend de :

- la réactivité du granulat avec les alcalis du ciment ;
- la quantité d'alcalis solubles présents dans le ciment ;
- enfin, de la présence d'eau.

Les auteurs sont parmi les rares spécialistes du béton convaincus que les dangers des réactions alcalis-granulats sont surestimés dans l'esprit de nombreux ingénieurs ; probablement en raison d'un grand nombre d'articles et de nombreuses conférences portant sur ce problème. Selon l'expérience personnelle de Pierre-Claude Aïtcin, moins de 1 % des mauvais bétons examinés durant sa carrière avait été détérioré par une réaction alcalis-granulats. Même dans le cas des dix barrages d'Hydro Québec présentés au Chapitre 8, la faible réaction entre les alcalis et le granulat observée dans le cas de sept barrages était due à une extinction roulante du quartz (faible réactivité) qui, en fait, avait été bénéfique pour le béton en renforçant la zone de transition autour des particules de quartz. La résistance en compression et le module élastique du béton de ces barrages mesurés sur carottes étaient beaucoup plus élevés que ceux spécifiés initialement. La perméabilité de ces bétons était particulièrement faible. Dans le cas des trois autres barrages, la réaction alcalis-granulats s'est effectivement avérée catastrophique, non seulement d'un point de vue structural mais encore d'un point de vue économique. Dans le cas d'un de ces barrages, le blocage de deux turbines sur vingt-quatre dû au gonflement du béton a entraîné, pour la compagnie Hydro Québec, une perte de plus de 100 000 $ par jour en l'an 2000.

Les argiles et les schistes utilisés généralement comme matériaux pour faire du clinker contiennent moins de 1 % d'alcalis. Durant le processus de fabrication du ciment, ces alcalis sont volatilisés et ils se re-précipitent sur le clinker de ciment Portland sous forme de divers sulfates alcalins où ils sont piégés dans le C_3A. Le C_3A pur cristallise sous forme cubique mais, dès qu'il piège plus de 3,7 % de Na_2O, il cristallise sous la forme orthorhombique qui est moins réactive. Habituellement, le C_3A trouvé dans le clinker de ciment Portland est un mélange des formes cubique et orthorhombique. Plus la teneur en alcalis du ciment est faible, plus la quantité de C_3A cristallisé sous forme cubique est élevée. *A contrario*, la quantité de C_3A orthorhombique augmente avec le contenu en alcalis.

Un ciment est dit à faible teneur en alcalis si sa teneur en Na_2O équivalent est inférieure à 0,60, avec :

Na_2O équiv. $= (Na_2O) + 0,658 (K_2O)$

où (Na_2O) et (K_2O) sont les pourcentages en Na_2O et K_2O du ciment.

Certaines cimenteries utilisent des matières premières ayant une faible teneur en alcalis. Elles peuvent produire sans difficulté un clinker ayant un Na_2O équiv. inférieur à 0,30 % et même quelques fois inférieur à 0,20 %. Malgré les arguments développés par certains départements de marketing, de tels ciments à faible teneur en alcalis ne sont pas meilleurs que ceux de leurs compétiteurs tant et aussi longtemps que ceux-ci ont une teneur en Na_2O équiv. inférieure à 0,60.

Un des grands désavantages des ciments à faible teneur en alcalis est qu'ils contiennent insuffisamment d'alcalis rapidement solubles pour un bon contrôle de l'hydratation du C_3A (essentiellement cubique, la forme la plus réactive), particulièrement lors de l'usage de superplastifiants à base de polysulfonates et de polyacrylates. D'un point de vue rhéologique, dans la plupart des cas, un « bon » ciment Portland est un ciment qui a un Na_2O équiv. compris entre 0,60 et 0,80. Les auteurs tiennent à signaler que, face à un granulat potentiellement réactif, maintenant qu'il est facile de trouver sur le marché des ciments composés contenant des cendres volantes ou des laitiers, il est tout aussi sûr d'utiliser un tel ciment plutôt qu'un ciment à faible teneur en alcalis.

11.6 Chaleur d'hydratation

Le Chatelier et Powers ont conduit leurs expériences en laboratoire sur des petits échantillons de pâte de ciment dans des conditions quasi isothermes. Dans les éléments de béton de grande dimension, la température du béton commence par augmenter de façon notable avant refroidissement et retour à la température ambiante. La température du béton augmente parce que les réactions d'hydratation des quatre phases minérales du ciment Portland sont toutes exothermiques. La phase qui libère le plus de chaleur par unité de volume est le C_3A suivi du C_3S et du C_2S et finalement du C_4AF. Comme la teneur en C_3A du ciment Portland n'est que de l'ordre de 8 % environ, c'est pratiquement la teneur en C_3S (entre 50 et 60 %) qui génère le plus de chaleur dans un béton. Quand on veut fabriquer un clinker de ciment Portland à faible chaleur d'hydratation, il est important de former le moins possible de C_3S et de C_3A et le plus possible de C_2S et de C_4AF. De plus, étant donné que la vitesse d'hydratation dépend de la finesse du ciment, les ciments fins développant à court terme une plus grande quantité de chaleur que les ciments plus grossiers, un ciment à faible chaleur d'hydratation doit avoir une faible surface spécifique.

Quand on considère l'augmentation de température du béton placé dans les coffrages, il faut d'abord détruire un mythe solidement ancré dans l'industrie du béton, à savoir : la température maximale atteinte par le béton serait d'abord liée à la teneur en ciment du béton. Même si ceci a été vrai pendant très longtemps, quand les rapports eau-ciment utilisés étaient très élevés (au-dessus de 0,50), cela n'est plus vrai pour les bétons qui ont des rapports eau-ciment inférieurs à 0,40. En effet, si la quantité de chaleur dégagée dépend directement de la quantité de ciment qui s'est hydraté, l'élévation de température qui s'en suit dépend en plus de la vitesse de dégagement de cette chaleur. Dans les bétons de faible rapport eau-ciment, la réaction d'hydratation ralentit très vite parce que : (1) l'eau devient de moins en moins accessible pour hydrater les particules de ciment ; (2) le processus d'hydratation passe d'un mode de dissolution/précipitation (produit extérieur) à un mode diffusion (produit intérieur) qui se développe beaucoup plus lentement. Aussi, la température maximale observée au centre d'un élément structural de grande dimension construit avec un béton à haute performance n'est pas beaucoup plus élevée que celle du même élément structural construit avec un béton ordinaire. Dans un projet conduit en 1991 par l'université McGill de Montréal et l'université de Sherbrooke (Cook *et al.*, 1992), il fut démontré que la température maximale atteinte au centre de trois grosses colonnes ($1 \times 1 \times 2$ mètres) était pratiquement la même quand on utilisait des bétons de 35, 90 et 120 MPa ayant des rapports eau-ciment de 0,45, 0,31 et 0,25 avec des contenus en ciment de 353, 470 et 540 kg/m^3 (Aïtcin, 1998). Dans le Chapitre 3, nous avons expliqué que la différence de résistance de ces trois bétons était étroitement reliée à la distance entre les particules de ciment dans la pâte de ciment fraîche. Plus les particules de ciment étaient proches les unes des autres, plus forts étaient les liens créés par l'hydratation des particules de ciment.

Les ingénieurs en structure se méfient de cette augmentation de la température du béton lorsqu'elle devient importante parce qu'alors elle peut créer des gradients thermiques nuisibles à l'intérieur de la masse des éléments structuraux, non seulement quand la température augmente mais aussi et surtout durant le refroidissement qui suivra. Ces gradients dépendent de la taille et de la forme des éléments structuraux. De façon pratique, la température maximale atteinte dans le béton est fonction d'un équilibre entre, d'une part, la quantité de chaleur libérée et la vitesse à laquelle elle a été libérée durant l'hydratation du ciment et, d'autre part, les pertes de chaleur à travers les coffrages. Durant le refroidissement, si la contraction du béton est gênée, cela induit des contraintes internes qui peuvent provoquer sa fissuration. Le risque est d'autant plus grand que le gradient de température est plus élevé. Il y a fissuration lorsque, à un instant et en un point, la contrainte de traction développée par la contraction gênée dépasse la résistance en traction atteinte par le béton à cet instant et en ce point. C'est pour cela que, lorsqu'ils conçoivent des éléments structuraux massifs, les concepteurs qui veulent éviter ce type de fissuration thermique doivent spécifier un ciment à faible chaleur d'hydratation ou un ciment composé contenant une grande quantité de cendres volantes ou de laitier. Pour avoir une diminution significative de la température maximale du béton, le taux de substitution du ciment Portland doit être généralement de l'ordre de 50 % ou plus.

Des coffrages isolés peuvent être utilisés pour limiter le développement de gradients thermiques en limitant les pertes de chaleur à travers les coffrages. La température maximale atteinte au cœur des pièces massives en sera légèrement supérieure mais pas beaucoup car le béton frais n'est pas un bon conducteur de chaleur. Étant donné que les coffrages isolés limitent le développement de gradients thermiques au sein du béton durant son hydratation, celui-ci s'hydrate uniformément dans tout son volume. C'est évidemment préférable à un chauffage externe du béton pour accélérer son hydratation.

Dans les constructions utilisant des coffrages glissants, l'utilisation de coffrages isolés thermiquement est particulièrement avantageuse. En effet, il est alors essentiel que le béton durcisse partout à la même vitesse, de sorte que, lorsqu'on soulève les coffrages, le béton ait partout la même consistance et la même résistance (Lachemi et Elimov, 2007). Étant donné qu'une opération de coffrage coulissant se développe sur 360°, il peut arriver que les côtés exposés à l'ombre et au soleil se trouvent à des températures très différentes. Alors, si le coffrage coulissant n'est pas isolé, le béton ne durcit pas partout à la même vitesse.

En plus d'assurer une élévation endogène de la température du béton, l'utilisation de coffrages isolés assure une uniformité de la température dans toute la masse de la pièce concernée avec pour conséquences bénéfiques :
• une accélération thermique uniforme de l'hydratation ;
• l'absence de gradient thermique délétère.

Ce n'est que lorsqu'on retire les coffrages que la surface de l'élément en béton est soumise à un choc thermique et est susceptible de se microfissurer. Un mûrissement extérieur à l'eau (pas trop froide) peut sceller ces microfissures (Chapitre 13).

Avec l'utilisation croissante de ciments composés, il est particulièrement avantageux d'utiliser des coffrages isolés pour conserver la chaleur d'hydratation à l'intérieur de l'élément en béton. L'augmentation de température qui s'en suit accélère la réaction d'hydratation et augmente la vitesse d'acquisition de la résistance, compensant la lenteur intrinsèque des ciments composés.

Enfin, l'utilisation de coffrages isolants, en assurant un mûrissement dans des conditions quasi adiabatiques, fait que le béton ne présente pas de retrait mais au contraire gonfle : la contraction chimique de la pâte de ciment est compensée par ce gonflement.

ANNEXE

Modélisation de l'acquisition et du développement de la résistance dans les pâtes pures de ciment

D'après les travaux de Granju (1984, 1989)

11.A.1 Apports de Powers (1947, 1958, 1961, 1962, 1964)

Seuls sont rapportés ici les apports qui complètent la description faite par Jensen et Hansen.

- Au-delà du premier ou deuxième jour, les produits formés par l'hydratation (voir § 11.5.1) sont constitués à plus de 90 % de C-S-H et englobent quelques gros cristaux, notamment de portlandite comme ceux de la figure 11.11. Powers a traité l'ensemble de ces produits comme un tout qu'il a appelée « gel de C-S-H » et qui, dans la suite, sera désigné en raccourci par « gel ». La figure 11.15 montre une image représentative de ce gel et la figure 11.10 montre la forme peu compacte, aciculaire, sous laquelle il se présente en bordure des espaces capillaires.

- Ce « gel » constitue un volume résistant microporeux environ 2,2 fois plus grand que le volume anhydre consommé pour sa formation. En d'autres termes, sa formation se traduit par un foisonnement $\approx 2,2$.

  Sa porosité est ≈ 28 % avec des pores de diamètre équivalent compris entre environ 20 Å et environ 100 Å (soit de 0,02 à 0,1 µm).

  C'est ce foisonnement qui assure le durcissement et la résistance en comblant, progressivement, tout ou partie des espaces libres.

  Tant que l'espace disponible le permet, ce gel croît de façon concentrique à partir des grains de ciment initiaux.

- Du fait du foisonnement, seule la moitié du gel produit se rigidifie sur place, l'autre moitié doit migrer, sous forme dissoute, vers l'extérieur où elle précipitera dès que possible.

  C'est la microporosité du gel, dont on voit ici la nécessité absolue, qui permet cette migration vers l'extérieur à travers le gel déjà formé (sur place ou non). Cette même porosité est également indispensable pour permettre à l'eau extérieure de cheminer vers les reliquats anhydres et assurer la continuation de l'hydratation.

- L'hydratation s'arrête :
    - soit lorsque tout l'anhydre a été consommé ;
    - soit lorsque le foisonnement du gel a comblé tout l'espace disponible, ne laissant plus de place où déposer de nouveaux hydrates ; il y correspond la frontière signalée par Jensen et Hansen à E/C = 0,36.

- Les *« solid gel »* et *« gel water »* référencés par Jensen et Hansen sont respectivement le volume absolu (hors porosité) du gel et l'eau contenue dans sa microporosité. Mais, comme déjà vu, le gel doit être considéré comme un tout et seul compte le volume *« solid gel »* + *« gel water »* = volume de gel.

Une pâte est constituée comme suit :
- – un volume résistant = volume de (gel + reliquats anhydres) ;
- – le reste du volume est de la porosité, plus précisément la porosité capillaire (pores de plus de 100 Å de diamètre équivalent, les plus larges pouvant atteindre 100 µm, soit 10 000 Å). L'eau y circule librement ou au moins facilement.

11.A.2 Résultats complémentaires obtenus par Granju

Ils sont strictement limités au cas de pâtes de ciment Portland pur préparées sans aucun adjuvant et continuellement mûries sous l'eau.

Composition de Bogue du ciment utilisé : 54 % de C_3S, 20 % de C_2S, 10 % de C_3A, 7 % de C_4AF, 0,8 % de sulfates de potassium et de sodium.

11.A.2.1 Résultats précisant les propositions de Powers et résultats complémentaires

Avec le ciment utilisé, il a été obtenu ce qui suit.

- Foisonnement du gel = K_g = 2,15.

- Auquel correspond : arrêt de l'hydratation par manque d'espace dès que E/C < 0,367.

- Toutes les pâtes de E/C ≤ 0,367 atteignent, au bout d'un temps suffisant, le remplissage complet. Alors leur porosité capillaire est nulle ($n = 0$) et elles plafonnent toutes à la même résistance en compression $f_{c\,max} \approx 120$ MPa qui est le maximum atteignable par de telles pâtes.

- Résistance en compression du gel ≈ celle des reliquats anhydres.

  Par contre, module de déformation du gel < celui des reliquats anhydres.

Évolution de la résistance en compression avec E/C et le degré d'hydratation.

- Le paramètre essentiel est le taux de remplissage de l'espace par le volume résistant (reliquats anhydres + gel formé). Ce taux de remplissage est égal à $1 - n$ où n est la porosité capillaire.

- La résistance en compression augmente exponentiellement avec le taux de remplissage, lequel augmente linéairement avec le degré d'hydratation.

11.A.2.2 Microstructure d'une pâte de ciment et son évolution avec l'avancement de l'hydratation

Elle est schématisée sur les croquis de la Figure 11.A.1.

Les croquis **a** et **b** montrent la croissance autant que possible concentrique du gel à partir des grains anhydres initiaux.

Les résultats de l'étude ont conduit à une conclusion importante : le gel peu dense et aciculaire (figure 11.10) est limité à une fine couche en bordure des espaces capillaires. Tout le reste du volume de gel est du gel uniformément dense.

Le croquis **c** présente la situation initiale : il n'y a que du ciment et de l'eau. Les grains sont d'autant plus rapprochés que E/C est plus petit.

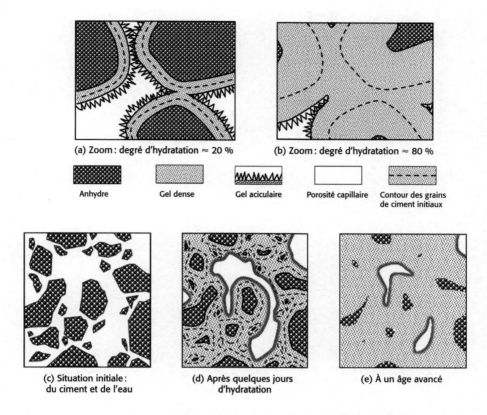

(a) Zoom : degré d'hydratation ≈ 20 % (b) Zoom : degré d'hydratation ≈ 80 %

Anhydre   Gel dense   Gel aciculaire   Porosité capillaire   Contour des grains de ciment initiaux

(c) Situation initiale : du ciment et de l'eau

(d) Après quelques jours d'hydratation

(e) À un âge avancé

Figure 11.A.1 Microstructure d'une pâte de ciment et son évolution avec l'avancement de l'hydratation.

Le croquis **d** présente la situation à quelques jours d'hydratation. Tous les grains initiaux (ou plus exactement ce qu'ils sont devenus) sont reliés entre eux par des ponts de gel, mais il subsiste une porosité capillaire conséquente.

Le croquis **e** présente la situation à un âge avancé. Le remplissage par le gel est très avancé. Le volume de reliquats anhydres plus important que le volume capillaire résiduel indique que l'hydratation s'arrêtera par manque de place. Donc l'exemple des croquis **c** à **e** est celui d'une pâte de E/C < 0,367.

CHAPITRE 12

Retrait

12.1 Introduction

Ce chapitre aurait dû plutôt s'intituler «variations dimensionnelles du béton» car, selon les conditions de mûrissement, le béton peut présenter du retrait ou un gonflement. Dans la pratique, le retrait est plus fréquent qu'un gonflement.

Dans la plupart des livres, le terme «fluage» est associé au retrait. Le fluage est une contraction volumique découlant du maintien d'une charge, alors que le retrait est la contraction volumique spontanée d'un échantillon de béton sans charge appliquée. Délibérément, nous ne traiterons pas du fluage dans ce chapitre malgré sa grande importance dans les applications pratiques en précontrainte ou postcontrainte. En voici les raisons:

- ce livre est essentiellement un livre sur les matériaux et non sur les structures;
- le phénomène physico-chimique qui explique le fluage est encore le sujet d'un grand débat parmi les scientifiques. Notons cependant que des essais de nano-dureté (Acker *et al.*, 2004) ont montré clairement que le mouvement de l'eau dans les C-S-H interagit avec le fluage;
- les formules servant à prévoir le fluage dans les éléments structuraux sont essentiellement empiriques et leur valeur prédictive est dans certains cas de l'ordre de plus ou moins 10 %, 20 % ou 30 %;
- le fluage est un champ de recherche dans lequel plus d'efforts devraient être investis.

Le retrait est définitivement le talon d'Achille du béton parce que, si l'on n'arrive pas à le contrôler, il peut entraîner une fissuration sévère facilitant la pénétration des ions agressifs et rendre ainsi les aciers d'armature beaucoup plus vulnérables à la rouille. Lorsque les armatures rouillent en profondeur, elles provoquent un éclatement du béton, ce qui a pour conséquence d'exposer une nouvelle surface à la corrosion. La durabilité des structures en béton peut être sévèrement diminuée et leur cycle de vie raccourci drastiquement dans le cas de retrait entraînant une fissuration sévère. Ce vieillissement prématuré de la structure diminue sa soutenabilité parce qu'il est alors nécessaire de la démolir, de mettre en décharge les vieux matériaux et de consommer de nouveaux matériaux pour la reconstruire. Il est donc très important d'apprendre à contrôler la fissuration due au retrait. Pour ce faire, il faut comprendre l'origine ou plutôt les origines des diverses formes de retrait que présente un béton. Une fois que l'on connaît et comprend bien l'origine du retrait, on peut développer des stratégies techniques pour contrôler ses effets.

Pour la grande majorité des ingénieurs civils, le béton ne présente que du retrait. Ceci est vrai la plupart du temps quand le béton est mûri à l'air. Mais quand il est mûri sous l'eau, il gonfle (Aïtcin, 1999a). Ce phénomène fut observé il y a plus de 100 ans par Le Chatelier (Aïtcin, 1998). À cette époque, il fut incapable d'expliquer ce gonflement et il faut bien admettre que, 100 ans plus tard, nous n'avons toujours pas trouvé d'explication simple et claire.

12.2 Les différents types de retrait

Pour la plupart des ingénieurs, le terme « retrait » correspond à la contraction soit du béton frais, soit du béton durci suite à la perte d'eau (Aïtcin *et al.*, 1997). Quand cette perte d'eau se produit dans du béton frais, le retrait engendré est le *retrait plastique*. Quand il se produit dans du béton durci, on l'appelle *retrait de séchage*. Dans les deux cas, de l'eau est perdue, soit par évaporation vers l'atmosphère, soit par succion par un béton sec sous-jacent ou un sol sec ou des coffrages secs. Ces deux types de retrait et les formations qui en résultent sont bien connus et bien documentés dans la littérature. Elles ont la même origine physique : quand le système de pores capillaires du béton perd de l'eau, par évaporation ou autre, on y voit apparaître des ménisques qui génèrent des contraintes de tension qui à leur tour contractent la pâte de ciment fraîche ou durcie. La surface du béton frais ou durci peut se fissurer plus ou moins sévèrement selon, d'une part la sévérité et la rapidité de la perte d'eau, d'autre part la distribution des diamètres des capillaires et leur degré de connectivité. Toute gêne à la contraction du béton localise et concentre la fissuration.

Le troisième type de retrait qui a reçu beaucoup d'attention et qui est familier à tous les ingénieurs civils est le *retrait thermique*. Nous avons vu que les réactions d'hydratation des divers composés du ciment sont toutes exothermiques si bien que la température du béton commence par augmenter avant de diminuer. Il se produit alors une contraction appelée le « retrait thermique ». D'un point de vue théorique, il vaudrait mieux parler de contraction thermique pour désigner ce type de changement dimensionnel mais par souci d'uniformité l'expression « retrait thermique » est la plus couramment utilisée. Les deux derniers types de retrait, le *retrait endogène* et le *retrait de carbonatation*, ne sont pas aussi bien connus des ingénieurs civils. Le retrait endogène n'a pas reçu toute l'attention nécessaire jusqu'à récemment et est même considéré par les ingénieurs civils comme un nouveau type de retrait qui ne se développe que dans les bétons de faible rapport E/C. Le retrait de carbonatation qui, d'un point de vue pratique, est négligeable par rapport au retrait de séchage et au retrait endogène ne sera pas traité dans ce chapitre.

Tel que déjà mentionné, en 1934, Lynam nota l'existence d'un retrait endogène étudié par Davis (1930) à une époque où il était impossible de fabriquer des bétons ayant un faible rapport E/C. Le retrait endogène est une conséquence physique de l'hydratation du ciment, **de telle façon que tous les bétons quel que soit leur rapport E/C sont le siège d'un retrait endogène.** Jusqu'à tout récemment, il était possible de l'ignorer parce que, dans les bétons de rapport E/C élevé utilisés pour construire des structures en béton, il était négligeable par rapport au retrait de séchage. Ces bétons avaient habituellement un rapport E/C supérieur à 0,50. Ils avaient une grande porosité capillaire composée de gros pores dans lesquels des gros ménisques se développaient lors de l'autodessiccation du béton. De gros ménisques signifient de faibles contraintes de tension et de faibles contraintes de tension signifient une faible contraction.

De nos jours, le retrait endogène ne peut plus être négligé parce que de plus en plus de bétons sont maintenant fabriqués avec des rapports E/C ou E/L inférieurs à 0,40. Dans ces conditions, son amplitude peut être supérieure à celle du retrait de séchage et, surtout, il se développe dès que l'hydratation du ciment commence, à un moment où la résistance en traction de la pâte est très faible. Dans les bétons ayant un rapport E/C ou E/L inférieur à 0,35, le manque de contrôle du développement du retrait endogène peut entraîner une fissuration rapide et sévère de la structure en béton. Heureusement, il existe à l'heure actuelle diverses solutions techniques pour contrer ce phénomène.

12.3 Retrait plastique

L'eau s'évapore de la surface de tout béton frais qui est exposé à une température plus élevée ou à du vent, avec pour résultat une fissuration plus ou moins sévère de sa surface. Pour éviter le développement du retrait plastique, il faut éliminer ou minimiser cette évaporation. Les livres et les codes de construction énumèrent et décrivent les diverses stratégies applicables aux **bétons ordinaires**, telles que l'installation de paravents ou de pare-soleil temporaires. Malheureusement, ces solutions ne sont pas très souvent mises en pratique sur le terrain.

12.3.1 Pourquoi le retrait plastique devient-il maintenant plus critique?

Des bétons ayant un rapport E/L élevé (plus grand que 0,50) contiennent beaucoup d'eau, si bien qu'après leur vibration ils ont tendance à ressuer. Leur surface se recouvre alors d'une pellicule d'eau, d'autant plus épaisse que le rapport E/L est plus élevé, qui assure une réserve d'eau maintenant le réseau capillaire saturé et empêchant la formation de ménisques dans la pâte. Habituellement, quand les conditions d'évaporation ne sont pas trop sévères, elle subsiste suffisamment pour prévenir la fissuration causée par le retrait plastique.

À l'opposé, les bétons de faible rapport E/L (inférieur à 0,40) contiennent proportionnellement beaucoup moins d'eau, ressuent très peu ou pas du tout, et présentent un grand risque de fissuration par retrait plastique. Cette situation est amplifiée quand le béton contient un matériau très fin tel que de la fumée de silice. Lorsque E/L < 0,35, il n'y a plus du tout d'eau ressuée, c'est la situation la plus sévère.

12.3.2 Comment éviter la fissuration causée par le retrait plastique?

On peut le faire de plusieurs façons. La plus simple consiste à mûrir adéquatement le béton en utilisant des vaporisateurs, des retardateurs d'évaporation ou des membranes de mûrissement. Ces méthodes seront décrites en détail dans le Chapitre 13. On peut utiliser deux autres techniques que nous allons mentionner brièvement.

12.3.2.1 Les adjuvants réducteurs de retrait

Les adjuvants réducteurs de retrait diminuent la tension de surface et l'angle de contact de la solution interstitielle présente dans le béton frais avec pour conséquence de réduire les contraintes de tension développées dans les ménisques. Ils réduisent ainsi tous les types de retrait. À l'heure actuelle, comme nous le verrons plus tard, ils sont plutôt employés avec l'objectif de diminuer le retrait endogène.

12.3.2.2 Les fibres synthétiques

L'addition de fibres synthétiques réduit la fissuration de retrait plastique parce qu'elle augmente quelque peu la résistance en tension du béton au jeune âge. De façon pratique, les fibres répartissent la fissuration en de nombreuses fissures plus fines et moins dommageables pour la durabilité du béton que les grosses fissures qui s'y seraient formées.

12.3.2.3 Recours à un agent expansif

Ajouter dans le malaxeur une petite quantité de matériaux qui provoquera une expansion ajustée pour compenser la réduction de volume causée par le retrait endogène (Nagataki et Goni, 1998; Maltese *et al.*, 2005; Collepardi *et al.*, 2005).

12.4 Le retrait endogène et le mûrissement

Comme nous l'avons déjà dit, toute pâte de ciment, quel que soit son rapport E/C, développe un retrait endogène. C'est une conséquence inévitable de la contraction Le Chatelier quand l'hydratation se produit en l'absence d'une source externe d'eau (Aïtcin, 1999b). Dans les bétons de faible rapport E/L, le retrait endogène peut avoir une grande amplitude, il est d'autant plus sévère que le rapport E/L est faible. Il commence avec le début de l'hydratation, donc très tôt, à un moment où le béton n'a pratiquement pas encore de résistance en traction et peut être à l'origine de larges fissures qui traversent tout le volume du béton. C'est donc un problème qui doit être traité de façon appropriée afin d'éviter que ces bétons très imperméables ne le soient qu'entre les fissures (Bentz et Peltz, 2008).

Beaucoup des premières structures construites avec des bétons de faible rapport E/L se sont fissurées dès deux à trois jours après leur mise en place avec pour conséquence de coûteuses réparations. Maintenant que nous connaissons le phénomène à l'origine du retrait endogène, plusieurs stratégies peuvent être mises en œuvre pour le contrecarrer et éviter ce type de déboire.

12.4.1 L'origine du retrait endogène

Nous avons vu au paragraphe précédent que le retrait endogène a pour origine la contraction Le Chatelier. Celle-ci soustrait aux pores capillaires une part de l'eau qu'ils contiennent.

En l'absence d'une source d'eau extérieure, elle provoque la désaturation des pores capillaires. Ce phénomène est communément désigné «autodessiccation». Il s'en suit l'apparition de ménisques qui, par les tensions qu'ils génèrent, induisent le retrait endogène.

En présence d'une source d'eau extérieure, il n'y a plus d'autodessiccation, plus de ménisques et plus de retrait endogène. **La source d'eau doit être extérieure à la pâte de ciment mais elle peut être externe au béton (mûrissement habituel à l'eau) ou interne au béton (mûrissement interne).**

Les schémas des figures 11.5 à 11.9 du chapitre précédent illustrent la contraction Le Chatelier, l'autodessiccation ou l'apport d'eau depuis une source extérieure.

Note : **Il faut bien comprendre que cette explication de l'origine et du mécanisme du retrait endogène est une simplification considérable d'un phénomène beaucoup plus complexe qui se développe à l'échelle nanométrique dans la pâte de ciment en voie d'hydratation.** Ceux qui voudraient approfondir leurs connaissances sur ce sujet pourront consulter :

Tazawa, 2000 ; Barcelo *et al.*, 2001 ; Lura *et al.*, 2002 ; Mihashi et De B. Leite, 2004 ; et Olivier et Vichot, 2008.

12.4.2 Le mûrissement externe

Jusqu'à tout récemment, on se contentait d'un mûrissement externe pour améliorer essentiellement les conditions d'hydratation initiales en évitant un dessèchement trop rapide de la pâte de ciment. On supposait qu'à la fin de la période de mûrissement le béton aurait atteint une résistance en traction suffisante pour résister sans fissuration au retrait de séchage. Ceci convenait avec les bétons de fort E/L. Ils présentent une forte porosité capillaire et des pores de gros diamètre par lesquels l'eau de mûrissement externe pénètre profondément dans la masse du béton. Le mûrissement terminé, c'est l'eau contenue dans les plus gros pores qui s'évapore en premier, créant de gros ménisques qui génèrent de faibles contraintes de traction développant à leur tour un faible retrait. La quantité significative d'eau capillaire contenue dans ces pores de gros diamètre nécessite, pour s'évaporer, un temps qui permet à la pâte d'atteindre une résistance suffisante pour résister au retrait de séchage qui ne manquera pas d'arriver. Les mêmes gros pores largement interconnectés auront alors l'inconvénient de faciliter l'évaporation de l'eau des pores plus fins et de favoriser un retrait de séchage important.

Dans le cas des bétons de faible rapport E/L, il n'y a pas ou pratiquement pas de gros pores. Les ménisques sont petits et développent dès le plus jeune âge de fortes tensions internes. De plus, l'eau externe apportée par l'opération de mûrissement pénètre difficilement au cœur du béton. L'expérience démontre qu'elle ne pénètre que sur les 50 premiers millimètres du béton. Son apport, limité mais essentiel, est une amélioration de la « peau » du béton.

Le mûrissement externe diminue surtout le retrait endogène au niveau de la peau du béton. Ceci diminue ou même élimine le risque de fissuration superficielle de telle sorte que la couche de béton qui couvre les aciers d'armature est très bien protégée (Morin *et al.*, 2002).

Pour diminuer le retrait endogène qui se produit plus profondément dans le béton, il faut avoir recours à un mûrissement interne.

12.4.3 Le mûrissement interne

Le mûrissement interne implique l'introduction durant le malaxage d'une certaine quantité d'eau « cachée » dispersée dans toute la masse du béton. Par la suite, cette eau cachée dispersée près de chaque site d'hydratation doit pouvoir être pompée par la pâte de ciment qui s'hydrate pour, d'une part remplir la porosité créée par l'autodessiccation, d'autre part continuer à hydrater les particules de ciment (Bentz *et al.*, 2006). Il est à noter que cette eau cachée ne doit pas s'additionner à l'eau de malaxage et aux adjuvants pour obtenir l'affaissement et la maniabilité voulus.

Le mûrissement interne peut se réaliser de trois façons différentes :
- par le remplacement partiel ou total des gros granulats par de gros granulats légers saturés (Klieger, 1957 ; Weber et Reinhardt, 1997) ;
- par un remplacement partiel du granulat fin par un sable léger saturé (Bentz *et al.*, 2006 ; Villarreal et Crocker, 2007 ; Duran-Herrera *et al.*, 2007-2008) ;
- enfin, par l'introduction de polymères superabsorbants (PSA) durant le malaxage (Jensen et Hansen, 2001, 2002 ; Lura *et al.*, 2002 ; Kovler et Jensen, 2005 ; Mechtcherine *et al.*, 2008). Dans ce cas, il faut augmenter le volume d'eau de malaxage d'une quantité égale au volume d'eau qui sera absorbée par le polymère superabsorbant durant le malaxage.

Il est bon de faire remarquer que si cette eau est intérieure au béton, elle est extérieure à la pâte de ciment initiale.

Le mûrissement interne est la solution idéale pour les bétons à faible rapport E/L dans lesquels l'eau chemine difficilement sur de longues distances.

Par ailleurs, quel que soit le rapport E/L, il est particulièrement intéressant lors de l'utilisation de ciments composés. L'action pouzzolanique de ces ajouts n'intervient que tardivement, à un moment où l'eau nécessaire risque de ne plus être disponible, car elle a été consommée ou s'est évaporée. Le mûrissement interne fournit une source d'eau dispersée au cœur du béton, calibrée pour ne pas avoir été totalement consommée par l'hydratation et non affectée par l'évaporation superficielle.

L'organisation pratique du mûrissement interne est décrite en détail dans le Chapitre 13.

12.5 Le retrait thermique

Il est bien connu que la réaction d'hydratation génère de la chaleur. Cette quantité de chaleur dépend de la composition phasique, de la finesse, de la quantité de ciment réagissant avec l'eau et de la température initiale du béton (noter qu'en plus la réaction d'hydratation est autoaccélérée par l'élévation de température provoquée par ce dégagement de chaleur). Dans le même temps, une partie de cette chaleur est perdue à travers les coffrages et à la surface supérieure et inférieure du béton. Cette perte dépend de la différence entre la température ambiante et la température du béton qui s'hydrate, de la nature de la surface et de celle des coffrages. Toutes choses étant égales par ailleurs, les pertes de chaleur sont toujours plus élevées à travers des coffrages métalliques qu'à travers des coffrages en bois ou en contre-plaqué. La température du béton à chaque instant et en chaque point de son volume résulte de l'équilibre entre apport et pertes de chaleur. Elle commence à augmenter, puis se met à décroître jusqu'à revenir à la température ambiante, ceci avec les conséquences technologiques suivantes :

- une perte rapide de l'homogénéité initiale du béton car, du fait de l'équilibre thermique évoqué ci-dessus, très vite la température devient différente en chaque point du volume de béton ;
- près de la surface des coffrages et de la surface supérieure, cette perte d'homogénéité est fortement accentuée. On parle alors de *gradient de température* ou *gradient thermique*, néfaste, entre le cœur et la surface du volume de béton.

L'hydratation étant accélérée par la température, le béton durcit plus vite dans les zones plus chaudes et à l'hétérogénéité de température se superpose une hétérogénéité des propriétés mécaniques : résistance et module élastique.

La seule façon de diminuer et même quelquefois supprimer ces gradients thermiques durant le durcissement est d'utiliser des coffrages isolants. Par contre, lorsqu'on les enlève, on crée un choc thermique superficiel provoquant d'autres gradients thermiques durant le refroidissement. Mais, à ce moment, le béton a déjà effectué une grande part de son durcissement, ce qui lui permet habituellement de résister aux contraintes induites.

12.6 Comment limiter les risques de fissuration dus aux gradients thermiques ?

Pour limiter autant que possible les gradients thermiques lorsqu'on coule de larges éléments structuraux, il est important d'abaisser le plus possible la température maximale atteinte par le béton au cours de son durcissement. Habituellement, on procède somme suit :

- on diminue la température du béton frais ;
- on se sert d'un ciment ayant une faible chaleur d'hydratation ;
- on utilise un ciment composé contenant préférablement 50 % ou plus d'ajouts cimentaires ou seulement de fillers (Malhotra et Mehta, 2008).

Actuellement, il existe divers modèles mathématiques permettant d'évaluer les risques de fissuration dus à l'existence de grands gradients thermiques dans les éléments structuraux massifs en béton. L'évaluation appropriée de l'expansion thermique du béton en voie de durcissement constitue le point faible de ces méthodes. En effet, le coefficient de dilatation thermique du béton varie durant son durcissement depuis une valeur proche de celle de l'eau tout juste après le début du malaxage jusqu'à celle du béton durci. Il est cependant facile, tel que montré par Kada *et al.* (2002), de mesurer correctement le coefficient de dilatation du béton durcissant avec une précision acceptable juste après la prise.

12.7 Les granulats et le retrait

L'augmentation de la teneur en granulats du béton constitue une manière simple et efficace de diminuer les variations dimensionnelles (retrait et fluage) de tous les éléments en béton. Pickett (cité par Ponce et Torrenti, 2008) a estimé que, quand une pâte est mélangée avec un granulat représentant 50 % de son volume, le retrait est divisé par un facteur de 3, Neville (1995) estime qu'un volume de granulats de 30 % réduit de moitié le retrait du mélange.

Il faut mettre l'accent sur le fait que, quelle que soit la teneur en granulats, le retrait de la *pâte de ciment* reste le même, c'est le retrait du *béton* qui est réduit. Si le retrait du béton est diminué par la présence des granulats, c'est que la pâte de ciment elle-même a développé un réseau étendu mais uniformément distribué de microfissures. D'un point de vue durabilité et soutenabilité, un tel réseau de très fines fissures bien distribuées est de loin préférable à quelques grosses fissures au travers desquelles des agents agressifs pourraient aisément pénétrer dans le béton et attaquer les aciers d'armature.

Le contenu en gros granulats demeure un facteur clé du contrôle du retrait du béton. L'optimisation de la teneur en gros granulats résulte d'un compromis entre les caractéristiques rhéologiques du béton frais et les caractéristiques de retrait et de fluage du béton durci.

12.8 Conclusion

Les deux types de retrait les plus importants pour les bétons de faible rapport E/L sont le retrait plastique et le retrait endogène. Ils se développent très rapidement durant les 24 premières heures avec le risque de développement d'une fissuration initiale délétère, ceci d'autant plus que le rapport E/L est plus faible.

Pour s'en prémunir, le béton doit être mûri adéquatement avec de l'eau comme explicité dans le chapitre qui suit.

CHAPITRE 13

Le mûrissement

13.1 Introduction

Bien que tout le monde soit d'avis que le béton doit être mûri adéquatement et que tous les codes de construction le rappellent, il est pitoyable de voir comment le béton est encore mal mûri sur les chantiers. Ceci est en partie dû à ce que, jusqu'à récemment, les gens de l'industrie ne réalisaient pas comment un piètre mûrissement peut diminuer drastiquement la durabilité et la soutenabilité du béton. Les effets d'un mauvais mûrissement ne sont observés que sur un long terme quand tous ceux qui étaient impliqués dans le processus initial de construction ne sont plus actifs dans le domaine. Dès 1930, Gonnerman écrivait :

"Studies of numerous investigations have conclusively demonstrated that adequate curing on concrete is essential in order to develop to a high degree the desirable properties of concrete... Curing becomes of particular importance where water tightness and durability under severe conditions of exposure are desired."

(« Les études de nombreuses recherches ont démontré de façon certaine qu'un mûrissement adéquat du béton est essentiel pour développer au maximum les propriétés désirées du béton... Le mûrissement devient particulièrement important quand l'étanchéité et la durabilité face à des conditions d'exposition sévères sont désirées. »)

Depuis ce temps-là, combien de spécialistes en béton, incluant nous-mêmes, ont prêché dans le désert au sujet du mûrissement du béton. Mais, maintenant que la soutenabilité est devenue une préoccupation globale et force l'industrie du béton à avoir une nouvelle vision sur le béton, il est temps de saisir cette occasion pour reprendre le flambeau. Pour développer de bonnes pratiques de mûrissement sur chantier, il faut prendre en compte que, de plus en plus, on utilisera des ciments composés pour améliorer la soutenabilité. Étant donné que les ciments composés contiennent diverses proportions d'ajouts cimentaires qui réagissent plus lentement que le ciment Portland, comme évoqué notamment au chapitre précédent, le mûrissement devient plus essentiel que jamais. Quand un béton fabriqué avec un ciment composé n'est pas mûri adéquatement, les ajouts cimentaires substitués au ciment Portland risquent de ne plus agir que comme fillers. C'est du gaspillage et les caractéristiques finales escomptées pour le béton ne sont pas atteintes, ce qui peut mettre en danger la durabilité et la soutenabilité visées pour la structure en béton. Nous avons toujours été en faveur d'une utilisation plus grande des ajouts cimentaires dans l'industrie du béton *pour autant que les bétons sont mûris adéquatement.* Si la perception de l'industrie du béton sur l'importance du mûrissement ne change pas rapidement, l'utilisation d'ajouts cimentaires devra être découragée parce qu'elle conduirait à un désastre en terme de durabilité et de soutenabilité. Le développement de bonnes pratiques de mûrissement est aussi important à la soutenabilité que la substitution d'une partie de ciment Portland par des ajouts cimentaires. Heureusement, on commence à percevoir certains signes encourageants de changements dans l'industrie.

Les architectes et les concepteurs prescrivent de plus en plus l'utilisation de bétons de faible rapport E/L pour leurs propriétés et leurs caractéristiques exceptionnelles, à condition d'être mûris adéquatement. Dans le cas contraire, les effets sont immédiatement visibles sur le chantier, sous les yeux des principaux acteurs.

Il est maintenant plus que jamais important de bien mûrir le béton :
- à défaut d'un mûrissement de qualité, les bétons de faible rapport E/L risquent de manquer d'eau pour l'hydratation maximum du ciment Portland et des ajouts cimentaires qu'ils contiennent ;
- un mûrissement à l'eau permet de limiter le retrait endogène dans les bétons de faible rapport E/L et les risques de fissuration à jeune âge qui en sont la conséquence ;
- de plus en plus de bétons sont faits avec des ciments composés dont la réactivité à long terme est essentielle. Un mûrissement adéquat doit préserver cette réactivité tardive.

Il y a plusieurs façons de mûrir le béton et c'est la responsabilité de l'ingénieur de recommander la technique la plus appropriée en tenant compte des caractéristiques du béton, de la température ambiante et des conditions de chantier. Dans les paragraphes suivants, nous allons passer en revue les avantages et les limitations des diverses façons de mûrir le béton, avec l'espoir de faciliter la prise de décision quant au choix de la méthode de mûrissement afin que la méthode la plus appropriée soit employée dans chaque cas particulier.

13.2 Le mûrissement du béton en fonction de son rapport eau-ciment

Pour choisir la meilleure procédure de mûrissement d'un béton, il faut commencer par tenir compte de son rapport E/C.

13.2.1 Les bétons ayant un rapport E/C supérieur à 0,42

Dans le Chapitre 11, nous avons vu que, d'un point de vue théorique, un rapport E/C égal à 0,42 était très important. En l'absence d'évaporation, les bétons ayant un rapport supérieur à 0,42 contiennent assez d'eau pour hydrater complètement toutes les particules de ciment (si l'hydratation totale est possible). Pour bénéficier de toutes les propriétés liantes du ciment

Portland, il faut donc, par de de bonnes conditions de mûrissement, empêcher que l'eau ne s'évapore. Une solution est la mise en place d'une membrane imperméable sur la surface du béton qui empêche l'évaporation, tout au moins tant que cette membrane n'est pas détériorée.

Il est important de rappeler que, dans les bétons de rapport E/C > 0,42, même à hydratation totale, il subsiste toujours une porosité capillaire. Cette porosité est le chemin préférentiel :
• de l'évaporation, génératrice de retrait de séchage et potentiellement de fissuration ;
• de tous les agents agressifs pour le béton ou les aciers d'armature ; ils pénètrent, soit entraînés par l'eau à l'occasion de cycles d'humidification-séchage, soit par diffusion (sous forme d'ions) sans mouvement d'eau dans le réseau capillaire saturé ou par pénétration gazeuse pour le CO_2.

Les risques qui en découlent sont d'autant plus importants que le rapport E/C est plus grand.

Donc l'emploi d'un béton ayant un rapport E/C supérieur à 0,42 est synonyme d'une augmentation de sa vulnérabilité *même quand ce béton est mûri adéquatement*.

Quand le rapport E/C est supérieur à 0,42, seuls les bétons mûris sous l'eau peuvent être considérés comme vraiment durables tant et aussi longtemps que l'eau environnante n'est pas agressive, par exemple si elle n'est pas chargée en chlorures ou en sulfates.

Les eaux pures aussi sont agressives. Elles lessivent la portlandite issue de l'hydratation et le béton devient progressivement poreux, c'est la lixiviation. Cette attaque commence par la peau du béton qui devient plus poreuse et perméable. À terme, la perte de masse peut atteindre 20 à 30 % de la masse du béton. Cela se rencontre notamment sur les barrages et ouvrages hydrauliques de montagne et du grand Nord canadien.

13.2.2 Les bétons ayant un rapport E/C compris entre 0,36 et 0,42

Jensen et Hansen (2001) ont démontré que, si une source d'eau extérieure est effectivement accessible en tout point du volume de béton, les pores capillaires restent saturés et l'hydratation peut être poussée un peu plus loin.

Lorsque E/C = 0,36, la pâte de ciment est susceptible, à terme, d'atteindre l'hydratation totale (100 %). Elle se présente alors sous la forme d'un **solide à la porosité capillaire nulle**. C'est l'idéal pour un béton durable : le potentiel chimique du ciment est utilisé à 100 % et la porosité capillaire nulle limite drastiquement la pénétration des ions agressifs. Seules les fissures d'origine mécanique peuvent permettre la pénétration d'ions agressifs. Pour mûrir convenablement ces bétons ayant un rapport E/C compris entre 0,36 et 0,42, un mûrissement interne (qui sera décrit en détail dans ce chapitre) s'impose.

13.2.3 Les bétons ayant un rapport E/C inférieur à 0,36

Les résultats de Powers rapportés dans le Chapitre 11 ont aussi démontré que, lorsque E/C < 0,36, il est impossible d'hydrater le ciment à 100 %.

En présence d'une source extérieure d'eau, l'état final de tels bétons est comparable à celui décrit ci-dessus pour E/C = 0,36. La seule différence est la subsistance de quelques reliquats anhydres qui n'affectent ni la résistance ni la porosité, mais confèrent un module élastique un peu plus élevé. En l'absence de source d'eau extérieure jusqu'à la fin du processus d'hydratation, dans la porosité très fine de la pâte, se développent des espaces remplis d'air et de vapeur d'eau suite à la contraction chimique. Comme déjà mentionné, c'est l'apparition de ménisques dans cette très fine porosité qui provoque le retrait endogène du béton et le risque de fissuration.

Les bétons ayant un rapport E/C inférieur à 0,36 doivent être mûris à l'eau non seulement pour améliorer les conditions d'hydratation mais surtout pour contrecarrer et contrôler les effets du retrait endogène (Meeks et Carino, 1999 ; Bentz, 2007).

Si le retrait endogène des bétons de faible rapport E/C peut être un problème, pourquoi prescrit-on encore leur usage ?

Les bétons de faible rapport E/C sont prescrits parce que, à l'heure actuelle, c'est la seule façon d'obtenir une grande résistance en compression et un module élastique élevé. Comme déjà vu dans le Chapitre 11, dans ces bétons, les gains de résistance ne sont pas dus à une meilleure hydratation du ciment Portland mais plutôt à la proximité relative des particules de ciment dans la pâte en voie de durcissement. Plus le rapport E/C est faible, plus rapprochées sont les particules de ciment et moins il faudra de «colle» pour les lier entre elles et conduire ainsi à des liens mécaniques plus forts (Bentz et Aïtcin, 2008). Par exemple, les bétons de poudre réactive et, plus généralement, les bétons à ultra haute performance ayant des résistances en compression de 200 MPa ont des rapports E/C inférieurs ou égaux à 0,20. Plus le rapport E/C est faible, plus il reste de particules de ciment non hydratées qui agissent comme des inclusions (fillers) ayant une très grande résistance en compression et un module élastique élevé.

Si des fissures d'origine mécanique se propagent dans de tels bétons et que de l'eau y pénètre, les particules de ciment non hydratées peuvent être hydratées par cette eau extérieure pénétrant à travers ces fissures. De tels bétons présentent un pouvoir d'autocicatrisation très intéressant. Il serait fort regrettable de ne pas employer des bétons de faible rapport E/C simplement parce qu'ils sont sensibles à de mauvaises conditions de mûrissement ; il vaut mieux apprendre à les mûrir de façon adéquate, ce qui n'est pas vraiment difficile.

13.2.4 Le développement d'une stratégie de mûrissement sur chantier selon le rapport E/C

Nous avons vu que la **meilleure** manière de mûrir un béton dépendait de son rapport E/C. **Il n'existe pas de méthode universelle** pour minimiser les risques de fissuration dus au retrait et pour améliorer la durabilité ainsi que la soutenabilité du béton :

- pour les bétons ayant un rapport E/C supérieur à 0,42, il est important de conserver l'eau de malaxage à l'intérieur du béton le plus longtemps possible ;
- pour les bétons ayant un rapport E/C inférieur à 0,42, il est important de leur fournir une quantité d'eau additionnelle le plus tôt possible pour éviter le développement du retrait endogène.

13.3 Le mûrissement du béton pour éviter le retrait plastique

Le retrait plastique se développe à partir de la surface du béton frais, par évaporation de l'eau qu'il contient. Il n'y a pas d'évaporation d'eau quand l'air ambiant est saturé d'eau ou quand on empêche toute évaporation en couvrant le béton d'un film imperméable. On peut atteindre ces objectifs de plusieurs façons.

13.3.1 Les brumisateurs

On peut utiliser des brumisateurs, semblables à ceux que l'on trouve dans les serres pour cultiver les fleurs. Ils saturent d'humidité l'air au-dessus de la surface de béton de telle sorte qu'il n'y a plus d'évaporation possible (Figure 13.1). Cette technique est très simple et peu coûteuse à mettre en œuvre. Elle est couramment employée l'été dans la ville de Montréal, au Québec (Morin *et al.*, 2002).

Les brumisateurs peuvent servir à prévenir le retrait plastique avec n'importe quel type de béton.

Figure 13.1 Brumisation pour prévenir le retrait plastique.

13.3.2 Les films et les membranes imperméables

On peut protéger un béton contre l'évaporation de son eau avec un film imperméable de deux manières différentes : la première façon consiste à recouvrir la surface du béton frais avec un film retardateur d'évaporation ; la seconde consiste à recouvrir le béton d'une membrane de mûrissement imperméable.

13.3.2.1 Les retardateurs d'évaporation

Les retardateurs d'évaporation sont des alcools aliphatiques recouvrant le béton d'un film monomoléculaire empêchant l'évaporation de l'eau du béton (ils servent couramment pour empêcher que l'eau des piscines domestiques ne s'évapore durant l'été). Un retardateur d'évaporation peut être projeté sur la surface du béton dès la mise en place et la finition de sa surface. Habituellement, cette protection dure suffisamment longtemps pour éviter toute fissuration due au retrait plastique.

Les retardateurs d'évaporation peuvent être utilisés avec tout béton, peu importe le rapport E/C.

13.3.2.2 Les membranes de mûrissement

Les membranes de mûrissement forment un film imperméable qui bloque toute évaporation de l'eau du béton et élimine les risques de fissuration. **Par contre, cette membrane de mûrissement empêche aussi toute pénétration d'eau de mûrissement extérieure dans le béton.**

Cette technique bien connue est employée depuis de très nombreuses années (Figure 13.2). Quand on s'en sert avec des bétons ayant un rapport E/C supérieur à 0,42, elle élimine la nécessité d'un mûrissement à l'eau. Dans un tel cas, il faut s'assurer que cette membrane ne sera pas déchirée. L'utilisation des membranes de mûrissement sur des dallages ou chaussées en béton construits avec des liants contenant des ajouts cimentaires ne fournit pas toujours une protection assez longue pour assurer une hydratation tardive des ajouts. Dans un tel cas, il est préférable, de combiner son emploi avec une forme de mûrissement interne (Villarreal et Crocker, 2007).

Il est particulièrement important d'insister sur le fait que, en l'absence d'un mûrissement interne, les membranes de mûrissement ne doivent pas être utilisées avec des bétons ayant un rapport E/L inférieur à 0,42. En effet, ces membranes empêcheront la pénétration d'eau extérieure nécessaire pour minimiser le retrait endogène et les risques de fissuration associés.

Les membranes de mûrissement peuvent être utilisées :
- ***avec des bétons ayant un rapport E/C supérieur à 0,42 ;***
- ***avec des bétons de rapport E/C inférieur à 0,42 SEULEMENT lorsqu'il bénéficie aussi d'un mûrissement interne.***

Figure 13.2 Vaporisation d'une membrane de mûrissement, juste après la mise en place du béton.

13.4 Le mûrissement du béton pour éviter le retrait endogène

Tel que déjà mentionné, le retrait endogène ne constitue pas un problème sérieux pour les bétons ayant un rapport E/L supérieur à 0,42. Par contre, il est essentiel de mûrir avec de l'eau les bétons ayant un rapport E/L inférieur à 0,42 pour contrôler leur retrait endogène. Pour cela, il faut procurer à la pâte la quantité d'eau nécessaire dès le début de l'hydratation.

13.4.1 Le mûrissement externe

On peut arroser les surfaces de béton durci ou les recouvrir d'un géotextile saturé d'eau pour éviter le développement du retrait endogène dans le béton superficiel. L'expérience démontre que cette eau additionnelle pénètre d'environ 50 mm dans un béton ayant un rapport E/L de 0,35. Cette eau externe non seulement évite la formation de ménisques dans la porosité créée par la réaction d'hydratation, mais encore elle hydrate une certaine quantité de ciment remplissant cette porosité. Plus faible est le rapport E/L, plus faibles sont aussi la vitesse de pénétration et la pénétration finale de cette eau additionnelle.

Il est très important de mûrir la surface du béton avec de l'eau pour augmenter la protection des aciers d'armature sous-jacents.

La peau du béton est une partie essentielle d'une structure d'un point de vue durabilité; c'est la première ligne de défense contre les agents agressifs. Il est regrettable qu'il y ait peu d'articles écrits à ce sujet; les deux meilleurs sont ceux de Kreijger (1987) et Bentur (2006). À cause de l'effet de paroi, la composition de la surface du béton est très différente de celle qui prévaut en pleine masse. Kreijger distingue diverses couches dans la peau du béton: une première riche en ciment suivie d'une seconde riche en mortier. Habituellement, dans ces deux couches, le rapport E/L est plus grand que celui retrouvé dans la masse du béton. On a proposé l'utilisation de coffrages drainants pour améliorer l'imperméabilité du béton mais il s'agit là d'une solution compliquée et coûteuse qui fonctionne d'autant mieux que le béton a un rapport E/L très élevé, un béton non particulièrement durable. Selon nous, l'utilisation d'un béton de rapport E/L de 0,42 avec mûrissement à l'eau pendant 7 jours constitue le meilleur moyen d'obtenir une peau de béton durable dans toute structure en béton.

13.4.2 Le mûrissement interne

Puisque le mûrissement externe n'affecte que la peau du béton, la meilleure façon de contrôler le retrait endogène dans la masse du béton est de lui procurer un mûrissement interne. Ce mûrissement consiste à disperser de petits réservoirs d'eau dans la masse entière du béton de sorte que toute particule de ciment qui s'hydrate trouve à proximité une réserve d'eau disponible à la fois pour l'hydratation et pour remplir la porosité créée par la contraction Le Chatelier (Bentz *et al.*, 2006). Ces petits réservoirs doivent pouvoir relâcher leur eau quand s'amorce le processus d'autodessiccation dès que la réaction d'hydratation commence. Alors, il ne se forme pas de ménisques, ne se crée pas de forces de tension et la pâte ne présente pas de retrait endogène.

Il est important de signaler que ce type de mûrissement est interne au béton mais externe à la pâte de ciment.

On peut réaliser un mûrissement interne de trois façons différentes.

13.4.2.1 Le remplacement partiel ou total du gros granulat par un volume égal de gros granulat léger saturé

Cette méthode fut utilisée par Hoff et Elimov (1995) durant la construction de la plate-forme Hibernia à Terre-Neuve, au Canada. Elle fut aussi proposée dans les bétons à haute performance par Weber et Reinhardt (1997). C'est une technique facile à mettre en œuvre : il suffit d'arroser en permanence les tas de granulats légers. Cette méthode présente cependant quelques petits désavantages :

- la porosité ouverte des gros granulats légers dépasse rarement 5 à 6 %, si bien que leur pouvoir de rétention d'eau n'est pas aussi élevé que celui des sables légers ;
- les gros granulats légers constituent de grosses inclusions peu rigides dans le béton durci, entraînant une diminution de son module élastique ;
- dans certains cas, la résistance en compression peut aussi décroître légèrement.

Dans le cas de la plate-forme de forage Hibernia, on substitua seulement 50 % du gros granulat pour améliorer la flottabilité de la plate-forme. Cette substitution ne diminua pas la résistance en compression, seul le module élastique diminua légèrement mais dans des limites acceptables.

13.4.2.2 La substitution partielle du sable par un volume égal de sable léger saturé

Cette méthode est plus intéressante que la précédente. Voici pourquoi :

- la capacité d'absorption d'un sable léger est bien supérieure à celle d'un gros granulat léger de telle sorte qu'on peut y stocker beaucoup plus d'eau par unité de volume. Cette capacité peut être de l'ordre de 10 à 20 % et il faut acheter et transporter moins de granulats légers que lors de l'utilisation d'un gros granulat léger ;
- les particules de sable léger représentent de petites inclusions bien distribuées dans la masse de béton, chacune très près des particules de ciment ;
- l'eau contenue dans les particules de sable léger est **en général** pompée facilement par la pâte de ciment qui s'hydrate ;
- le module élastique et la résistance en compression du béton ne diminuent pas et même augmentent dans certains cas, suite à de meilleures conditions d'hydratation.

Les applications sont celles présentées plus haut :

- contrôler le retrait endogène des bétons de faible E/C (Duran-Herrera *et al.*, 2007 ; Cusson et Hoogeven, 2008) ;
- favoriser l'hydratation tardive des ajouts cimentaires contenus dans les ciments composés (Villarreal et Crocker, 2007).

On a trouvé que les sables légers produits à partir de schistes ou d'ardoises expansées étaient meilleurs que les sables provenant d'argile expansée. Mais il serait dangereux de généraliser cette conclusion.

13.4.2.3 L'utilisation de polymères superabsorbants (PSA)

Les polymères superabsorbants (tels que ceux retrouvés dans les couches de bébé) peuvent emmagasiner de 50 à 200 % de leur volume en eau selon la pureté de cette eau. Quand on les utilise dans le béton, leur capacité d'absorption est plus faible à cause des nombreux ions contenus dans la solution interstitielle du béton frais, elle varie de 50 à 100 %. Cette méthode décrite par Jensen et Hansen (2001) et Kovler et Jensen (2005) a été utilisée par Mechtcherine *et al.* (2006). Selon Jensen et Hansen (2001), quand l'eau contenue dans les particules de polymères superabsorbants a été absorbée par la pâte de ciment qui s'est hydratée, le polymère qui a perdu son eau est assimilable à des bulles vides protégeant le béton contre les cycles de gel et dégel. Par contre, les polymères superabsorbants sont chers et ont tendance à flotter à la surface du béton. Il faut aussi tenir compte de la quantité d'eau de malaxage qu'ils vont absorber, mais ce n'est pas là une difficulté insurmontable.

13.4.2.4 Le mûrissement interne dans des coffrages isolés

Duran-Herrera *et al.* (2008) ont montré qu'en substituant 20 % de sable par un volume égal de sable léger saturé dans un béton de rapport E/L = 0,35 utilisé pour couler de gros éléments de béton (0,6 × 0,6 × 0,6 mètres) coulés dans des coffrages isolés, on peut éliminer complètement le retrait endogène du béton, on constate même un léger gonflement durant les 24 premières heures. Cette technologie devrait recueillir plus d'attention dans le futur, particulièrement dans les usines de préfabrication. Peu coûteuse à mettre en œuvre, elle constitue une méthode de mûrissement très écologique ne comportant pas d'émission de CO_2.

13.4.3 L'utilisation d'un agent expansif

Plutôt que d'utiliser des ciments à retrait compensé généralement pas toujours disponibles partout, coûteux et délicats d'utilisation d'un point de vue rhéologique, il est préférable d'envisager l'addition d'une faible quantité d'un produit expansif pour contrer le retrait endogène. Nagataki et Goni (1998) utilisent des composés sulfocalciques expansifs. De leur côté, Collepardi *et al.* (2005) ont utilisé des particules de chaux surcuite, avec une granulométrie spécifique, qui s'hydratent durant les 48 premières heures suivant leur introduction dans le béton.

13.5 Le mûrissement du béton pour contrer le retrait de séchage

Ce sujet a déjà été largement balayé dans divers paragraphes précédents.

La fissuration due au retrait de séchage concerne essentiellement les bétons de rapport E/L supérieur à 0,42. Ils contiennent initialement de l'eau en excès par rapport à ce qui est nécessaire pour assurer l'hydratation totale de leur ciment. Ils ne nécessitent donc pas d'apport d'eau extérieure et le rôle premier de leur mûrissement est d'empêcher ou limiter l'évaporation de l'eau qu'ils contiennent.

Les techniques utilisées pour cela se séparent en deux familles.

- Protéger le béton frais par vaporisation d'une membrane de mûrissement sur le béton frais (voir § 13.3.2.2). Pour éliminer totalement le retrait de séchage, le produit constituant la membrane doit être très pénétrant et adhérant, à base de silanes sur les surfaces exposées au soleil ou de goudron sur les surfaces en contact avec le sol.
- Avoir recours à un retardateur d'évaporation (voir § 13.3.2.1).

Indépendamment du mûrissement, on peut aussi diminuer le retrait de séchage en augmentant la quantité de gros granulats dans le béton comme nous l'avons vu au chapitre précédent § 12.7.

13.6 La mise en application du mûrissement en chantier

Tel que dit dans l'introduction, il est vraiment regrettable qu'actuellement la plupart des bétons soient mûris inadéquatement, même si la nécessité de les mûrir soit toujours prescrite dans les spécifications. Pourquoi une telle situation ? La raison est très simple : l'entrepreneur n'est pas payé spécifiquement pour le faire et cela coûte, environ 0,5 % à 1,5 % du coût total du projet (Morin *et al.*, 2002).

Chaque fois que l'entrepreneur est payé spécifiquement pour mûrir le béton, il le fait correctement (Figure 13.3). Ceci est la loi économique implacable qui gouverne les travaux sur les chantiers.

Il suffit de rendre le mûrissement du béton profitable pour l'entrepreneur et il sera mûri. Pour augmenter la motivation, il faut :

- écrire des spécifications très claires donnant dans le détail le type de mûrissement désiré ;
- demander à l'entrepreneur de donner un prix pour chacune des étapes du mûrissement ;
- enfin, vérifier soigneusement que l'entrepreneur suit les spécifications.

Depuis que cette approche a été appliquée par la Ville de Montréal, au Canada, elle s'est révélée très efficace. Dans certains cas, des surveillants de chantier ont même été obligés de demander d'arrêter de mûrir le béton parce que l'entrepreneur était devenu beaucoup trop zélé. Le mûrissement du béton est un investissement à long terme pas très coûteux qui augmente significativement la durée de vie de structures en béton.

Figure 13.3 Ils sont payés pour mûrir à l'eau ce béton et ils le font correctement.

13.7 Conclusion

Ce chapitre sur le mûrissement du béton est un des plus courts de ce livre mais c'est aussi un des plus importants.

L'industrie de la construction doit changer sa culture vis-à-vis du mûrissement. Le mûrissement du béton est aussi important que le rapport E/L quand on veut construire des structures durables.

Les spécifications de mûrissement doivent être écrites en détails en tenant compte du rapport E/L :

* les entrepreneurs doivent être payés spécifiquement pour mettre en œuvre ce mûrissement ;
* le contrôle de ce mûrissement doit être vigilant et strict.

Le coût modeste du mûrissement du béton est un investissement à long terme augmentant la durée de vie des structures en béton. Il est intimement associé à la soutenabilité.

CHAPITRE 14

La spécification d'un béton durable et soutenable

14.1 Introduction

Un béton ayant un faible rapport E/L est beaucoup plus qu'un béton simplement plus résistant (Aïtcin, 1998). Son utilisation ne peut être spécifiée de la même façon qu'un béton ordinaire car certaines conséquences de la réaction d'hydratation qui n'affectent pas significativement les propriétés des bétons ordinaires ne peuvent être ignorées dans le cas des bétons de faible rapport E/L. Par exemple, les bétons de faible rapport E/L sont très sensibles à :

- la température ambiante et leur température au moment de leur malaxage ;
- la sélection de la combinaison ciment/superplastifiant (Aïtcin, 1998) ;
- le retrait de séchage (Aïtcin, 1998) ;
- le développement du retrait endogène (Aïtcin *et al.*, 1997) ;
- les caractéristiques mécaniques du gros granulat quand on fait un béton très résistant ou un béton ayant un module élastique très élevé (Aïtcin et Mehta, 1990 ; Nielsen et Aïtcin, 1992).

Si chacun de ces éléments n'est pas considéré correctement dans les spécifications, l'utilisation d'un béton de faible rapport E/L pourra être un échec : la structure en béton pourra être sévèrement fissurée, exposant ainsi les aciers d'armature aux ions agressifs extérieurs ou au CO_2 contenus dans l'air. Ces divers points seront traités dans les paragraphes suivants pour aider les spécificateurs à comprendre pourquoi il est nécessaire d'écrire des spécifications précises et contraignantes. On prendra comme exemple les spécifications de la Ville de Montréal relatives au béton ayant une résistance en compression supérieure à 50 MPa. Pour terminer, on indiquera des spécifications relatives à la mise en place de bétons de faible rapport E/L dans des coffrages glissants.

14.2 Le contrôle de la température initiale du béton

Il est important de contrôler la température initiale des bétons de faible rapport E/L parce que leur rhéologie y est très sensible. Habituellement, ils contiennent une grande quantité de liant, souvent comprise entre 400 à 500 kg/m^3, et de superplastifiants (de 5 à 10 litres/m^3). Dans le Chapitre 11, nous avons vu que la réaction d'hydratation est accélérée par la température selon une loi de type Arrhenius qui est exponentielle. Seul un contrôle strict de la température initiale du béton permet de limiter des variations excessives de l'affaissement au moment de sa livraison[1].

Si le béton est trop rigide, la mise en place sera pénible, lente et onéreuse en termes de main d'œuvre, particulièrement quand l'élément en béton est fortement armé. La mise en place d'un béton trop raide peut aussi entraîner la formation de très nombreux nids de cailloux et même le non-remplissage de certaines parties très fortement armées. Au contraire, si le béton est trop fluide lors de sa mise en place, cela peut entraîner un phénomène de ségrégation et même des pertes de laitance ou de mortier à travers les coffrages.

Il faut non seulement spécifier la température moyenne du béton à son arrivée sur le chantier, mais aussi une plage acceptable de variations (par exemple, entre 20 et 25 °C) de façon à assurer des conditions stables de mise en place. Le producteur de béton devra déterminer précisément à quelle température le béton frais devra quitter l'usine de malaxage pour qu'il soit livré sur le chantier à la bonne température. Cet ajustement dépend de la température initiale des matériaux utilisés pour fabriquer le béton, de la température externe, du vent et de la durée du transport.

À l'occasion des premiers projets expérimentaux effectués par l'université de Sherbrooke dans les années 1990 (Aïtcin, 1998), une gâchée d'essai était produite quelques jours avant la livraison des bétons de faible rapport E/L pour déterminer la quantité de glace (en été) ou d'eau chaude (en hiver) qui devait être ajoutée à l'usine à béton. La fabrication de cette gâchée d'essai avait pour but de déterminer :

- premièrement, la concordance entre la température du béton livré et celle spécifiée ;
- deuxièmement, l'effet du transport sur la température du béton jusqu'à son point de livraison ;
- troisièmement, l'influence d'un volume unitaire de glace ou d'eau chaude sur la température finale du béton au moment de sa livraison.

Ensuite, lorsqu'il y avait lieu de corriger la quantité de glace ou d'eau chaude devant être introduite à l'usine de malaxage, cela se faisait par appels téléphoniques de l'équipe de contrôle de la qualité sur le chantier.

Il convient de spécifier une température moyenne raisonnable compte tenu de la température ambiante sur le chantier. Au Québec, toute l'année, il convient de spécifier une température

---

1. En Europe, la norme béton EN 206-1 précise uniquement que la température du béton frais ne doit pas être inférieure à 5 °C au moment de la livraison. Toute exigence de refroidissement ou de chauffage artificiel du béton doit être établie d'un commun accord entre le producteur et l'utilisateur.

moyenne comprise entre 20 et 25 °C (Morin *et al.*, 2002). Dans un pays chaud, il sera préférable de spécifier une température comprise entre 25 et 30 °C ou même entre 30 et 35 °C dans des cas exceptionnels. La livraison d'un béton ayant une température constante et conforme à la spécification, quelle que soit la plage de températures spécifiée, est un élément majeur pour faciliter sa mise en place.

Voici la spécification de la Ville de Montréal à ce sujet (Section 5.7) :

> Contrôler la température des constituants afin que la température du béton au point de livraison se situe dans les plages entre 5 et 22 °C si la plus petite dimension de l'élément est inférieure à 750 mm, ou entre 5 et 20 °C si la plus petite dimension de l'élément est supérieure à 750 mm et afin qu'elle n'excédera pas 70 °C en tout temps au cœur de l'élément.

> *Notes :* La température du béton peut augmenter au cours de son transport dans la conduite d'une pompe, dépendant principalement de la longueur, du diamètre et de la configuration de la ligne de pompage, de la température ambiante, ainsi que du modèle et de la condition de la pompe.
>
> Il pourrait être difficile de se conformer aux exigences relatives à la température du béton lorsque la température ambiante à l'emplacement du bétonnage est supérieure à 28 °C.
>
> L'efficacité des adjuvants chimiques peut être affectée par température froide.

14.2.1 L'augmentation de la température initiale du béton

Au Canada, il est nécessaire d'augmenter la température initiale du béton à compter de la fin de l'automne, tout l'hiver, et au début du printemps quand la température ambiante est encore inférieure à 15 °C. À de telles températures, les réactions d'hydratation sont ralenties et les résistances initiales en compression en souffrent. Il faut aussi rappeler que les superplastifiants à base de polynaphtalène sulfonates voient leurs propriétés dispersantes diminuées considérablement en dessous de 10 °C. Dans de telles conditions, il est donc impératif d'augmenter la température du béton en le gâchant avec de l'eau chaude conformément à la formule suivante :

$$T = \frac{0{,}22\,(T_g M_g + T_c M_c) + T_e M_e + T_{eg} M_{eg}}{0{,}22\,(M_g + M_c) + M_e + M_{eg}} \tag{14.1}$$

où : T est la température visée pour le béton frais en degrés Celsius ;

T_g, T_c, T_e et T_{eg} sont les températures respectives des granulats, du ciment, de l'eau de gâchage et de l'eau apportée par les granulats (celle qui fait leur « teneur en eau libre ») ; en général, $T_g = T_{eg}$;

M_g, M_c, M_e, M_{eg} sont les masses respectives en kilogramme des granulats, du ciment, de l'eau de gâchage, de l'eau apportée par les granulats.

Cette formule peut être utilisée pour calculer la quantité d'eau chaude qui doit être ajoutée dans un béton pour augmenter sa température initiale à la valeur désirée (Kosmatka *et al.*, 2004). Quand on augmente la température initiale du béton à l'usine de malaxage, il faut tenir compte de sa diminution de la température durant son transport. Dans le cas de températures inférieures au point de congélation, il est de plus important de spécifier l'utilisation de couvertures isolantes pour protéger la surface du béton contre le gel après sa mise en place.

14.2.2 La diminution de la température initiale du béton

Deux techniques sont à notre disposition pour diminuer une température initiale trop élevée du béton : l'utilisation de glace ou d'azote liquide. L'utilisation de glace concassée est très simple et très efficace ; c'est pourquoi elle est employée couramment dans le cas des bétons ordinaires. Au Canada, durant l'été, il est possible de louer des appareils qui concassent la glace et d'acheter des blocs de glace ou des sacs de cubes de glace prépesés.

$$T = \frac{0,22\,(T_g M_g + T_c M_c) + T_e M_e + T_{eg} M_{eg} - 80\,M_i}{0,22\,(M_g + M_c) + M_e + M_{eg} + M_i} \qquad (14.2)$$

où : T est la température du béton frais en degrés Celsius ;

T_g, T_c, T_e et T_{eg} sont les températures respectives des granulats, du ciment, de l'eau de gâchage et de l'eau apportée par les granulats ; en général, $T_e = T_{eg}$;

M_g, M_c, M_e, M_{eg} et M_i sont respectivement les masses en kilogramme des granulats, du ciment, de l'eau de gâchage, de l'eau apportée par les granulats et de la glace éventuellement ajoutée.

Dans le cas de l'azote liquide, on fait face à un certain nombre de problèmes :
- l'installation est coûteuse ;
- l'azote liquide rend l'acier très fragile ;
- lors de l'introduction de l'azote liquide, on voit apparaître un nuage opaque d'azote causant des problèmes de sécurité dans l'usine à béton.

Certains ingénieurs ont quand même eu de bonnes expériences avec l'azote liquide et recommandent son utilisation plutôt que celle de la glace concassée.

14.2.3 La livraison du béton de nuit

Dans les grandes villes, pour éviter les aléas du temps de transport et des conditions de transport (camion arrêté dans un embouteillage en plein soleil), sources de variations excessives de la température du béton à son arrivée sur le chantier (avec toutes les conséquences vues plus haut sur la qualité de sa mise en place), il peut être préférable de livrer de nuit un béton de faible rapport E/L (Aïtcin, 1998). Des prescriptions de température non respectées peuvent coûter très cher à l'entrepreneur. Pour éviter de tels inconvénients, les spécifications de la Ville de Montréal requièrent que la mise en place des bétons de faible rapport E/L ne commence que 30 minutes avant le coucher du soleil et s'arrête 30 minutes avant le lever du soleil (Morin *et al.*, 2002).

Les livraisons nocturnes sont aussi très avantageuses pour les producteurs de béton car ils peuvent se concentrer sur la production d'un béton de faible rapport E/L bien contrôlé puisque, alors, ils n'ont aucun autre client à satisfaire. Ils peuvent contrôler systématiquement la teneur en eau des granulats, la température initiale du béton et son affaissement initial.

En outre, étant donné que le temps de livraison est beaucoup plus court, le producteur de béton peut diminuer sa flotte de camions affectés au projet de un à deux camions tout en continuant de fournir une livraison régulière à l'entrepreneur. Finalement, dans ce contexte favorable, très peu ou pas du tout de béton sera refusé sur le chantier pour non-respect des spécifications et il s'avère plus économique pour un producteur de béton de livrer un béton de faible rapport E/L la nuit en dépit des coûts additionnels associés au travail de nuit.

Il en va de même pour l'entrepreneur. Les livraisons et le travail de nuit, quand il fait moins chaud, permettent un contrôle plus facile du retrait plastique. En général, il est toujours préférable de recommander une livraison de nuit dans le cas de bétons de faible rapport E/L.

Pour obtenir un béton ayant une consistance et une maniabilité constantes au point de livraison, il faut utiliser une combinaison ciment/superplastifiant robuste. Une telle combinaison ne doit être que peu influencée par les variations des conditions de livraison.

Les spécifications de la Ville de Montréal (2005) pour la livraison et la mise en place (Section 8) se lisent comme suit :

8.1 Livraison

Livrer le béton au site des travaux par camions malaxeurs seulement. La livraison par camion à benne basculante est interdite. Les camions malaxeurs sont assujettis aux exigences de l'article 7.0 du présent avis.

Le volume du chargement de béton ne doit pas excéder 90 % de la capacité nominale indiquée à la plaque signalétique du tambour du camion malaxeur, sauf si spécifiquement autorisé par le Directeur des cas particuliers.

8.2 Pompage

Maintenir les conduits de la pompe toujours pleins de béton durant le pompage. L'extrémité de la ligne de pompage doit être munie d'un réducteur de section. Soumettre la configuration de la ligne de pompage à l'agrément du Directeur préalablement en démarrage des travaux. La distance de chute libre verticale du béton à la sortie de la conduite de la pompe ne doit pas excéder 1,5 m.

8.3 Bétonnage par temps chaud des éléments extérieurs

8.3.1 *Éléments plats à surface non banchées*

S'il est prévu que la température ambiante à l'emplacement de bétonnage durant le jour excédera 20 °C, ne bétonner que la soirée et la nuit. La mise en place du béton peut débuter une heure avant le coucher du soleil. Le finissage doit se terminer au plus tard une heure après le lever du soleil.

8.3.2 *Éléments banchés*

S'il est prévu que la température ambiante à l'emplacement du bétonnage durant le jour excédera 20 °C, ne bétonner que durant la période comprise entre une heure avant le coucher du soleil et 11 h 00 le lendemain.

8.4 Protection contre le dessèchement des surfaces exposées

Au fur et à mesure du finissage primaire (arasage, régalage, aplanissage) d'une surface non banchée, prévenir son dessèchement par vaporisation d'eau en bruine ou par vaporisation d'un des retardateurs d'évaporation suivants à la dilution volumique de 1 partie de concentré pour 9 parties d'eau.

- CONFILM de Master Builders Technologies
- EUCOBAR de Adjuvants Euclid Canada
- EVAPRE de W.R. Meadows
- WATERHOLD de Technologie Techcrete

L'eau ou le retardateur d'évaporation doit être appliqué continuellement afin de maintenir la surface continuellement humide jusqu'à la fin du finissage secondaire (talochage, lissage). La quantité d'eau vaporisée ne doit pas excéder la quantité d'eau qui s'évapore à la surface. Assigner un nombre suffisant d'ouvriers en permanence exclusivement à cette tâche selon l'envergure du bétonnage.

Tout le matériel et tous les matériaux nécessaires à l'application de la protection contre le dessèchement doivent être préalablement acceptés par le Directeur et être disponibles au site des travaux, en bon état de fonctionnement et en quantité suffisante, avant le début du bétonnage.

Prévoir une passerelle de travail transportable, enjambant toute la surface fraîchement bétonnée, afin de permettre aux ouvriers d'effectuer des corrections ponctuelles ou d'appliquer la protection contre le dessèchement et étendre les toiles pour la cure. La passerelle doit être suffisamment rigide pour supporter une charge concentrée de 200 kg au centre de sa portée tout en maintenant un dégagement minimal de 100 mm entre le dessous de la passerelle et la surface du béton.

Note : Les opérations de finissage primaire (arasement, régalage, aplanissage) se font normalement l'une à la suite de l'autre. Toutefois, si un délai fortuit devait survenir entre l'une ou l'autre de ces opérations, le Directeur pourrait exiger l'application d'une protection contre le dessèchement.

8.5 Délai de mise en place

Terminer la mise en place d'un chargement de béton dans un délai maximal de 90 minutes à partir du gâchage du béton[2].

Rebuter tout béton ayant séjourné plus de 15 minutes dans les conduits de la pompe.

Note : Afin de réduire l'éventualité de rebut, il est suggéré, dans la mesure du possible, d'alimenter la benne de la pompe par deux camions-malaxeurs déchargeant simultanément.

14.3 L'entraînement d'air

Au Canada, on ne se questionne pas sur la nécessité de l'entraînement d'air car, pour satisfaire à la norme ASTM C-262 Procédure A assurant la résistance au gel-dégel, tout béton de faible rapport E/L doit contenir une certaine quantité d'air entraîné et avoir un facteur d'espacement inférieur à une certaine valeur. La seule différence existant entre un béton ordinaire et un béton de faible rapport E/L est que la limite maximale du facteur d'espacement est de 220 μm pour les bétons ordinaires et de 250 μm pour les bétons de faible rapport E/L (sans qu'aucune valeur individuelle ne dépasse 300 μm). Quand ces deux valeurs ne peuvent être obtenues sur chantier (ce qui se produit habituellement dans le cas des bétons pompés), il faut alors procéder à l'essai ASTM C-666 pour trouver le facteur d'espacement maximal permettant de résister avec succès à 300 ou 500 cycles de gel et dégel. On choisit le nombre total de cycles en fonction de la sévérité des conditions de gel et dégel que devra endurer le béton de faible rapport E/L qui sera employé.

---

2. En France, le délai total entre le début de la fabrication et la fin de mise en œuvre ne doit pas dépasser 2 heures, sauf justification particulière (NF EN 13670 CN).

Cependant, dans les pays où le béton n'est pas exposé à des conditions de gel et dégel, on peut toujours se poser la question de la nécessité d'entraîner de l'air dans les bétons de faible rapport E/L. La réponse des auteurs est définitivement positive, pour des raisons de facilité de mise en œuvre du béton.

Il est vrai que l'addition de 3,5 à 4,5 % d'air entraîné diminue la résistance en compression du béton durci mais cela diminue aussi considérablement la résistance au cisaillement du béton frais, ce qui facilite grandement sa mise en place. De plus, la perte de résistance en compression peut être corrigée en diminuant un tout petit peu le rapport E/L. En l'absence de conditions sévères de gel et dégel comme au Canada, la question de la valeur du facteur d'espacement du béton à air entraîné ne se pose pas. Les auteurs ne sont pas les seuls à recommander cet entraînement d'air dans les bétons de faible rapport E/L : au Japon, presque tous les bétons de faible rapport E/L contiennent une faible quantité d'air entraîné.

14.4 Le mûrissement externe

Toute surface libre de béton doit recevoir un mûrissement externe pour renforcer sa peau parce que la durabilité d'une structure en béton est fortement influencée par la qualité de sa peau[3]. Comme nous l'avons vu au Chapitre 13, le type de mûrissement externe qu'il faut employer dépend du rapport E/L du béton. Par conséquent, il est absolument nécessaire :

- de spécifier de façon très précise le type de mûrissement externe à mettre en œuvre par l'entrepreneur : brumisateurs, tuyaux d'arrosage, géotextiles pré-mouillés, etc. ;
- de demander à l'entrepreneur de donner un prix unitaire pour le mûrissement recommandé pour rendre cette opération profitable ;
- de spécifier le type de contrôle à exercer pour vérifier la qualité du mûrissement externe.

14.4.1 Les brumisateurs

On utilisera des brumisateurs chaque fois qu'il y a un risque important de retrait plastique, quel que soit le rapport E/L du béton. Tel que déjà mentionné, on pourra utiliser des brumisateurs semblables à ceux trouvés dans les serres des fleuristes car ils sont efficaces et peu coûteux. Le mûrissement par brumisateurs peut être arrêté quand la surface du béton est suffisamment dure pour supporter directement un mûrissement à l'eau par arrosage. Les brumisateurs sont mis en marche 15 minutes après la finition de la surface du béton et, habituellement, leur emploi n'excède pas 24 heures. Les spécifications doivent donner dans le détail :

- le nombre de brumisateurs à utiliser ;
- le système mobile sur lequel ils sont placés ;
- le nombre d'ouvriers impliqués dans ce type de mûrissement (bien que souvent une seule personne suffise) ;
- enfin, la source d'eau à utiliser.

L'entrepreneur doit indiquer le coût horaire de l'emploi des brumisateurs.

---

3. En France, l'annexe F de la norme NF EN 13670 CN préconise les mêmes méthodes de cure que celles proposées ici. Cette annexe précise aussi les durées minimales de cure selon la maturité du béton, mesures qui sont malheureusement très rarement respectées.

14.4.2 Le mûrissement direct à l'eau

Le mûrissement direct à l'eau des surfaces de béton est absolument obligatoire quand le rapport E/L est inférieur à 0,42, ceci pour éviter le développement de retrait endogène dans la peau du béton. Les spécifications doivent indiquer très clairement :

- le moment du début du mûrissement direct à l'eau ;
- le nombre d'ouvriers requis ;
- la source d'eau ;
- la durée du mûrissement direct à l'eau ;
- enfin, le type de mûrissement externe : tuyaux ou géotextiles pré-humidifiés (masse/m³).

Les auteurs ne sont pas convaincus de l'efficacité des toiles de jute mouillées. D'après leur expérience, ces toiles sont la plupart du temps sèches, leur capacité à retenir de l'eau étant faible, ce qui n'est pas le cas des géotextiles.

14.4.3 Les retardateurs d'évaporation

L'utilisation de retardateurs d'évaporation est absolument obligatoire si l'on ne prévoit pas l'emploi de brumisateurs sur toutes les surfaces de béton ayant un rapport E/L inférieur à 0,42 jusqu'à ce que l'on procède à un mûrissement externe à l'eau. On ne peut employer des produits de mûrissement qui pourraient empêcher l'eau de pénétrer ultérieurement dans le béton.

14.4.4 Les spécifications de mûrissement de la Ville de Montréal

Les spécifications de la Ville de Montréal (2005) se lisent comme suit (Sections 9.2 et 9.3) :

9.2 <u>Cure des surfaces non banchées des éléments plats</u>

Immédiatement après le finissage secondaire (talochage, lissage) d'une surface exposée à l'air ambiant, poursuivre la vaporisation d'eau en bruine ou la vaporisation du retardateur d'évaporation tel que prescrit à l'article 8.4 du présent avis, jusqu'à ce que la surface se soit suffisamment affermie pour pouvoir la recouvrir avec précaution, sans l'endommager, de deux épaisseurs de toiles de fibres synthétiques absorbantes, pré-humidifiées, conformes à la norme MTQ 3501. Les toiles doivent recouvrir complètement le béton et être maintenues en place. Poursuivre la vaporisation d'eau en bruine sur les toiles, jusqu'au moment où le béton aura suffisamment durci pour qu'un système de mouillage continuel des toiles puisse être mis en place sans risque d'endommager la surface du béton. Maintenir le mouillage 24 heures par jour, à une température d'au moins 10 °C, pour une durée ininterrompue de 7 jours.

9.3 <u>Cure des éléments banchés</u>

Aussitôt après le remplissage d'un coffrage, le recouvrir entièrement de deux épaisseurs de toiles de fibres synthétiques absorbantes pré-humidifiées, conformes à la norme MTQ 3501. Maintenir les toiles humides en place jusqu'au moment où le béton aura suffisamment durci pour qu'un système de mouillage continuel des toiles puisse être mis en place sans risque d'endommager la surface du béton par lessivage.

Si une doublure de coffrage est utilisée, éviter toute présence d'eau libre à la surface exposée du béton au haut du coffrage jusqu'à l'enlèvement des panneaux latéraux. Au décoffrage, s'assurer que la surface du béton ait suffisamment durci afin d'éviter le risque qu'elle ne s'arrache avec la doublure au cas où celle-ci aurait adhéré à la surface du béton.

Enlever les panneaux latéraux du coffrage aussitôt que possible après le bétonnage, ou lorsque demandé par le Directeur. Dans le cas d'éléments dont le rapport entrer la longueur et la hauteur est supérieur à 2, tels que murets de dénivellement, murs de soutènement, murs séparateurs de circulation, enlever les panneaux latéraux dans un délai de 12 à 20 heures après le bétonnage. Prendre les précautions nécessaires afin d'éviter d'endommager le béton lors du décoffrage.

Si le décoffrage nécessite l'interruption temporaire de la cure, prendre les dispositions nécessaires afin d'empêcher l'assèchement des surfaces et réduire au minimum la durée de l'interruption.

Maintenir les toiles en place et poursuivre le mouillage 24 heures par jour par arrosage continu à l'eau à une température d'au moins 10 °C, pour une durée ininterrompue de 7 jours.

Dans le cas d'éléments massifs non armés, prolonger la cure de 3 jours consécutifs additionnels.

14.5 Le mûrissement interne

Tel que discuté, dans le chapitre précédent, un mûrissement interne diminuera considérablement les risques de fissuration au jeune âge pour les bétons de E/L inférieur à 0,36. Ce mûrissement permettra aussi l'hydratation à long terme des ajouts cimentaires (qui réagissent plus lentement que le ciment Portland) (Kovler et Jensen, 2007 ; Villarreal et Crocker, 2007). Il est très important de spécifier le type de mûrissement interne à utiliser : sable léger, gros granulats légers ou une combinaison des deux, puis dans quelles proportions les substituer. Il est nécessaire d'indiquer la porosité du matériau qui sera employé ou de spécifier le nombre de litres d'eau qui seront absorbés par ces granulats légers. Certaines compagnies fournissent des sables légers pré-mouillés. Habituellement, les gros granulats légers sont livrés secs, il faut les arroser continuellement pour les maintenir saturés.

14.6 Les adjuvants expansifs

Chaque fois que l'on emploie des adjuvants expansifs au lieu d'un mûrissement interne pour contrer le développement initial du retrait endogène, il est très important de mentionner clairement le type (et même la marque) de cet agent expansif et son dosage en kg/m^3.

14.7 Les adjuvants réducteurs de retrait

Chaque fois que l'on utilise un adjuvant réducteur de retrait, il faut en indiquer le type (ou la marque) ainsi que le dosage recommandé.

14.8 Les coffrages glissants

L'utilisation des coffrages glissants constitue une technique très particulière de construction, notamment utilisée chaque fois qu'il faut éviter la présence de joints pouvant nuire à l'étanchéité de la structure. Elle sert surtout à la construction de réservoirs étanches au liquide ou au gaz : des silos ou des réservoirs de gaz liquéfié. Elle est employée aussi pour construire de très hautes structures comme la Tour du CN à Toronto de 553,33 mètres de haut ou les pieds de plates-formes de forage. Ces structures sont construites en continu.

Les coffrages sont montés dès que le béton a fait sa prise initiale, à l'aide d'une série de vérins hydrauliques qui s'appuient sur les aciers d'armature. Habituellement, on caractérise ce type de construction par la vitesse ascensionnelle des coffrages exprimée en mètres par jour ou par quart de travail. La vitesse ascensionnelle est fonction du volume unitaire de béton mis en place. Ce volume dépend du volume horaire de production de l'usine à béton, de la complexité de la structure, du temps nécessaire pour placer les aciers d'armature, de la température du béton, de la température extérieure, etc. Quand on a choisi une vitesse ascensionnelle convenable, il est nécessaire que la consistance du béton lorsqu'il est décoffré par l'ascension du coffrage soit proche de celle de la prise initiale. Si le béton quitte le coffrage coulissant avant l'atteinte de cette consistance, il ne pourra pas supporter les contraintes induites par son propre poids et la poussée des vérins hydrauliques qui soutiennent les coffrages et s'affaissera. Au contraire, si le béton durcit trop rapidement, il aura le temps d'adhérer au coffrage et cela provoquera des épaufrures lors du décoffrage (par avancement du coffrage). Ces épaufrures peuvent être plus ou moins sévères selon la résistance du béton après sa prise initiale. Elles constituent un préjudice esthétique et, de plus, les aciers d'armature risquent de ne plus avoir la protection spécifiée.

Par conséquent, il est crucial d'ajuster très précisément le temps de prise du béton à la vitesse ascensionnelle spécifiée, à l'aide d'un retardateur dont le dosage est ajusté en continu pour tenir compte de la température du béton. Sachant que la prise et le durcissement du béton dépendent de la température selon une loi de type Arrhenius, la vitesse d'hydratation est liée à la température par une loi exponentielle. Dans le cas des bétons ayant un faible rapport E/L, l'ajustement du temps de prise est compliqué par l'usage d'un superplastifiant qui, lui-même, influence le temps de prise. Au Canada, l'ajustement des caractéristiques du béton est encore plus compliqué parce que le béton doit contenir de l'air entraîné pour résister aux cycles de gel et dégel. Tous ces ajustements doivent être fixés en effectuant un travail de laboratoire très contrôlé et en appliquant un programme de contrôle de la qualité. Étant donné qu'une opération de coffrage glissant peut s'étendre sur plusieurs semaines ou même plusieurs mois dans le cas des très grandes plates-formes de forage, l'ajustement en continu du dosage en retardateur est essentiel.

En outre, quand on se sert de cette technique de construction, le béton doit durcir partout à la même vitesse de façon à quitter partout le coffrage avec les mêmes consistance et résistance. Si la température n'est pas uniforme tout autour de la structure, on peut faire face à des problèmes à la sortie du béton des coffrages glissants : dans les parties les plus froides de la structure, le béton se déformera à cause de sa mollesse et, dans les parties les plus chaudes, il restera collé aux coffrages et on déplorera des épaufrures. Pour éviter de tels problèmes, il suffit d'utiliser des coffrages glissants isolés. Alors, le béton coulé à une température uniforme tout autour de la structure quitte le coffrage à une température et à une consistance uniformes tout autour de la structure (Aïtcin, 2009 ; Lachemi et Elimov, 2007).

14.9 La spécification des conditions des essais

Comme pour les bétons ordinaires, on continue très souvent de spécifier les bétons de faible rapport E/L sur la base de leur résistance en compression à 28 jours.

Quelques chercheurs plaident pour que les bétons de faible rapport E/L qui contiennent des ajouts cimentaires soient testés à 56 ou 91 jours. En effet, à 28 jours ces ajouts n'ont généralement pas encore eu le temps de réagir. Mais peut-être ne réagiront-ils jamais et se comporteront-ils seulement comme des fillers si le béton n'a pas reçu un mûrissement à l'eau suffisant. Ceci au contraire des éprouvettes de laboratoire censées les représenter mûries adéquatement dans une salle humide et testées à 56 ou 91 jours. **Les essais sur les bétons de faible rapport E/L à un âge supérieur à 28 jours ne peuvent être recommandés que si le béton bénéficie sur le chantier d'un mûrissement adéquat supervisé de façon très stricte ou s'il bénéficie d'un mûrissement interne.**

Il est préférable de tester les bétons de faible rapport E/L sur des cylindres de 100×200 mm (ou 110×220 mm en Europe) ou des cubes de $100 \times 100 \times 100$ mm de façon à limiter la charge à la rupture. Sinon, il faut disposer d'une machine de très grande capacité à prix très élevé.

Par ailleurs, les bétons de faible rapport E/L, très résistants et très raides, ne peuvent être testés comme des bétons ordinaires avec une coiffe d'enduit au soufre habituelle ; les extrémités des éprouvettes doivent être rectifiées à la meule diamantée pour être planes, lisses, parfaitement parallèles entre elles et perpendiculaires à l'axe de chargement. La charge appliquée doit être parfaitement centrée, la machine d'essai doit être très rigide et les éprouvettes doivent être testées dans une cage protectrice parce que les ruptures peuvent être explosives (Aïtcin, 1998).

14.10 Le contrôle de la qualité

Il est essentiel de contrôler la qualité des bétons de faible rapport E/L pour s'assurer de leur conformité aux spécifications[4]. À l'inverse des bétons ordinaires, les bétons de faible rapport E/L ne sont pas des matériaux de formulations très robustes, ils requièrent un grand soin lors de leur production à l'usine à béton et de leur mise en place sur le chantier. Dans les paragraphes qui suivent, on trouvera les spécifications de la Ville de Montréal 2005 (Section 11) sur le contrôle de la qualité des bétons de faible rapport E/L ayant une résistance en compression supérieure à 55 MPa.

11.0 **Contrôle qualitatif**

Le Directeur se réserve le droit de prélever à sa discrétion des échantillons des constituants ou du béton, à l'usine de fabrication ou sur chantier, afin de vérifier leur conformité avec les données soumises par le fournisseur de BHP. En cas de non-conformité, il peut refuser le ou les constituants, ou le mélange de

---

4. En Europe, la norme béton EN 206-1 propose, dans son annexe H informative, des dispositions supplémentaires relatives aux bétons à haute résistance (c'est-à-dire à faible rapport E/L).

béton, selon le cas. Le Directeur se réserve le droit d'effectuer, à la fréquence qu'il choisira, des essais de vérification des caractéristiques du béton frais ou durci, sur des échantillons prélevés au point de livraison ou à l'endroit qu'il jugera opportun.

Note : L'affaissement est habituellement vérifié tous les 2 ou 3 chargements et à chaque échantillon prélevé pour les essais de résistance en compression. La teneur en air et la température sont généralement vérifiées à chaque chargement.

L'entrepreneur et le fournisseur de béton doivent assurer au Directeur toute l'assistance nécessaire au prélèvement des échantillons. L'entrepreneur doit aussi, conformément à la norme CAN/CSA–A23.1, fournir et entretenir des installations adéquates servant à assurer la protection des éprouvettes de béton confectionnées pour les essais, durant toute la durée de leur conservation sur le chantier, aux conditions ambiantes prescrites dans la norme CSA-A23.2-3C.

Note : Ceci pourrait nécessiter la climatisation de l'environnement dans lequel les éprouvettes sont conservées.

11.2 Affaissement

Si l'affaissement du béton au point de livraison est supérieur à 220 mm, le chargement du béton est refusé. Si l'affaissement mesuré est inférieur à 140 mm, le fournisseur peut le corriger par un ajout de superplastifiant[5]. Suite au premier ajout de superplastifiant à la centrale, un seul ajout additionnel est permis sur le chantier.

L'ajout d'eau sur le chantier est interdit.

11.3 Teneur en air

Si la teneur en air d'un chargement de béton au point de livraison se situe à plus de 0,5 % au-delà des limites prescrites à l'article 5.5, le chargement de béton est refusé. Si la teneur en air se situe à moins de 0,5 % au-dessous des limites inférieures, elle doit être corrigée par un ajout d'entraîneur d'air. La correction de la teneur en air ne doit être effectuée que par un représentant qualifié du fournisseur de béton.

Toutes les directives précédentes s'appliquent également après l'ajout d'un superplastifiant au chantier.

Le temps requis pour effectuer la correction est compris dans le délai prescrit à l'article 8.5.

11.4 Température

Si la température du béton frais au point de livraison est supérieure à la limite maximale prescrite à l'article 5.7, le chargement de béton est refusé.

11.5 Délai de mise en place

Si le délai dépasse celui prescrit à l'article 8.5, le béton non encore mis en place est refusé.

Note : Dans certaines circonstances, le Directeur peut à sa discrétion autoriser une dérogation à ce délai.

---

5. En Europe, toute addition d'eau et d'adjuvants à la livraison est généralement interdite. Cependant, dans des cas spéciaux, de l'eau ou des adjuvants peuvent être ajoutés sous la responsabilité du producteur sous réserve que les valeurs limites permises par la spécification ne soient pas dépassées et que cette addition d'adjuvant soit prévue dans la formulation du béton.

11.6 Résistance en compression

La résistance en compression est vérifiée sur des cylindres de béton confectionnés à partir d'échantillons de béton prélevés selon la fréquence ou l'opportunité établie par le Directeur.

Note :   Généralement, la fréquence est d'un prélèvement d'échantillon au hasard pour chaque 50 m³ de béton mis en place. Au moins un échantillon de béton est prélevé par journée complète de bétonnage.

Initialement, les premiers échantillons seront constitués d'une série de 6 cylindres, dont deux sont testés à 24 heures, deux à 7 jours et deux à 28 jours. Le contrôle régulier est constitué d'une série de quatre cylindres, dont deux sont testés à 7 jours et deux à 28 jours. Deux cylindres additionnels sont confectionnés lorsque la résistance en compression est exigée à 91 jours.

Si les résultats des essais (disponibles au plus tôt 24 heures et plus généralement 7 jours après la mise en place du béton) indiquent que le béton n'a pas atteint la résistance spécifiée dans les documents contractuels selon les critères de la norme CAN/CSA-A23.1, il est considéré non conforme aux prescriptions. Le Directeur peut à sa discrétion soit le refuser, soit prescrire la réalisation d'essais additionnels prévus par la norme CAN/CSA-A23.1, et exiger si nécessaire des corrections appropriées, le tout à la charge de l'entrepreneur.

11.7 Réseau des bulles d'air et durabilité

Si le réseau des bulles d'air ou la durabilité (mesurables uniquement après coup sur béton durci) ne sont pas conformes aux exigences de l'article 6.0, le Directeur peut à sa discrétion soit refuser le béton, soit exiger des corrections appropriées, le tout à la charge de l'entrepreneur.

11.8 Perméabilité aux ions chlorures

Si la perméabilité aux ions chlorures n'est pas conforme aux exigences de l'article 6.0, le Directeur peut à sa discrétion soit refuser le béton, soit exiger des corrections appropriées, le tout à la charge de l'entrepreneur.

11.9 Résistance à l'écaillage

Si la résistance à l'écaillage n'est pas conforme aux exigences de l'article 6.0, le Directeur peut à sa discrétion soit refuser le béton, soit exiger des corrections appropriées, le tout à la charge de l'entrepreneur.

Remerciement

Les auteurs remercient la Ville de Montréal de leur avoir accordé la permission de citer plusieurs points importants de la spécification 3VM-20 du Département des Travaux Publics de la Ville de Montréal : « Prescriptions techniques normalisées 3VM-20 Béton à hautes performances (BHP) résistance à la compression de 50 MPa ou plus. Août 2005 ».

CHAPITRE 15

Spécification de performance

15.1 Introduction

Ces dernières années, nous avons appris à produire une gamme remarquable de bétons différents : des bétons à ultra haute performance, des bétons autoplaçants, des bétons protégeant les aciers contre la corrosion, des bétons ductiles (avec addition de fibres) et même maintenant des bétons soutenables. Actuellement, on peut concevoir des bétons sur mesure pour n'importe lequel projet.

Malgré cela, dans notre approche de la formulation des bétons, nous sommes encore de nos jours très assujettis à des spécifications prescriptives telles que celles décrites au Chapitre 14, c'est-à-dire des spécifications qui incluent des exigences telles qu'un rapport E/L maximum, un contenu minimum en ciment, l'imposition d'un type de ciment, des limitations ou recommandations sur les quantités d'adjuvants chimiques, d'additions minérales, de filler contenu dans un ciment, etc.

Ce type de spécifications convenait bien à une époque où les industries du ciment et du béton n'étaient pas aussi avancées qu'aujourd'hui. Maintenant, elles tendent à inhiber l'utilisation la plus efficace des matériaux disponibles pour fabriquer des bétons modernes.

Bien que certains codes récents incluent des exigences sur la durabilité, le critère principal pour juger de la conformité d'un béton dans une structure demeure sa résistance en compression (f_c). Dans le cas d'une nouvelle construction, la résistance moyenne en compression constitue le critère d'acceptation typique. Elle doit être supérieure à une valeur f_{ck} déterminée, comme nous le verrons dans le chapitre suivant (§ 16.4), en tenant compte de la variabilité des résultats obtenus sur chantier. En Amérique du Nord, lorsque l'on doute de la qualité d'un béton déjà mis en place, on vérifie que la résistance moyenne en compression de carottes prélevées dans la structure dépasse $0,85 f_c$. Malheureusement, ceci ne garantit pas toujours la conformité du béton. Même une prescription imposant la composition du béton ne met pas à l'abri de déboires. En effet, deux bétons ayant la même composition mais fabriqués avec des matériaux différents peuvent avoir des propriétés différentes. Trop fréquemment, en Amérique du Nord, on fait face à des problèmes de durabilité : structures sévèrement fissurées, bétons écaillés et même effondrement de structures en béton, si bien que les litiges sont nombreux.

À la lumière de ce qui a été dit précédemment, il convient de mettre en œuvre des spécifications basées sur la performance. Si ces performances sont bien précisées, elles permettront aux producteurs de béton d'être plus imaginatifs, compétitifs et innovants dans leur utilisation des matériaux tels que les ajouts cimentaires, les adjuvants, les ciments composés, les polymères, les fibres, les fillers minéraux, etc. De telles normes de spécification ont aussi l'avantage d'introduire des critères de durabilité plus spécifiques dans la conception de structures en béton.

15.2 Le contrôle de la température initiale du béton

On trouve de nombreuses définitions de la spécification de performance ; celle utilisée par la National Ready Mix Concrete Association (NRMCA) est peut-être la plus utile (Bickley, 2006) :

"A performance specification is a set of instructions that outlines the functional required for hardened concrete depending on the application. The instruction should be clear, achievable, measurable and enforceable. For example, the performance criteria for interior columns in a building might be compressive strength and weight since durability is not a concern. Conversely, performance criteria for a bridge deck might include strength, permeability, scaling, cracking and other criteria related to durability since the concrete will be subjected to a harsh environment.

Performance specifications should also clearly specify the test methods and the acceptance criteria that will be used to verify and enforce the requirements. Some testing may be required for pre-qualification and some might be for jobsite acceptance. The specifications should provide flexibility to the contractor and producer to provide a mix that meets the performance criteria in the way they choose. The contractor and the producer will also work together to develop a mix design for the plastic concrete that meets additional requirement for placing and finishing such as flow and set time while ensuring that the performance requirements for the hardened concrete are not compromised. Performance specifications should avoid requirements for means and methods and should avoid limitations on the ingredients or proportions of the concrete mixture."

(« Une spécification de performance est une série d'instructions qui indiquent les exigences fonctionnelles pour le béton durci selon son utilisation. Les instructions doivent être claires, réalisables, mesurables et mises facilement en application. Par exemple, le critère de performance pour une colonne intérieure d'un bâtiment peut être la résistance en compression et la masse volumique, étant donné que la durabilité n'est pas un problème majeur. Au contraire, un critère de performance pour un tablier de pont devra inclure la résistance, la perméabilité, la résistance à l'écaillage et à la fissuration ainsi que tout autre critère relié à la durabilité, étant donné que le béton sera soumis à un environnement sévère.

Les spécifications de performance doivent aussi clairement indiquer les méthodes d'essai et les critères d'acceptation qui seront utilisés pour vérifier et mettre en application les exigences. Certains essais pourront s'appliquer à un programme de pré-qualification et certains autres à l'acceptation sur le chantier. Les spécifications doivent offrir de la flexibilité à l'entrepreneur et au producteur afin qu'ils puissent produire un béton qui satisfait les critères de performance. L'entrepreneur et le producteur devront aussi travailler ensemble de façon à concevoir un béton maniable qui satisfait les critères additionnels de mise en place et de finition (maniabilité et temps de prise) tout en s'assurant que les spécifications de performance sur le béton durci seront également satisfaites. Autant que possible, les spécifications de performance doivent éviter d'avoir des exigences sur les moyens et les méthodes à employer ainsi que sur la nature des ingrédients et leurs proportions dans le béton. »)

La norme canadienne CSA A-23.1 donne une définition plus succincte :

"A performance concrete specification is a method of specifying a construction product in which a final outcome is given in mandatory language, in a manner that the performance requirements can be measured by accepted industry standards and methods. The processes materials, or activities used by the contractors, subcontractors, manufacturers, and materials suppliers are then left to their discretion. In some cases, performance requirements can be referenced to this Standard (CSA A 23.1), or other commonly used standards and specifications, such as those covering cementitious materials, admixtures, aggregates, or construction practices."

(« Une spécification de performance sur le béton est une spécification d'un produit de construction dans lequel l'exigence sur le produit final est exprimée d'une manière telle que les exigences de performance puissent être mesurées par les normes et les méthodes acceptées par l'industrie. Le choix des processus, des matériaux ou activités utilisées par les entrepreneurs, les sous-traitants, les manufacturiers et les fournisseurs de matières premières sont laissés à leur entière discrétion. Dans quelques cas, les exigences de performance peuvent se référer à la norme CSA A-23.1 ou toute autre norme et spécification couramment utilisées relatives aux matériaux cimentaires, adjuvants, granulats ou pratiques de construction. »)

Dans ces deux définitions, l'intention est claire : prescrire les propriétés requises du béton à l'état frais et durci mais sans rien dire sur les moyens de les obtenir.

15.3 Passage à des spécifications de performance[1]

Si nous devons passer de spécifications prescriptives à des spécifications de performance, il faudra satisfaire un certain nombre de critères dont les plus importants sont :
- la possibilité de déterminer dans le détail les caractéristiques de performance appropriées pour l'usage que l'on doit faire du béton ;
- la possibilité aussi de décrire qualitativement ces caractéristiques de performance pour être en état de les mesurer ;
- la possibilité d'avoir des méthodes d'essais fiables pour mesurer facilement les caractéristiques de performance ;
- la possibilité pour toutes les personnes impliquées dans la construction (ingénieur/architecte, spécificateur, entrepreneur, sous-traitant) de faire des choix au niveau des matériaux, des compositions, des techniques de construction, etc., pour que le projet puisse être planifié, chiffré et exécuté avec succès.

---

1. La norme européenne EN 206-1 autorise les méthodes de conception performantielles.

Cette nouvelle façon de voir va hausser la barre de l'industrie de la construction. Bien que cela semble une proposition simple et directe, un certain nombre d'obstacles devront être surmontés avant la mise en œuvre de spécifications de performance (Skalny *et al.*, 2006) :

- ne disposant pas d'un personnel suffisamment entraîné pouvant fournir les conseils techniques aux spécificateurs et à l'ingénieur de structure tout en mettant en œuvre un programme complexe de contrôle qualité, beaucoup de producteurs de béton ne sont pas encore en mesure de passer de normes prescriptives à des normes de spécification. Aussi les spécifications sont-elles trop souvent écrites pour accommoder le plus petit commun dénominateur de l'expertise technique (Weir, 2010) ;
- nous n'avons pas encore d'essais rapides et fiables pour mesurer la durabilité du béton, mais de tels essais sont nécessaires si on veut aller au-delà de la simple résistance en compression à 28 jours comme premier critère de l'évaluation de la qualité du béton[2]. C'est en fait le principal frein au passage à des spécifications de performance ;
- il faudra trouver un moyen d'assigner à un responsable le contrôle de la qualité du béton. À l'heure actuelle, celle-ci est diluée entre l'ingénieur en structure, l'ingénieur en géotechnique, le producteur de ciment, le producteur de béton, l'entrepreneur et quelques fois bien d'autres personnes. Ceci signifie que, bien trop souvent, la surveillance de la qualité du béton fait défaut et éclabousse la confiance en l'ensemble du processus.

Bien sûr, le passage de normes prescriptives à des normes de performance ne se fera pas rapidement et facilement, en partie à cause du manque d'essais sur la durabilité tel que déjà mentionné, également en raison du conservatisme de l'industrie de la construction. Mais, de toute façon, cela arrivera un jour. Alors que nous attendons toujours le développement d'un ou de plusieurs essais de mesure de la durabilité acceptable par tous, nous devrons nous contenter de continuer à dépendre du concept de performance équivalente. Un nouveau béton sera considéré comme satisfaisant s'il se comporte au moins aussi bien qu'un béton bien connu pour sa durabilité dans les conditions d'exposition prévues[3].

15.4 La soutenabilité et les spécifications

Le lien entre la soutenabilité et les spécifications vient du fait que la plupart des spécifications demeurent prescriptives et qu'elles ont tendance à être très conservatrices (certains diront complètement démodées) dans leur façon de voir le béton comme un matériau qui n'évolue pas. Cette attitude contraste vivement avec les codes de conception structurale qui tendent à incorporer très rapidement les résultats des recherches les plus récentes.

---

2. En France, il est possible de s'appuyer sur le document de l'Association française de Génie civil (AFGC) intitulé *Conception des bétons pour une durée de vie donnée des ouvrages* (2004). C'est un guide fort utile pour la mise en œuvre d'une approche performantielle et prédictive sur la base d'indicateurs de durabilité. Le lecteur pourra aussi lire le document final du projet AFGC GranDuBé *Grandeurs associées à la Durabilité des Bétons* de Ginette Arliguie et Hugues Hornain.
3. L'annexe E de la norme européenne EN 206-1 donne les lignes directrices d'application du concept de performance équivalente des propriétés du béton.

15.4.1 Les spécifications et l'utilisation des ajouts cimentaires

La façon la plus radicale et la plus directe d'améliorer la soutenabilité du béton est de remplacer autant de ciment que possible par des ajouts cimentaires, sans réduire la qualité du béton ou le rendre trop coûteux.

Les questions techniques correspondant à l'usage des ajouts cimentaires ont déjà été discutées en détail dans le Chapitre 5. Dans le présent chapitre, nous allons voir comment, de façon pratique, nous pouvons accroître l'usage des ajouts cimentaires par l'industrie du béton.

La norme canadienne National Master Specification (2004) contient différentes directives sur l'intérêt d'utiliser des ajouts cimentaires et des matériaux recyclés, notamment :

- chaque fois que cela est possible, sélectionner des produits et des matériaux avec un contenu recyclé ou, plus généralement, qui préservent les ressources naturelles ;
- dans le but de réduire les émissions de gaz à effet de serre, chaque fois que c'est techniquement ou économiquement possible, il faut envisager l'utilisation d'ajouts cimentaires tels que les cendres volantes, le laitier granulé de haut fourneau, la fumée de silice, les pouzzolanes en remplacement partiel du ciment dans le béton ;
- l'utilisation de matériaux industriels recyclés rend le béton plus « vert » et offre les avantages additionnels suivants : économie de matière première issue de carrières, économie d'énergie, récupération de ressources et enfin réduction de la quantité de sous-produits industriels à mettre en décharge.

En appliquant ces recommandations, on a pu construire le village olympique de Vancouver avec un béton contenant jusqu'à 50 % de cendres volantes (Hooton et Weir, 2010). On peut noter aussi que le remplacement de ciment par des cendres volantes devient de plus en plus courant au Canada. Cependant, les spécifications nationales sont parfois modifiées par quelques provinces et municipalités si bien qu'elles sont variables d'une province à l'autre. Les taux de substitution permis varient couramment entre 10 et 30 % selon les juridictions. Dans certaines régions, l'usage de cendres volantes est banni en hiver.

Aux États-Unis, il n'y a pas de spécifications nationales ; elles varient d'un État à l'autre. Les spécifications qui font le plus autorité dans chacun des 50 États sont probablement celles adoptées par chacun des « Department of Transportation » (DOT). À l'heure actuelle, ces spécifications sont très prescriptives dans le cas des structures en béton ; certaines offrent peu ou pas d'ouverture sur l'utilisation des ajouts cimentaires. Par exemple, le DOT de l'Illinois stipule simplement que « l'usage de substituts au ciment Portland n'est permis que lorsqu'approuvé par l'ingénieur ». En général, on retrouve des spécifications limitant la quantité d'ajouts cimentaires. Par exemple, le DOT du Michigan limite le contenu en cendres volantes à 25 % et celui de laitier à 40 %, le DOT de Floride limite le contenu en cendres volantes à une valeur comprise entre 18 et 22 %, entre 35 et 70 % pour le laitier et entre 7 et 9 % pour la fumée de silice ; le DOT du Texas limite le contenu en cendres volantes à 35 %, celui en fumée de silice à 10 % et celui en ajouts cimentaires incluant du laitier à 50 %.

Note : **Les valeurs qui viennent d'être données sont celles retrouvées dans la version 2010 des spécifications des DOT des différents États. Comme ces spécifications sont continuellement révisées, il serait préférable de se référer dans le futur à leur version la plus récente.**

On trouve un système de limites plus élaboré dans les documents du DOT de Californie (CALTRANS) qui requiert l'utilisation d'au moins un ajout cimentaire. Leurs spécifications stipulent que le contenu en ajouts cimentaires d'un béton de ciment Portland doit se conformer à une des règles suivantes :

A. Toute combinaison de ciment Portland avec au moins un ajout cimentaire doit satisfaire les équations (1) et (2) :

Équation (1) :

$$[(25 \times UF) + (12 \times FA) + (10 \times FB) + (6 \times SL)]/MC > X$$

où : toutes les proportions d'ajouts sont exprimée en livres par verge cube (1 livre par verge cube $\approx 0{,}6$ kg/m^3)

UF = proportion de fumée de silice, métakaolin ou UFFA (cendre volante ultrafine)

FA = cendre volante ou pouzzolane naturelle, Classe F ou N, avec une teneur en CaO jusqu'à 10 %

FB = cendre volante ou pouzzolane naturelle, Classe F ou N avec une teneur en CaO jusqu'à 15 %

SL = laitier granulé de haut fourneau

MC = proportion minimum de matériau cimentaire (ciment + ajouts = liant)

X = 1,8 dans le cas de granulats NON potentiellement réactifs

X = 3,0 pour tous les autres granulats

Équation (2) :

$$MC - MSCM - PC \geq 0$$

où, toujours en livres par verge cube :

MC = proportion minimum de matériau cimentaire (ciment + ajouts = liant)

MSCM = proportion minimum du total des SCM (ajouts) qui satisfait l'équation (1) avec SCM = « Supplementary Cementitious Material » = ajout

PC = la proportion de ciment Portland

Ces équations donnent un remplacement maximum de 50 % par des ajouts cimentaires et un contenu minimal de cendres volantes de 25 % (pour un béton structural typique contenant 675 livres de ciment par verge cube).

B. Un ajout minimum de 15 % de cendres volantes de classe F accompagné par, au minimum, 48 onces d'une solution de LiNO$_3$ pour 100 livres de ciment Portland. Le contenu en CaO de la cendre volante doit être inférieur à 15 %.

Note : Le nitrate de lithium peut être utilisé pour contrôler d'éventuelles réactions alcalis/silice dans le béton.

Ces diverses limitations retrouvées dans les codes proviennent de certaines inquiétudes à la fois réelles ou ressenties concernant l'usage des ajouts cimentaires, notamment des cendres volantes, qui font craindre la possibilité d'un allongement du temps de prise, d'un ralentissement des gains de résistance, d'une diminution de la résistance à l'écaillage, de la nécessité de mettre en œuvre des conditions plus contraignantes de mûrissement et du manque de main-d'œuvre qualifiée. Bien que tous ces éléments puissent être contrés par une méthode plus appropriée de la formulation du béton et par la mise en œuvre de pratiques de construction adéquates, il n'en demeure pas moins vrai qu'ils constituent des barrières à un usage plus généralisé des ajouts cimentaires.

En lisant les paragraphes précédents, on a pu voir que les exigences canadiennes et américaines pour les bétons structuraux peuvent être très différentes même si les lois de la physique et de la chimie sont identiques des deux côtés de la frontière et que la qualité des ajouts cimentaires disponibles n'est pas si variable que cela. On a pu voir aussi que toutes ces normes sont par essence très prescriptives et qu'elles placent des limites bien en deçà des limites de substitution élaborés par des chercheurs ou la pratique, particulièrement en Europe. Ceci n'est pas forcément le cas dans toutes les parties du monde où l'utilisation d'ajouts cimentaires est mieux acceptée qu'en Amérique du Nord.

En France, il existe depuis longtemps de nombreux ciments incorporant différentes additions en quantité variable qui permettent de diminuer la quantité de clinker utilisé. Depuis une vingtaine d'années, le producteur de béton a aussi la possibilité de remplacer une partie de son ciment par une addition normalisée en la prenant en compte dans le calcul du liant équivalent. En décembre 2012, avec la nouvelle version nationale de la norme béton EN 206-1, un nouveau pas a été franchi permettant de progresser dans la notion de béton soutenable : une nouvelle addition est reconnue (le métakaolin), certaines quantités minimales d'additions ont été réévaluées dans certaines classes d'exposition, mais surtout il est maintenant possible d'utiliser une addition avec un ciment composé (de type CEM II/A).

15.4.2 L'établissement de spécifications de performance

Avec les spécifications prescriptibles conventionnelles, le maître d'ouvrage ou l'ingénieur précise la composition du béton, les matériaux à utiliser (incluant les adjuvants), les propriétés recherchées pour le béton (affaissement, teneur en air, résistance) ainsi que d'autres exigences ; *alors, soit le maître d'ouvrage ou son représentant le maître d'œuvre ou encore l'ingénieur prend l'entière responsabilité du béton qu'il a prescrit*[4]. L'entrepreneur et le fournisseur de matériaux n'ont qu'à suivre ces spécifications à la lettre, même s'ils signalent au prescripteur les points faibles du mélange choisi et qu'ils suggèrent des solutions alternatives.

Au contraire, les spécifications de performance nécessitent une coopération entre le maître d'ouvrage, l'ingénieur, l'entrepreneur et le fournisseur de matériaux. Dans ce cas, le maître d'ouvrage ou son représentant le maître d'œuvre spécifie les propriétés désirées du béton à l'état frais et à l'état durci incluant la résistance et la durabilité, les exigences architecturales, la **soutenabilité** ainsi que toutes autres exigences. La liste des exigences potentielles peut être très longue comme on peut le voir dans le Tableau 15.1 (adapté de Bickley *et al.*, 2006), bien qu'il soit peu probable que toutes ces exigences soient spécifiées pour un projet particulier. Le

---

4. C'est aussi le cas en Europe avec les bétons à composition prescrite (ou BCP) ; cependant, ces bétons sont très peu utilisés sur les ouvrages et ce sont surtout les bétons à propriétés spécifiées (BPS) qui sont retenus. La responsabilité du béton revient alors au fournisseur de matériau qui a des obligations de moyens mais aussi de résultats. Malheureusement, dans ces bétons, c'est toujours le critère de résistance en compression qui reste le plus important...

fournisseur de béton assume l'entière responsabilité de la livraison du béton approprié sur le site et l'entrepreneur celle de sa mise en place et de son mûrissement adéquat. Cela implique que le fournisseur de béton et l'entrepreneur travaillent conjointement en tenant compte du béton choisi et des particularités de sa mise en place dans le projet particulier[5].

Malheureusement, comme déjà mentionné, les entrepreneurs et les fournisseurs de béton n'ont pas souvent l'expertise requise pour gérer adéquatement les spécifications de performance et, pour l'instant, il n'y a pas de possibilité de les qualifier à cet égard. Une bonne qualification peut constituer un désavantage puisque c'est très souvent la loi du plus bas prix qui dicte le choix final, bien que la meilleure solution pour tenir compte des exigences du maître d'ouvrage et de l'ingénieur ne soit pas forcément la meilleur marché.

Tableau 15.1 Quelques propriétés du béton pouvant entrer dans une spécification de performance (d'après Bickley *et al.*, 2006).

Béton frais	Transition	Béton durci
Ouvrabilité	Vitesse de perte d'affaissement	Résistance en compression
Affaissement	Temps de prise initiale	Résistance en traction
Réponse à la vibration	Temps de fin de prise	Résistance en flexion
Pompabilité	Vitesse de gain de résistance	Résistance au cisaillement
Capacité à être surfacé	Vitesse de raidissement	Résistance à la fatigue
Ségrégation	Résistance au gel	Résilience
Ressuage	Vitesse d'évaporation	Propriétés élastiques
Contenu en air entraîné	Retrait plastique	Fluage
Stabilité du réseau de bulles	Retrait de séchage	Porosité
Uniformité du malaxage	Variations de température	Porométrie
Reproductibilité des propriétés		Perméabilité
Température		Réseau d'air entraîné
Masse volumique		Résistance au gel
		Résistance à l'abrasion
		Résistance aux sulfates
		Résistance aux acides
		Résistance aux alcalis
		Coefficient de dilatation
		Capacité thermique
		Conductivité thermique
		Conductivité électrique
		Densité
		Absorption des radiations
		Couleur
		Texture
		Prix
		Signature carbone et soutenabilité

5. C'est ce qui a été retenu dans la version française de la norme béton EN 206-1 en définissant des «bétons d'ingénierie» dont la formulation résulte d'une étude préliminaire réalisée sous la responsabilité du prescripteur avant le début de l'opération de construction considérée et acceptée par le producteur et l'utilisateur du béton.

15.4.3 Des exemples de spécifications de performance

En 2010, bien que plusieurs juridictions admettent l'utilisation de spécifications de performance et que certaines ont même commencé à rédiger des guides, cette utilisation est plutôt rare. Dans les meilleurs cas, on se sert d'un système « hybride », c'est-à-dire une majorité de spécifications prescriptives accompagnée de quelques spécifications de performance (Taylor, 2004).

Il y a quelques exemples notables d'usage réussi de spécifications de performance dans des projets majeurs.

- La construction du gratte-ciel Two Union Square de 230 mètres de haut à Seattle fut basée sur une spécification relative au module élastique du béton qui devait être, neuf fois sur dix, supérieur à 49,7 GPa, soit presque deux fois plus que le module élastique d'un béton ordinaire. Cette exigence permettait de fournir un confort aux occupants des derniers étages en réduisant les oscillations de l'édifice dues au vent qui règne souvent à Seattle (Godfrey, 1999). Bien que l'exigence de résistance en compression de calcul n'était « que » de 96,5 MPa, la résistance en compression nécessaire pour obtenir le module élastique fut de 131 MPa à 56 jours qui put être atteint avec un rapport E/L de 0,22.

- Plus récemment, à Boston, la qualité du béton d'un tablier de pont fut spécifiée en fonction de sa perméabilité aux ions chlore qui devait être inférieure à 1 000 coulombs ; une telle performance fut atteinte en employant un ciment composé contenant de la fumée de silice importé du Canada.

- Le béton utilisé pour reconstruire la tour Ground Zero à New York à l'emplacement du World Trade Center a été spécifié non sur la base de sa résistance mais sur la base de son module élastique. Pour obtenir le module élastique de 42 GPa, il a fallu importer (par bateau) un gros granulat provenant de la Nouvelle-Écosse, au Canada.

Voilà trois exemples qui démontrent que l'on peut s'affranchir de spécifier un béton simplement sur sa résistance en compression. Nous pensons que cette tendance va s'accentuer très rapidement dans le futur[6].

---

6. Au niveau européen, on peut citer le pont Vasco de Gama sur le Tage à Lisbonne, avec une durée de vie fixée à 120 ans (critères fixés à 28 jours sur la porosité, la perméabilité aux gaz et surtout le coefficient de diffusion des ions chlorures) et la digue du port de la Condamine à Monaco, avec une durée de vie de 100 ans (critères fixés à 90 jours portant aussi sur la porosité accessible à l'eau, la perméabilité aux gaz, le coefficient de diffusion des ions chlorures, la quantité d'électricité et la profondeur carbonatée). Les valeurs limites et les valeurs obtenues peuvent être trouvées dans le document de l'Association française de Génie civil (AFGC) *Conception des bétons pour une durée de vie donnée des ouvrages* (2004).

CHAPITRE 16

L'évaluation statistique de la qualité du béton

16.1 Introduction

En dépit de toute l'attention portée :
- au contrôle de la variabilité des matériaux utilisés pour fabriquer les bétons de faible rapport E/L,
- au système de pesée des matériaux dans des installations industrielles de plus en plus automatisées,
- aux essais effectués sur le béton selon des normes précises et contraignantes,

les bétons de faible rapport E/L demeurent des matériaux fabriqués et testés par des êtres humains et, en plus, leurs propriétés sont affectées par la température ambiante sur laquelle nous n'avons aucun moyen de contrôle. Par conséquent, les bétons de faible rapport E/L sont sujets à variation comme tout autre béton. Il est bon de se poser les questions suivantes :
- quelle est la variabilité des bétons de faible rapport E/L ?
- est-il possible de réduire cette variabilité ?
- peut-on être certain que cette variabilité n'affecte pas la sécurité de la structure ?

Ces aspects réclament un traitement statistique. Dans ce chapitre, nous allons présenter quelques notions de base et considérations pratiques couramment utilisées quand on veut établir un contrôle statistique d'une production de béton (Valles, 1972 ; Day, 1995 ; Schrader, 2007). Cet aspect est généralement mal traité dans les cours de béton.

16.2 La variabilité des propriétés du béton

16.2.1 La courbe de fréquence normale

Quand on mesure une des propriétés particulières du béton, les valeurs numériques obtenues à la fin du processus de contrôle dépendent largement d'un certain nombre de facteurs indépendants les uns des autres et dont les variations sont quand même limitées. Dans un tel cas, les statisticiens nous enseignent que les valeurs numériques obtenues obéissent à une loi de distribution de fréquence « normale », plus souvent désignée « loi normale » ou encore appelée « loi de Laplace-Gauss » dont la représentation graphique est la courbe en cloche bien connue de la Figure 16.1.

Bien que la courbe de fréquence normale implique un nombre infini de valeurs, il est très utile de connaître ses propriétés quand on est limité à des valeurs numériques provenant d'un nombre limité d'essais, réalisés sur un nombre d'échantillons sélectionnés, prélevés au hasard dans une population finie correspondant au nombre de livraisons de béton qui ont été contrôlées. Il est très utile de considérer cette loi générale et d'appliquer certaines de ses propriétés au contrôle statistique d'une production du béton.

16.2.2 L'expression mathématique de la courbe de fréquence normale

Le traitement statistique s'applique à une population de n valeurs où chacune de ces valeurs est désignée par X.

La moyenne de l'ensemble de ces valeurs est désignée par $\overline{X}$.

L'écart-type de la distribution des valeurs X, élément essentiel des calculs statistique, est désigné σ avec :

$$\sigma = \sqrt[2]{\frac{\sum_1^n (X - \overline{X})^2}{n - 1}} \qquad (16.1a)$$

La densité de probabilités $f(X)$ pour chaque valeur X de la population considérée est :

$$f(X) = \frac{1}{\sigma \sqrt{2\pi}} \cdot e^{\frac{-(X - \overline{X})^2}{2\sigma^2}} \qquad (16.1b)$$

où $\overline{X}$ = valeur moyenne des valeurs de X

σ = écart-type

σ^2 = variance.

Habituellement, au lieu d'utiliser la valeur X il est préférable d'utiliser la variable centrée réduite :

$$x = (X - \overline{X})/\sigma$$

Dans ce cas, l'origine des abscisses est calée sur la valeur moyenne $\overline{X}$ et les valeurs sont mesurées en unités égales à l'écart-type σ. L'équation 16.1b devient alors :

$$f(x) = \frac{1}{\sqrt{2\pi}} \cdot e^{\frac{-x^2}{2}}$$

(16.1c)

L'équation 16.1c est celle de la courbe de la Figure 16.1.

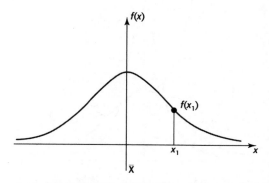

Figure 16.1 Représentation habituelle de la courbe de distribution de fréquence normale (les conventions d'écriture des axes sont telles que précisé plus haut).

16.2.3 Quelques propriétés de la courbe en cloche normale

Une courbe de fréquence normale correspondant à un nombre infini de valeurs est entièrement définie quand on connaît la valeur moyenne $\overline{X}$ et l'écart-type σ. La valeur moyenne donne la position de l'axe de symétrie de la courbe de fréquence normale sur l'axe des x et l'écart-type donne l'allure générale de la courbe. Plus l'écart-type est faible, plus la courbe est resserrée. En fait, comme on peut le voir sur la Figure 16.2, l'écart-type représente l'écart entre l'axe des ordonnées et chacun des deux points d'inflexion de la courbe en cloche ainsi que le rayon de courbure au sommet de la courbe en cloche.

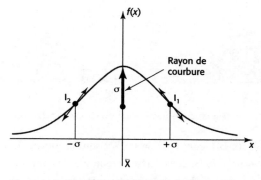

Figure 16.2 Propriétés caractéristiques de la courbe normale. I_1 et I_2 sont les points d'inflexion de la courbe.

La Figure 16.3 présente deux courbes de fréquence normales ayant la même valeur moyenne mais des écarts types différents. Dans la courbe normale numéro I, qui a le plus faible écart-type, la plupart des valeurs de x sont très proches de la valeur moyenne. Dans le cas de la courbe normale numéro II, qui a le plus fort écart-type, les valeurs de x sont beaucoup plus étalées de part et d'autre de la valeur moyenne.

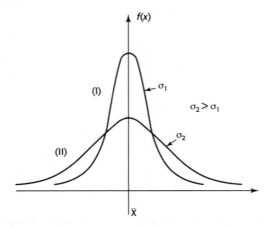

Figure 16.3 Comparaison de deux courbes normales de même valeur moyenne mais d'écarts-types différents.

16.2.4 Les aires remarquables sous la courbe de fréquence normale

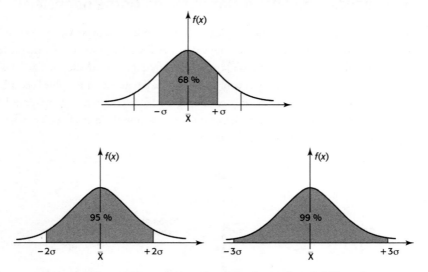

Figure 16.4 Aires sous la courbe normale entre quelques valeurs spécifiques de σ.

Comme on peut le voir sur la Figure 16.4, la surface sous la courbe située :
- entre $+\sigma$ et $-\sigma$ est égale à 68 % de la surface totale sous la courbe ;
- entre $+2\sigma$ et -2σ est égale à 95 % de la surface totale sous la courbe ;
- entre $+3\sigma$ et -3σ est égale à 99 % de la surface totale sous la courbe.

Dans la Figure 16.5, l'aire située sous la courbe à gauche de la valeur x_1 représente la probabilité de rencontrer des valeurs inférieures à x_1. Il existe des tables qui donnent cette probabilité en fonction de x_1.

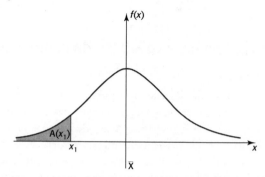

Figure 16.5 Comparée à l'aire totale sous la courbe normale, l'aire $A(x)$ à gauche de x_1 est égale à la probabilité de rencontrer des valeurs inférieures à x_1.

16.2.5 Le coefficient de variation

Le coefficient de variation, V, exprimé en %, est fréquemment utilisé pour caractériser une courbe de distribution normale. On calcule ce coefficient de la façon suivante :

$$V\% = \frac{\sigma}{\overline{X}} \times 100 \qquad (16.2)$$

16.3 Le contrôle de la qualité d'une production de béton[1]

Il comprend trois volets :

- la caractérisation de la variabilité de la production, avec les outils présentés ci-dessus ;
- le contrôle de la confiance qu'on peut avoir dans la procédure d'essai, avec la méthode et les outils présentés plus loin ;
- le suivi de la production à travers les résultats des tests de contrôle.

La qualité d'un béton est testée en faisant des échantillonnages qui consistent chacun à mesurer la résistance en compression d'un ensemble de M_1 éprouvettes, généralement deux ou trois. Comme il n'est pas pratique d'échantillonner chaque camion, ce contrôle est plutôt fait sur un nombre limité de livraisons choisies selon une table de hasard. Pour obtenir une analyse statistique valable, l'expérience montre qu'il faut disposer d'au moins

---

1. En France, dans la norme béton EN 206-1, on parle de «contrôles de conformité» et on s'appuie pour conclure sur des «critères de conformité». Ils concernent bien évidemment la résistance en compression mais aussi d'autres propriétés comme l'affaissement, la teneur en air, la teneur en ciment, le rapport eau-ciment… On a aussi un chapitre sur le «contrôle de production» où l'on s'attache plus à la qualité des constituants et à la fiabilité des outils de production.

trente échantillonnages. Cependant, avant d'effectuer tout calcul sur un ensemble de valeurs, il est très important de s'assurer que la distribution de cet ensemble de résultats est assimilable à une distribution normale.

16.3.1 La caractérisation de la variabilité de la production

Elle s'appuie sur l'histogramme.

Pour cela, on commence par séparer les valeurs numériques en diverses classes et on compte le nombre de résultats d'essais qui tombent dans chacune des classes pour tracer un histogramme tel que représenté dans la Figure 16.6. Avant de dessiner un histogramme, il faut choisir avec soin la taille de la cellule élémentaire qui servira à classer les valeurs numériques. Quand on teste la résistance du béton, il est souvent intéressant de choisir des cellules de 2 MPa de large. Habituellement, l'histogramme des résistances en compression a une forme qui rappelle grossièrement celle d'une courbe de distribution normale, comme on peut le voir dans la Figure 16.6 mais il existe des cas où cet histogramme peut avoir une forme très différente, comme illustré sur la courbe 16.7.

Dans ces deux derniers cas, il n'est pas raisonnable de calculer une valeur moyenne et l'écart-type comme vu plus haut car l'ensemble des valeurs obtenues ne correspond pas à une courbe de distribution normale. L'histogramme (a) correspond à un mélange de deux populations ayant des valeurs moyennes respectives de $\overline{X}_{a_1}$ et $\overline{X}_{a_2}$. Chacune de ces populations peut être représentée par une courbe de distribution normale qui lui est propre, comme on peut le voir sur la Figure 16.8.

Ce n'est qu'après avoir vérifié que l'ensemble des valeurs obtenues est compatible avec une distribution normale qu'on peut calculer la valeur moyenne et l'écart-type.

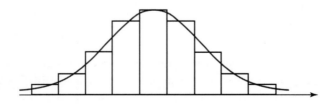

Figure 16.6 Histogramme et la courbe en cloche associée.

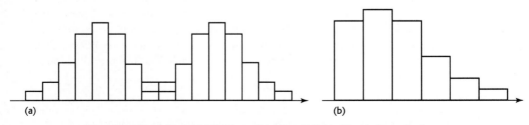

(a) (b)

Figure 16.7 Exemples de distributions qui ne peuvent être traitées de façon classique :
a) un mélange de deux populations obéissant chacune à une loi normale ;
b) une distribution dissymétrique montrant un déficit de valeurs faibles.

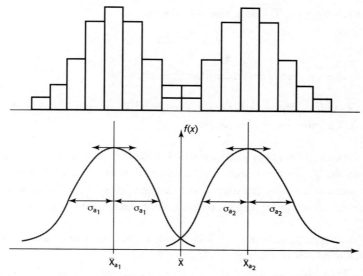

Figure 16.8 Décomposition de la distribution (a) de la Figure 16.7 en deux distributions normales.

16.3.2 Le contrôle de la procédure d'essai

Si l'on compare les résultats d'essais d'un même échantillonnage, par exemple les résistances mesurées sur les M_1 échantillons tirés d'une même livraison de béton, dans un monde parfait ils devraient être identiques. En réalité, la non-homogénéité du béton au sein d'une même livraison, la variabilité de l'échantillonnage individuel, le transport et le mûrissement des échantillons, la préparation et la rupture des éprouvettes font que les valeurs individuelles peuvent être différentes les unes des autres. C'est à la quantification de cette variabilité que s'attache le contrôle de la procédure d'essai.

Pour cela, le traitement statistique cible la dispersion (notée ici R comme « *Range* » en anglais) des M_1 résultats de chaque échantillonnage sans s'intéresser à la valeur absolue de chaque résultat.

On a donc :

Dispersion d'un échantillonnage = R = [résultat maximum – résultat minimum] parmi les M_1 résultats de l'échantillonnage considéré.

On en tire :
- Écart-type σ_1 « de la procédure d'essai » :

$$\sigma_1 = \frac{1}{d_2} \times \bar{R} \tag{16.3}$$

où : $\bar{R}$ = moyenne des dispersions des échantillonnages considérés.

d_2 = une constante dépendant du nombre M_1 de résultats par échantillonnage ; sa valeur est donnée dans le tableau 3.4.1 de la norme ACI 214 reproduit dans le Tableau 16.1 ci-dessous.

- Coefficient de variation V_1 « de la procédure d'essai » :

$$V_1 = \frac{\sigma_1}{\overline{X}} \times 100 \qquad (16.4)$$

où $\overline{X}$ est la valeur moyenne des échantillonnages considérés.

Les valeurs de σ_1 et de V_1 quantifient la qualité des essais de contrôle conformément aux indications du Tableau 16.6 proposé plus loin.

On peut compléter ceci par la caractérisation de la variabilité de la chaîne de production du béton (gestion des granulats et conduite de la centrale à béton). Alors, chaque échantillonnage est par exemple la production d'un jour et chaque résultat le composant est la moyenne des résistances mesurées sur M_2 gâchées tests choisies au hasard dans la journée.

On en tire l'écart-type σ_2 des variations de la chaîne de production dont la formule de calcul est transposée de celle de σ_1 (formule 16.3).

Enfin, on en déduit l'écart-type global σ de la chaîne de fabrication et de la procédure contrôle (de l'usine jusqu'au chantier), calculé par la relation :

$$\sigma^2 = \sigma_1{}^2 + \sigma_2{}^2 \qquad (16.5)$$

Tableau 16.1 Coefficient d_2 pour le calcul de l'écart-type de la procédure d'essai σ_1 en fonction du nombre M_1 d'éprouvettes par échantillonnage*
(Tableau 3.4.1 de la norme ACI Standard 214).

Nombre M_1 de résultats par échantillonnage	d_2	$1/d_2$
2	1,128	0,8865
3	1,693	0,5907
4	2,059	0,4857
5	2,326	0,4299
6	2,534	0,3946
7	2,704	0,3698
8	2,847	0,3512
9	2,970	0,3367
10	3,078	0,3249

* Tiré du tableau B2 de ASTM *Manual on Quality Control of Materials*

16.3.3 Suivi de l'évolution des résultats bruts : moyenne des cinq derniers échantillonnages consécutifs

Le graphique reproduisant les résultats obtenus de chaque échantillonnage dans l'ordre dans lequel ceux-ci ont été faits peut être très dispersé avec de nombreux hauts et bas. Un tel graphique (voir Figure 16.9) est peu sensible aux changements globaux de la qualité du béton. On peut lisser la forme de cette courbe en calculant la moyenne des cinq derniers échantillonnages consécutifs à l'aide de la formule 16.6 ci-après. La courbe obtenue est très utile puisqu'elle indique la variabilité de la production du béton, comme on le verra dans l'exemple qui suit (Figure 16.18).

$$\overline{X}_{5i} = \frac{X_i + X_{i+1} + \dots + X_{i+4}}{5} \tag{16.6}$$

16.3.4 Suivi de la procédure d'essai : moyenne des dispersions des dix derniers essais consécutifs

De la même façon, la moyenne des dix dernières dispersions consécutives, calculée par la formule 16.7 ci-dessous, est un indicateur de la qualité du contrôle (voir Figure 16.19).

$$\overline{R}_{10i} = \frac{R_i + R_{i+1} + \dots + R_{i+9}}{10} \tag{16.7}$$

16.3.5 Exemple

La résistance en compression à 28 jours d'un béton a été déterminée par 35 échantillonnages en testant chaque fois deux éprouvettes ($M_1 = 2$). Les résultats obtenus sont présentés dans le Tableau 16.2 (en page suivante). Les calculs seront effectués selon la démarche suivante en conservant deux chiffres après la virgule :

- dessiner l'histogramme des valeurs moyennes par échantillonnage en utilisant une cellule unitaire de 2 MPa de large ;
- est-ce que la population des valeurs moyennes correspond à une courbe de distribution normale ?
- comment la résistance moyenne, son écart-type et son coefficient de variation évoluent-ils au fur et à mesure que le contrôle de la production se déroule ?
- en utilisant le Tableau 16.2, comment doit être qualifiée cette production de béton ?
- s'agissant de la procédure d'essai, quels sont la dispersion moyenne, l'écart-type et le coefficient de variation qui la caractérisent ?
- comment qualifier le contrôle des essais ?

Tableau 16.2 Résultats des essais de contrôle exprimés en MPa (deux mesures par échantillonnage).

	1	2	3	4	5	6	7	8	9	10	11	12
#1	58,5	64,9	65,0	60,1	64,7	65,0	63,8	64,7	64,7	61,1	62,7	68,2
#2	58,2	64,8	65,3	60,5	65,9	65,4	66,6	65,5	64,2	61,9	59,8	69,8

	13	14	15	16	17	18	19	20	21	22	23	24
#1	64,6	66,7	63,9	67,2	67,6	68,7	59,3	59,5	55,9	61,3	60,6	63,6
#2	65,2	67,9	64,1	67,2	67,4	67,8	59,7	59,8	56,4	66,0	60,5	63,6

	25	26	27	28	29	30	31	32	33	34	35
#1	63,3	62,7	63,5	63,0	62,2	63,7	66,4	56,9	63,2	65,4	62,9
#2	63,5	62,5	63,5	63,4	62,7	63,9	66,9	57,1	63,4	65,1	63,5

16.3.6 Discussion des résultats

Les Tableaux 16.3, 16.4 et 16.5 peuvent être obtenus facilement en utilisant un tableur. La Figure 16.9 présente la variation de la résistance mesurée à partir de la moyenne de deux échantillons individuels. Cette courbe démontre que, en dépit de tous les soins apportés lors de la production du béton de faible rapport E/L, les résultats obtenus sur chantier présentent une certaine variabilité. Cette variabilité dépend non seulement de la variabilité du béton mais aussi de celle des essais.

La Figure 16.10 montre que l'histogramme des résistances obtenu a approximativement la forme d'une courbe en cloche. ***Par conséquent, il est légitime de calculer l'écart-type et le coefficient de variation de l'ensemble de ces résultats.***

Tableau 16.3 Résultats de chaque échantillonnage : résistance X (moyenne de 2 éprouvettes) et dispersion R exprimées en MPa.

	1	2	3	4	5	6	7	8	9	10	11	12
X	58,35	64,85	65,15	60,30	65,30	65,20	62,90	65,10	64,45	61,5	61,25	69,00
R	0,3	0,1	0,3	0,4	1,2	0,4	0,6	0,8	0,5	0,8	2,9	1,6

	13	14	15	16	17	18	19	20	21	22	23	24
X	64,90	67,30	64,00	67,20	67,50	68,00	59,50	59,65	56,15	63,65	60,70	63,60
R	0,6	1,2	0,2	0,0	0,2	0,4	0,4	0,3	0,5	4,7	0,2	0,0

	25	26	27	28	29	30	31	32	33	34	35
X	63,40	62,60	63,50	63,20	62,45	63,80	66,85	57,00	63,30	65,25	63,20
R	0,2	0,2	0,0	0,4	0,5	0,2	0,5	0,2	0,2	0,3	0,6

Tableau 16.4 Caractérisation des résultats bruts : résistance moyenne, écart-type, coefficient de variation, moyenne des 5 dernières résistances, leur évolution avec l'avancement des tests.

#	Résistance représentative de chaque échantillonnage (moyenne de deux valeurs) (MPa)	Moyenne de tous les échantillonnages précédents (MPa)	Écart-type σ (formule 16.1a) de tous les échantillonnages précédents (MPa)	Coefficient de variation V% de tous les échantillonnages précédents	Moyenne des 5 derniers échantillonnages
1	58,35	—	—	—	—
2	64,85	61,60	3,25	5,3	—
3	65,15	62,78	2,84	4,5	—
4	60,30	62,16	2,56	4,1	—
5	65,30	62,79	2,55	4,1	62,79
6	65,20	63,19	2,45	3,9	64,16
7	62,90	63,15	2,24	3,5	63,77
8	65,10	63,39	2,17	3,4	63,76
9	64,45	63,51	2,06	3,2	64,59
10	61,50	63,31	2,03	3,2	63,83
11	61,25	63,12	2,02	3,2	63,04
12	69,00	63,61	2,52	4,0	64,26
13	64,90	63,71	2,43	3,8	64,22
14	67,30	63,97	2,51	3,9	64,79
15	64,00	63,97	2,42	3,8	65,29
16	67,20	64,17	2,47	3,8	66,48
17	67,50	64,37	2,51	3,9	66,18
18	68,00	64,57	2,58	4,0	66,80
19	59,50	64,30	2,75	4,3	65,24
20	59,65	64,07	2,86	4,5	64,37
21	56,15	63,69	3,26	5,1	62,16
22	63,65	63,69	3,18	5,0	61,39
23	60,70	63,56	3,17	5,0	59,93
24	63,60	63,56	3,10	3,9	60,75
25	63,40	63,56	3,03	4,8	61,50
26	62,60	63,52	2,98	4,7	62,79
27	63,50	63,52	2,92	4,6	62,76
28	63,20	63,51	2,86	4,5	63,26
29	62,45	63,47	2,82	4,4	63,03
30	63,80	63,48	2,77	4,4	63,11
31	66,65	63,58	2,78	4,4	63,92
32	57,00	63,38	2,97	4,7	62,62
33	63,30	63,38	2,92	4,6	62,64
34	65,25	63,43	2,89	4,6	63,20
35	63,20	63,42	2,85	4,5	63,08

Tableau 16.5 Caractérisation de la procédure d'essai.

#	Dispersion (MPa)	Dispersion moyenne (MPa)	Écart-type « de la procédure d'essai » σ_1 (MPa)	Coefficient de variation « de la procédure d'essai » V_1 %	Moyenne des 10 dernières dispersions (MPa)
	VARIATION DE LA PROCÉDURE DE TEST				
1	0,30				
2	0,10	0,20	0,18	0,27	
3	0,30	0,23	0,21	0,32	
4	0,40	0,28	0,24	0,40	
5	1,20	0,46	0,41	0,62	
6	0,40	0,45	0,40	0,61	
7	0,60	0,47	0,42	0,66	
8	0,80	0,51	0,45	0,70	
9	0,50	0,51	0,45	0,70	
10	0,80	0,54	0,48	0,78	0,54
11	2,90	0,75	0,67	1,09	0,80
12	1,60	0,83	0,73	1,06	0,95
13	0,60	0,81	0,72	1,10	0,98
14	1,20	0,84	0,74	1,10	1,06
15	0,20	0,79	0,70	1,10	0,96
16	0,00	0,74	0,66	0,98	0,92
17	0,20	0,71	0,63	0,93	0,88
18	0,40	0,69	0,62	0,91	0,84
19	0,40	0,68	0,60	1,01	0,83
20	0,30	0,66	0,59	0,98	0,78
21	0,50	0,65	0,58	1,03	0,54
22	4,70	0,84	0,74	1,16	0,85
23	0,20	0,81	0,72	1,18	0,81
24	0,00	0,78	0,69	1,08	0,69
25	0,20	0,75	0,67	1,05	0,69
26	0,20	0,73	0,65	1,03	0,71
27	0,00	0,70	0,62	0,98	0,69
28	0,40	0,69	0,61	0,97	0,69
29	0,50	0,69	0,61	0,97	0,70
30	0,20	0,67	0,59	0,93	0,69
31	0,50	0,66	0,59	0,88	0,69
32	0,20	0,65	0,58	1,01	0,24
33	0,20	0,64	0,56	0,89	0,24
34	0,30	0,63	0,56	0,85	0,37
35	0,60	0,63	0,55	0,88	0,31

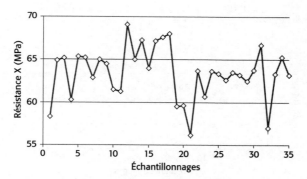

Figure 16.9 Résultats bruts : résistance X (moyenne de 2 éprouvettes) de chaque échantillonnage.

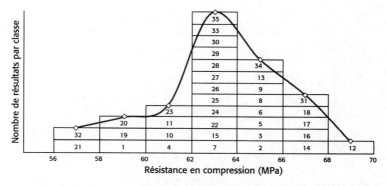

Figure 16.10 Résultats bruts : histogramme des résistances X de chaque échantillonnage.

Les Figures 16.11, 16.12 et 16.13 présentent les variations de la résistance moyenne de l'écart-type et du coefficient de variation. On peut voir qu'après l'échantillonnage numéro 21, ces valeurs deviennent relativement stables (la norme ACI 214 recommande de traiter au moins 30 résultats pour obtenir une valeur moyenne et un écart-type statistiquement valables).

Avec un écart-type de 3,8 MPa et un coefficient de variation de 4,5 %, d'après le Tableau 16.6, on peut qualifier de « bonne » cette production.

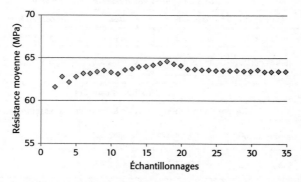

Figure 16.11 Caractérisation des résultats bruts : évolution de la résistance moyenne avec l'avancement des tests.

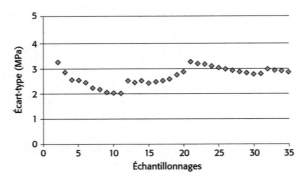

Figure 16.12 Caractérisation des résultats bruts : évolution de l'écart-type avec l'avancement des tests.

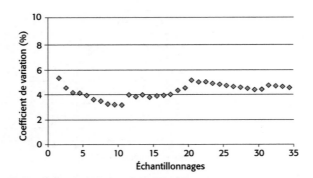

Figure 16.13 Caractérisation des résultats bruts : évolution du coefficient de variation avec l'avancement des tests.

Tableau 16.6 Détermination de la qualité de la production et de la procédure d'essai
à partir des écarts-types et coefficients de variation associés
(d'après ACI 214, Table 3.5).

Qualité de la production					
Niveau de qualité	**Écart-type σ (MPa) des résultats bruts (formule 16.1a)**				
	Excellent	**Très bon**	**Bon**	**Acceptable**	**Mauvais**
Chantier	moins de 2,8	de 2,8 à 3,4	de 3,4 à 4,1	de 4,1 à 4,8	plus que 4,8
Laboratoire et usine à béton	moins de 1,4	de 1,4 à 1,7	de 1,7 à 2,1	de 2,1 à 2,4	plus que 2,4

Niveau de qualité	Qualité du contrôle				
	Coefficient de variation V_1 (%) de la procédure d'essai (formule 16.4)				
Contrôles sur chantier	moins de 3,0	de 3,0 à 4,0	de 4,0 à 5,0	de 5,0 à 6,0	plus que 6,0
Laboratoire et gâchées d'essai	moins de 2,0	de 2,0 à 3,0	de 3,0 à 4,0	de 4,0 à 5,0	plus que 5,0

(ACI 214 Table 3.5 – Standards of concrete control)

La Figure 16.14 représente les dispersions constatées et la Figure 16.15 l'évolution de la moyenne des dispersions au fur et à mesure que les résultats s'accumulent.

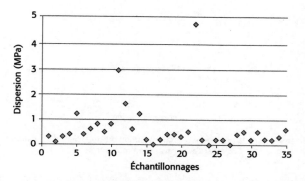

Figure 16.14 Caractérisation de la procédure d'essai : dispersion mesurée sur chaque échantillonnage.

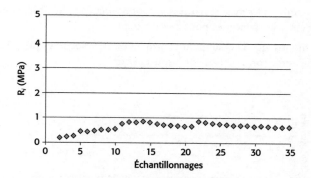

Figure 16.15 Caractérisation de la procédure d'essai : évolution de la moyenne des dispersions avec l'avancement des tests.

Les Figures 16.16 et 16.17 représentent l'écart-type et le coefficient de variation **de la procédure d'essai**. Dans ce cas aussi, on peut voir qu'avec 35 échantillonnages on arrive à atteindre une stabilisation des valeurs.

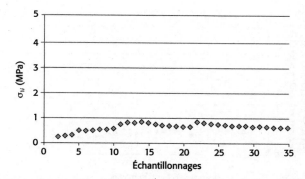

Figure 16.16 Caractérisation de la procédure d'essai : évolution de l'écart-type « de la procédure d'essai » avec l'avancement des tests.

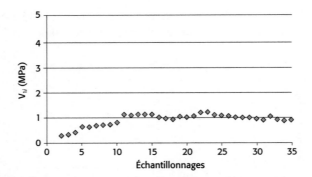

Figure 16.17 Caractérisation de la procédure d'essai : évolution du coefficient de variation « de la procédure d'essai » avec l'avancement des tests.

La Figure 16.18 représente la moyenne des cinq derniers essais. On peut voir sur cette courbe qu'entre le 18ᵉ et le 24ᵉ essai la résistance moyenne a diminué de façon significative mais qu'après le 24ᵉ échantillon les mesures correctives appropriées ont été prises et que la moyenne des cinq derniers essais est remontée pour devenir stable.

La Figure 16.19 montre que la qualité du contrôle s'est détériorée jusqu'au 15ᵉ échantillonnage puis s'est améliorée continuellement jusqu'à la fin.

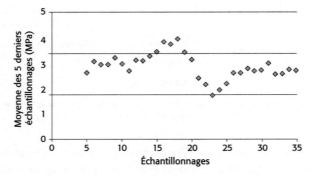

Figure 16.18 Moyenne des 5 derniers échantillonnages.

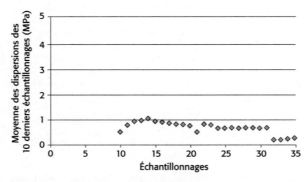

Figure 16.19 Moyenne des dispersions des 10 derniers échantillonnages.

16.4 La spécification de la résistance en compression du béton

La résistance en compression du béton doit être spécifiée de façon statistique. Il n'est pas réaliste d'écrire une spécification telle que « la résistance du béton doit être toujours supérieure à X MPa » puisqu'il est statistiquement impossible de produire un tel béton. Une spécification doit toujours inclure clairement le nombre de fois où il est permis que la valeur obtenue soit plus faible que X. Cela peut être 10 %, 5 % ou même 1 % selon le degré de sévérité choisi par le spécificateur[2].

Le nombre d'échantillons à tester constitue le second point important à spécifier. Il n'est pas pratique de tester toutes les gâchées de béton pour calculer la résistance moyenne et l'écart-type. On se contentera de tester un nombre limité de gâchées mais combien ?

La norme ACI 214 suggère que, pour effectuer un calcul statistique acceptable, il faut au moins 30 échantillons de telle sorte que la résistance moyenne et l'écart-type calculés à partir de ce nombre limité d'échantillons soient représentatifs des moyennes et de l'écart-type réels de la production totale[3]. Les statisticiens nous enseignent que la population constituée à partir d'un nombre limité d'échantillons d'une autre population obéissant à une loi de distribution normale génère une autre courbe de distribution normale. Par conséquent, plus l'écart-type de la production réelle est faible, plus grandes sont les chances que la valeur moyenne et l'écart-type estimés à partir d'un nombre limité de valeurs se rapprochent des valeurs vraies de la moyenne et de l'écart-type de la population entière.

16.5 Les limites de l'analyse statistique

Il faut réaliser que l'analyse statistique d'une production de béton peut entraîner une évaluation incorrecte de la conformité de la production de béton aux spécifications parce que l'analyse statistique a été effectuée sur un nombre limité d'échantillons et non sur toutes les gâchées. L'utilisation d'une table de hasard permet de sélectionner les livraisons à vérifier afin de limiter ce risque. Sans entrer dans le détail de l'analyse combinatoire, il est possible que les échantillons sélectionnés avantagent soit le producteur, soit le client.

Examinons deux cas hypothétiques très simple mais qui peuvent se produire : la construction d'une structure particulière requiert l'utilisation de 100 livraisons de béton. La spécification permet qu'au maximum 5 échantillons puissent avoir une résistance en compression inférieure à la résistance de calcul choisie. L'analyse statistique de cette production est basée sur les résultats de 30 échantillons sélectionnés à l'aide d'une table de hasard.

---

2. En Europe, il existe deux critères pour évaluer la conformité de la résistance à la compression : le premier critère porte sur la moyenne de n résultats ($f_{cm} \geq f_{ck} + 4$ MPa si $n = 3$ et $f_{cm} \geq f_{ck} + 1,48\sigma$ si $n = 15$), le second sur chaque résultat individuel ($f_{ci} \geq f_{ck} - 4$ MPa quel que soit n). f_{ck} est appelé « résistance caractéristique », d'une manière générale sa valeur est choisie égale au fractile 5 %.

3. En Europe, pour une nouvelle formule, l'écart-type initial est estimé à partir de 35 résultats consécutifs obtenus sur 6 mois. Cet écart-type reste ensuite valable tant que l'écart-type calculé sur les 15 derniers résultats ne dévie pas significativement.

16.5.1 Le cas d'un bon producteur de béton qui n'a pas de chance

Le producteur de béton est bon ; il a ajusté la résistance moyenne de sa production en tenant compte de son écart-type habituel pour produire un béton qui, statistiquement, répond aux spécifications. Mais quand les 30 livraisons de béton ont été sélectionnées, il n'a pas eu de chance parce que les 5 chargements défectueux ont été choisis avec pour résultat qu'il sera jugé sur 25 livraisons satisfaisantes et 5 défectueuses. Sa production sera évaluée non conforme bien que, dans les faits, elle ne le soit pas.

16.5.2 Le cas d'un mauvais producteur qui a de la chance

Le producteur de béton n'est pas bon : son béton ne répond pas aux spécifications mais il a beaucoup de chance car aucune de ses livraisons défectueuses n'a été sélectionnée par la table de hasard. Cette production sera considérée comme conforme aux spécifications alors qu'en réalité elle ne l'est pas !

16.5.3 Le risque du producteur et le risque du client

Comme nous venons de le voir, l'acceptation ou le rejet d'une production de béton basée sur une analyse statistique inclut inévitablement le risque de rejeter un béton qui répond aux spécifications ou d'accepter un béton qui n'y répond pas. Dans un monde parfait, il faudrait que le risque d'accepter une mauvaise production ou de refuser une bonne production soit égal à zéro. Selon Chung (1978), les normes actuelles favorisent le producteur plutôt que le client. Il a proposé un nouveau critère d'acceptation permettant de mieux partager les risques. En 2012, rien n'a été fait pour changer la situation actuelle.

16.6 Conclusion

En dépit de toute l'attention portée au contrôle de la variabilité des matériaux utilisés pour fabriquer un béton de faible rapport E/L, tous ces bétons présentent un certain degré de variabilité parce qu'ils sont faits à partir de matériaux qui varient. Ils sont de plus traités par des humains dans des usines plus ou moins sophistiquées et livrés au chantier sous des températures variables. Comme tout matériau fabriqué par les hommes, le béton doit être spécifié sur une base statistique.

Malgré le soin apporté à produire, à livrer et à tester les bétons de faible rapport E/L, un nombre limité d'échantillons peuvent avoir des valeurs inférieures à la résistance de calcul choisie par le concepteur (résistance caractéristique). En s'appuyant sur une analyse statistique, on peut produire un béton qui répond aux caractéristiques choisies par le concepteur. Évidemment, la résistance moyenne que devra viser le producteur sera d'autant plus élevée que l'exigence de variabilité sera plus sévère et que l'écart-type de la production de béton sera plus élevé.

La qualité de la procédure d'essai peut être évaluée par une analyse statistique des écarts de résistance entre les différents échantillons à l'intérieur d'une même gâchée. Ainsi, on peut séparer la variabilité du béton en deux composantes : la variabilité due à la production et celle due à la procédure d'essai.

Il est important de rappeler que, lors de l'évaluation statistique, il y a toujours un risque qu'une production satisfaisant les exigences soit rejetée et qu'une mauvaise production soit acceptée.

Les bétons de faible rapport E/L sont des matériaux sophistiqués mais ils conservent une part de variabilité. Nous devons faire tous les efforts nécessaires pour réduire cette variabilité afin de construire des structures durables et soutenables. L'analyse statistique peut nous aider à atteindre cet objectif.

CHAPITRE 17

Production d'un béton soutenable ayant un minimum d'impact environnemental

17.1 Introduction

Pour construire des structures soutenables en béton ayant un impact minimal sur l'environnement, il faut commencer par le début : à la centrale à béton prêt à l'emploi où le béton est produit. Il est nécessaire d'examiner de près :

- l'impact environnemental du transport des matériaux utilisés pour fabriquer le béton ;
- le traitement et l'utilisation des retours de béton ;
- le traitement des eaux de lavage et de surface collectées dans la centrale à béton.

Afin de constater comment pratiquement ces divers points ont pu être réglés, nous avons décidé de visiter quatre centrales à béton modernes : deux en France et deux au Québec. Pour déterminer si la dimension de la centrale avait un impact sur la manière de régler ces trois points, dans chaque pays, nous avons examiné une grande centrale produisant plus de $100\,000$ m^3 de béton par an et une centrale moyenne produisant de $20\,000$ à $30\,000$ m^3 par an. Dans chacune des 4 centrales, nous avons trouvé des solutions différentes mais qui conduisaient toutes à une réduction de l'impact environnemental et ce à un coût raisonnable d'environ 1 \$/m^3 (environ 0,8 €/m^3).

Avant de décrire les divers équipements trouvés dans ces centrales, nous allons commencer par examiner brièvement la logistique de chacun des matériaux d'un point de vue historique.

17.2 Le transport des matériaux

Durant la seconde moitié du XXe siècle, alors que la production de ciment Portland et de béton connaissait une croissance considérable dans les pays industrialisés, l'emplacement des usines à ciment et à béton était essentiellement dicté par des considérations de transport au sol. Les usines étaient situées aussi près que possible de leur marchés potentiels pour minimiser les coûts de transport. Très souvent, les centrales à béton étaient construites au centre des villes ou dans des banlieues rapprochées. Dans certains cas, elles étaient même situées à l'intérieur des carrières ou des gravières. Dans les centres urbains, chaque fois que cela était possible, elles étaient construites dans les ports ou sur les rives de rivières navigables afin de tirer un avantage des coûts de transport modiques des matériaux par voie d'eau et éviter les embouteillages routiers.

Le ciment Portland et le béton sont des matériaux lourds à faible valeur ajoutée de telle sorte qu'il n'était pas souhaitable de les transporter sur de grandes distances, sauf dans le cas de régions éloignées peu peuplées. Généralement, il n'était pas économique de transporter du ciment à plus de 200 ou 300 km et du béton à plus de 20 à 30 km. Dans le cas du ciment, le transport sur de plus grandes distances de 300 à 500 km pouvait se faire par train pour des marchés qui en valaient la peine. Dans certains cas, pour desservir un marché de taille moyenne facilement accessible par la mer et où il n'était pas pratique, pour des raisons économiques ou politiques, de construire une petite usine de ciment Portland, du ciment Portland et du clinker pouvaient être transportés par bateau. Si possible, une usine de broyage était installée dans ces régions éloignées car il est plus facile de transporter du clinker que du ciment.

Vers la fin du XXe siècle, on a assisté à un changement important dans l'industrie du ciment Portland qui est passée d'un marché local ou national à un marché international au niveau de ses opérations. Ces dernières années, on a vu la création de grands groupes cimentiers internationaux et cette consolidation n'est pas terminée. À l'heure actuelle, pour des raisons purement logistiques, les nouvelles cimenteries commencent à être construites dans ou très près de ports maritimes, de rivières navigables ou de canaux pour pouvoir fournir éventuellement du ciment dans des marchés éloignés avec un coût minimum de transport. Ainsi, actuellement (2010), environ 200 millions de tonnes de ciment sont transportées annuellement par bateau, quelques fois sur des distances de plusieurs milliers de kilomètres. Une association des importateurs de ciment a même été créée. Cette tendance va s'accentuer parce qu'en plus des avantages économiques du transport par bateau s'ajoutent des considérations environnementales, le transport sur l'eau émettant moins de CO_2 par unité de masse.

On a pu voir des grandes cimenteries construites très près de sites colossaux de construction tels que le barrage des Trois-Gorges en Chine. Aux confins du Brésil, du Paraguay et de l'Argentine, s'est construite une usine de calcination d'argile locale pour édifier le barrage de Itaipu (le plus grand barrage après celui des Trois-Gorges). La pouzzolane artificielle produite dans cette usine de calcination a permis de diminuer la quantité de ciment Portland nécessaire à la construction de ce barrage et de réduire la chaleur d'hydratation dans les éléments massifs du barrage. Dans un futur prochain, la calcination d'argile se développera dans beaucoup de pays en voie de développement en vue de diminuer leur dépendance vis-à-vis du ciment Portland et du pétrole tout en réduisant significativement leurs émissions de CO_2.

De la même manière, le transport des granulats par bateau ou péniche est plus économique et écologique que le transport par camion avec pour résultat qu'il est possible maintenant de transporter sur de très grandes distances des chargements de granulats. C'est le cas d'une carrière située au nord de l'Écosse qui fournit des granulats dans certains ports européens et au Moyen-Orient, d'une carrière située en Nouvelle-Écosse, au Canada, qui expédie ses granulats le long de la côte est américaine jusqu'en Floride et d'une carrière exploitée dans une réserve indienne sur l'Île de Vancouver, au Canada, qui fournit des granulats pour les marchés de San Francisco et Los Angeles. Le transport de ces granulats devient encore plus intéressant quand ils peuvent servir de ballast dans les bateaux ou quand ils constituent un chargement de retour. Par exemple, la SNCF s'est vu récemment offrir, par la carrière écossaise mentionnée plus haut, un ballast à un prix très économique car des bateaux affrétés pour transporter 400 000 tonnes de pins des Landes depuis Bayonne jusqu'au nord de l'Angleterre et de l'Écosse auraient fait sinon un voyage retour à vide (ces billes de pin provenaient des forêts landaises détruites lors des grandes tempêtes dans les dernières années).

La construction du pont de la Confédération qui relie le Nouveau-Brunswick et l'Île du Prince-Édouard au Canada a nécessité 150 000 mètres cubes de béton dont les matériaux de base ont tous été transportés de façon économique par bateau. Le ciment et les adjuvants venaient de Montréal (1 500 km), le sable de Sept-Îles (750 km) et le gros granulat de la Nouvelle-Écosse (750 km). Les seuls matériaux locaux furent l'eau et l'air (6 %)! Les gros granulats ne pouvaient être extraits de carrières de l'Île du Prince-Édouard ou du Nouveau-Brunswick puisque toutes les formations rocheuses disponibles pouvaient donner lieu à des réactions alcalis/granulats et, si on avait employé les dépôts de sable de l'Île du Prince-Édouard, il n'en serait pratiquement plus resté pour l'industrie locale du béton après la construction du pont.

Dans un avenir prochain, les granulats légers servant à un mûrissement interne, améliorant considérablement les propriétés mécaniques et la durabilité des bétons de faible rapport E/L, pourront être transportés par bateau ou péniche. Comme déjà discuté dans le Chapitre 13, dans les pays au climat chaud et sec, si par exemple on souhaite remplacer une partie du ciment par une pouzzolane, il est indispensable de fournir à long terme une quantité suffisante d'eau pour l'hydratation de cette pouzzolane. En l'absence d'un mûrissement adéquat, la pouzzolane n'agit que comme un filler, ce qui réduit la durabilité et la soutenabilité du béton.

Par exemple, lors de la construction de la plate-forme Hibernia à Terre-Neuve, la moitié du gros granulat était un gros granulat léger produit au Texas et expédié par bateau à Terre-Neuve. Ce granulat léger a été originellement prescrit pour augmenter la flottabilité de la plate-forme. Cependant, il fut utilisé à l'état saturé (les tas de granulats légers étaient arrosés continuellement) et grâce à cela, en plus du gain sur la masse volumique, par effet de murissement interne, les propriétés mécaniques du béton et sa durabilité ont été significativement augmentées.

17.3 Exemples de centrales à béton modernes

Nous avons visité deux centrales à béton en France :
- l'une appartenant à CEMEX, à Ivry sur les bords de la Seine ; cette centrale a une production annuelle de 150 000 m³ de béton par an ;
- l'autre appartenant au groupe ITALCIMENTI, située à Biarritz, produisant environ 35 000 m³ par an.

Ces deux usines partagent certaines caractéristiques :
- tous leurs équipements sont concentrés sur un espace réduit ;
- les livraisons de béton sont assurées par des compagnies ou des chauffeurs indépendants ;
- l'élimination des boues de lavage récupérées lors des divers traitements est confiée à des entreprises spécialisées ;
- ces deux centrales à béton facturent 0,70 euro/m³ pour ce traitement écologique. Les sommes recueillies sont consacrées à l'entretien et à la modernisation des opérations de recyclage.

Au Canada, les deux centrales visitées étaient :
- la centrale DEMIX BÉTON appartenant au groupe HOLCIM, située à Ville Lasalle dans la proche banlieue de Montréal. La production de cette centrale est d'environ 100 000 m³ de béton par an. Ce béton est livré par une flotte de 28 camions mais, à l'occasion, des compagnies sœurs opérant dans la région de Montréal peuvent prêter des camions supplémentaires. La centrale à béton occupe un espace de 2,16 hectares sur lequel on retrouve aussi un garage, un stationnement pour les camions et une vaste aire de stockage servant à recueillir des bétons de démolition ;
- la centrale BÉTON MEMPHRÉ située à Magog, près de Sherbrooke. Cette compagnie appartient à Carrière St-Dominique. Elle occupe un espace de 1,24 hectare et utilise une flotte de 10 camions ayant une capacité de 6 à 12 m³ ; si nécessaire, elle peut profiter aussi de camions supplémentaires fournis par une compagnie sœur opérant près de Sherbrooke.

17.3.1 La centrale à béton CEMEX d'Ivry

Comme ses consœurs, cette centrale à béton est située sur les rives de la Seine, près d'un carrefour du boulevard périphérique. Ce site est particulièrement avantageux : la plupart des matériaux nécessaires pour produire les 150 000 m³ de béton sont livrés par barges (Figures 17.1 et 17.2) à l'exception de certains ciments spéciaux (moins de 5 %) (Figure 17.3) et des adjuvants livrés par camions.

Figure 17.1 Livraison des granulats par barges.

Figure 17.2 Barge spécifique pour le transport du ciment.

Figure 17.3 Livraison des ciments spéciaux, en l'occurrence par camions.

Le transport du ciment et des granulats par péniches présente l'avantage de diminuer les coûts et les émissions de CO_2. Un système de barges en attente sert aussi à lisser l'approvisionnement en granulats. Signalons que pour limiter davantage les émissions de CO_2, une grue électrique est disponible pour décharger les granulats des barges. L'eau de la Seine sert d'eau de malaxage (après traitement) dans deux malaxeurs de 2 m³ chacun. Étant donné que le transport du béton frais est assuré par des compagnies ou chauffeurs indépendants, on ne retrouve pas de garages ou de sites de stationnement pour camions sur le site de la centrale.

Les eaux de surface qui peuvent contenir des huiles ou des carburants sont traitées dans une installation spéciale qui récupère toutes les matières organiques. Celles-ci sont transportées vers un site certifié par un sous-traitant. Les eaux de lavage provenant du nettoyage de la centrale et des camions malaxeurs sont traitées séparément par centrifugation. Les retours de béton sont traités dans une troisième installation qui récupère toutes les particules fines. Les granulats récupérés à partir de ces retours de béton sont vendus comme matériaux de remplissage à des entrepreneurs (Figure 17.5). Les solides encore en suspension dans l'eau (Figure 17.6) sont récupérés par centrifugation et sont ensuite concentrés dans un système filtre-presse avant d'être éliminés par barges vers des sites certifiés. La compagnie offre aussi un service d'élimination de déchets de démolition qui sont transportés par barges vers un site spécialisé certifié. Une seule personne assure le fonctionnement du système et son entretien. Tous ces équipements sont concentrés dans un espace relativement réduit et fonctionne très efficacement. Le site de la centrale est propre comme on peut le voir sur les Figures 17.7 et 17.8.

Figure 17.4 Nettoyage des camions malaxeurs.

Figure 17.5 Granulats récupérés.

Figure 17.6 Décantation des eaux chargées.

Figure 17.7 Propreté du site.

Figure 17.8 Stockage des gros granulats.

17.3.2 La centrale ITALCIMENTI à Biarritz

La centrale d'ITALCIMENTI à Biarritz est de taille moyenne. Elle est construite près de l'aéroport et très près du croisement de trois autoroutes urbaines. Les retours de béton supérieurs à 1 m^3 servent à faire des blocs ; ceux inférieurs à 1 m^3 sont déversés dans une fosse de décantation recouverte d'une grille. Les eaux de lavage superficielles ou des camions sont dirigées vers ce puits de décantation (Figure 17.9). Le traitement de ces eaux usées et de retours de béton se fait dans une installation compacte représentée schématiquement sur les Figures 17.10, 17.11 et 17.12. Le sable et les gravillons qui ont été séparés sont vendus aux entrepreneurs comme matériau de remplissage (Figure 17.13). Après décantation, les boues de lavage contenant toutes les particules fines sont transportées par un entrepreneur indépendant vers un site certifié.

Figure 17.9 Nettoyage d'un camion malaxeur sur le puits de décantation.

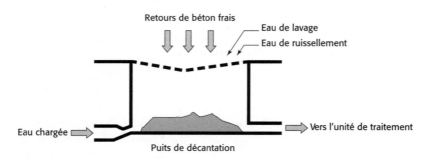

Figure 17.10 Schéma du puits de décantation.

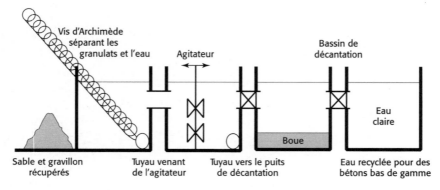

Figure 17.11 Schéma de fonctionnement de l'unité de traitement.

Figure 17.12 L'unité de traitement.

Figure 17.13 Sables et gravillons récupérés.

Les eaux chargées de divers contaminants sont agitées en permanence; elles sont pompées depuis le puits de décantation pour nettoyer l'intérieur des camions malaxeurs et le puits de décantation lui-même. Avant d'entrer dans le puits de décantation, les eaux de lavage passent à travers un venturi où leur pression et leur vitesse augmentent suffisamment pour pouvoir transporter le sable et les gravillons jusqu'à une vis d'Archimède qui les sépare. Les eaux chargées sont ensuite envoyées au bac de décantation pour être utilisées à nouveau au nettoyage du puits de décantation. Le surplus d'eau de ces bassins est dirigé vers deux bassins de sédimentation qui sont vidés alternativement. L'eau claire récupérée de ces deux bassins sert comme eau de gâchage pour produire des bétons bas de gamme.

Figure 17.14 Bassin des eaux chargées.

Figure 17.15 Bassins de décantation.

17.3.3 La centrale DEMIX BÉTON près de Montréal

Même si cette centrale est située près du canal Lachine, tous ses matériaux y sont apportés par camion. Elle est située tout à côté d'un terminal à ciment de la compagnie mère HOLCIM Canada. Le sable utilisé est un sable naturel tandis que le gros granulat est de la pierre concassée. La centrale dispose d'une flotte de 18 camions malaxeurs dont la capacité varie de 5 à 12 m^3 (Figure 17.6). Ces camions sont entretenus dans un garage à proximité, sur le site. Les entrepreneurs de démolition peuvent disposer d'un espace de stockage de 70 000 m^3 pour les déchets de construction en béton (Figure 17.7). De temps en temps, une usine de concassage mobile vient concasser ces déchets de béton pour produire un matériau servant de sous-base et base en construction routière. Aucun granulat recyclé n'est employé pour fabriquer de nouveaux bétons.

Figure 17.16 Camion malaxeur.

Figure 17.17 Béton de démolition concassé.

Les retours de béton soit servent à faire des blocs destinés à être vendus en tant que tels (Figure 17.18), soit sont traités immédiatement dans une installation qui récupère le sable et les gravillons par tamisage (Figure 17.19). Les matériaux ainsi récupérés sont vendus à des entrepreneurs comme matériaux de remplissage. Le surplus de blocs de béton non vendus est envoyé sur le tas de déchets de démolition. Les eaux de surface sont traitées dans une installation spéciale éliminant tous les hydrocarbures. Par la suite, le pH des eaux traitées est mesuré et ajusté automatiquement à un pH très faiblement basique. Les eaux de lavage sont traitées par centrifugation et leur pH est encore ajusté avant leur rejet dans le système d'égout municipal. Les boues durcies sont envoyées dans un site spécialisé (Figure 17.21).

Figure 17.18 Moules pour les blocs fabriqués à partir des retours de béton.

Figure 17.19 Récupération des granulats contenus dans les retours de béton.

Figure 17.20 Contrôle du pH de l'eau traitée.

Figure 17.21 Boues solidifiées avant leur évacuation.

17.3.4 La centrale BÉTON MEMPHRÉ de Magog

Située dans le parc industriel de Magog (15 000 habitants), elle fonctionne avec 10 camions pour assurer une production annuelle moyenne de 30 000 m³ de béton. Le ciment et les granulats sont livrés par camions. Le sable est un sable naturel tandis que le gros granulat est une pierre concassée fournie par la compagnie mère Carrière St-Dominique. Les retours de béton servent à la fabrication de blocs. Les blocs de deuxième catégorie sont donnés à la Ville de Magog pour ses propres besoins. Le surplus de blocs de béton invendus est retourné à la carrière pour broyage avec la roche vierge diluant ainsi leur concentration. Après décantation, les boues de lavage (Figure 17.23) sont récupérées par une compagnie spécialisée pour élimination dans un site certifié.

Figure 17.22 Lavage des camions malaxeurs.

Figure 17.23 Boues solidifiées avant leur évacuation.

17.4 Conclusion

À partir de ces 4 exemples, on se rend compte qu'il est possible de faire fonctionner une centrale à béton d'une manière responsable vis-à-vis de l'environnement et à des coûts raisonnables. La quantité de déchets dirigés vers des sites certifiés peut être minimisée. Dans tous les cas, pour la bonne exécution de ces opérations, il est indispensable que quelqu'un, dans l'organisation du travail, prenne la responsabilité des aspects environnementaux de la production et du transport du béton[1].

---

1. À noter au niveau français la mise à disposition pour les professionnels de fiches d'impacts environnementaux, norme NF P 01 010 (AFGC – DIOGEN), qui permettent de connaître les différents impacts des matériaux de construction. Pour le béton, ces fiches sont réalisées à partir d'un calculateur développé par le Syndicat national du Béton prêt à l'Emploi (BETie). Ce calculateur prend en compte les impacts des matériaux et des transports (du berceau à la porte du chantier – *cradle to gate*).

Bibliographie

Références

D.A. ABRAMS, "Design of Concrete Mixtures", *Bulletin 1*, Structural Materials Research Laboratory, Lewis Institute, Chicago, États-Unis, 1918.

P. ACKER, J.M. TORRENTI & F. ULM, «Comportement différé du béton au jeune âge», *Traité mécanique et ingénierie des matériaux*, Hermès Éd., Paris, 2004.

P. AGGARWAL, Y. AGGARWAL & S.M. GUPTA, "Effect of Bottom Ash as Replacement of Fine Aggregates in Concrete", *Asian Journal of Civil Engineering (Building and Housing)*, 2007, vol. 8, n° 1, p. 49-62.

P.C. AÏTCIN, "Density and Porosity of Solids", *ASTM Journal of Materials*, 1971, vol. 6, n° 2, p. 282-294.

P.C. AÏTCIN, *Condensed Silica Fume*, Les éditions de l'Université de Sherbrooke, Sherbrooke, Québec, Canada, 1983, 52 p.

P.C. AÏTCIN, *High Performance Concrete*, E and FN Spon, Londres, Royaume-Uni, 1998, 591 p.

P.C. AÏTCIN, "The Volumetric Changes of Concrete or Does Concrete Shrink or Does it Swell?", *Concrete International*, 1999a, vol. 21, n° 12, p. 77-80.

P.C. AÏTCIN, "Demystifying Autogenous Shrinkage", *Concrete International*, 1999b, vol. 21, n° 11, p. 54-56.

P.C. AÏTCIN, *Binders for Durable and Sustainable Concrete*, Taylor & Francis, Londres, Royaume-Uni, 2007a, 2008, 500 p.

P.C. AÏTCIN, *Standard Performance – Are We Testing the Right Performance?*, CCCI 2007, Montréal, Canada, 2007b.

P.C. AÏTCIN, "The Use of Blast Furnace Slag and Class C Fly Ash as a Source of Raw Material to Decrease Significantly the Amount of CO_2 during the Fabrication of Portland Cement Clinker", *Terry Holland Symposium 5th ACI/CANMET International Conference*, Varsovie, Pologne, 2007c, p. 175-89.

P.C. AÏTCIN, "Insulated Forms: Why and Why Now?", ACI Fall Convention, La Nouvelle-Orleans, États-Unis, 2009, 12 p.

P.C. AÏTCIN, F. AUTEFAGE, A. CARLES-GIBERGUES & A. VAQUIER, "Comparative Study of Cementitious Properties of Different Fly Ashes", *2nd International Conference on the Use of Fly Ash, Silica Fume, Slag and Natural Pozzolans in Concrete*, Madrid, Espagne, 1986, p. 94-114.

P.C. AÏTCIN & P.K. MEHTA, "Effect of Coarse Aggregate Characteristics on Mechanical Properties of High-strength Concrete", ACI *Materials Journal*, 1990, vol. 87, n° 2, p. 103-107

P.C. AÏTCIN & A.M. NEVILLE, "How the Water-Cement Ratio affects Concrete Strength", *Concrete International*, 2003, vol. 25, n° 8, p. 51-58.

P.C. AÏTCIN, A.M. NEVILLE & P. ACKER, "Integrated View of Shrinkage Deformation", *Concrete International*, 1997, vol. 19, n° 9, p. 35-41.

P.C. AÏTCIN, M. PIGEON, R. PLEAU & R. GAGNÉ, "Freezing and Thawing Durability of High-Performance Concrete", *International Symposium on High-Performance Concrete and Reactive Powder Concrete*, Sherbrooke, Canada, 1998, vol. 4, p. 383-392.

P.C. AÏTCIN, S. SARKAR, R. RANC & C. LÉVY, "A High Silica Modulus Cement for High Performance Concrete", *Advances in Cementitious Materials, Ceramic Transactions*, 1991, vol. 16, p. 103-121.

J. ALBINGER & J. MORENO, "High Strength Concrete: Chicago Style", *Concrete Construction*, 1991, vol. 26, n° 3, p. 241-245.

J. ALDRED, Communication personnelle, 2010.

M. ALEXANDER & S. MINDESS, *Aggregates in Concrete*, Taylor & Francis, Londres, Royaume-Uni et New York, États-Unis, 2005, 435 p.

L.B. ANDRADE, J.C. ROCHA & M. CHERIAF, "Evaluation of Concrete Incorporating Bottom Ash as a Natural Aggregates Replacement", *Waste Management*, 2007, vol. 27, p. 1190-1199.

J. ASSELANIS, P.C. AÏTCIN & P.K. MEHTA, "Influence of Curing Conditions on the Compressive Strength and Elastic Modulus of Very High-strength Concrete", *Cement, Concrete and Aggregates*, 1989, n° 2, Été, p. 80-83.

W.H. BAALBAKI, Ph.D. Thesis No 1015 (en français), "Experimental and Forward Looking Analysis of the Elastic Modulus of Concrete", Université de Sherbrooke, Sherbrooke, Québec, Canada, 1997.

W.H. BAALBAKI, B. BENMOKRANE, O. CHAALAL & P.C. AÏTCIN, "Influence of Coarse Aggregate on Elastic Properties of High Performance Concrete", ACI *Materials Journal*, 1991, vol. 8, n° 5, p. 499-503.

L. BARCELO, S. BOIVIN, P. ACKER, J. TOUPIN & B. DURAND, "Early Age Shrinkage of Concrete: Back to Physical Mechanism", *Concrete Science and Engineering*, 2001, vol. 3, n° 10, p. 85-91.

R.B. Barton, "Water-Cement Ratio is Passé", *Concrete International*, 1989, vol. 11, n° 11, p. 75-78.

C. Bédard, Ph.D. Thesis No 1570 (en français), «Interactions superplastifiant-ciment avec ajouts cimentaires; influence sur la rhéologie», Université de Sherbrooke, Sherbrooke, Québec, Canada, 2005.

J. Bensted, "Cement Science – Is it Simple?", *Cement Wapno Beton* (1), 2001, p. 6-19.

J. Bensted, "Why Gypsum Quality is Important for Portland Cements?", *Cement Wapno Beton* (4), 2005, p. 183-203.

J. Bensted & P. Barnes, *Structure and Performance of Cements*, 2e édition, SPON Press, Taylor & Francis, Londres, Royaume-Uni, 2002, 565 p.

A. Bentur, "Durability Design of Concrete Cover: the Knowing-Doing Gap", in J. Skalny, S. Mindess & A. Boyd, *Concrete Technology-Materials Science of Concrete*, The American Ceramic Society, 2006, p. 11-19.

D.P. Bentz, "Internal Curing of High-Performance Concrete Blended Cement Mortars", ACI *Materials Journal*, 2007, vol. 104, n° 4, p. 408-414.

D. Bentz & P.C. Aïtcin, "The Hidden Meaning of the Water/Cement Ratio", *Concrete International*, 2008, vol. 30, n° 5, p. 51-54.

D. Bentz, P.M. Halleck, A.S. Grader & J.W. Roberts, "Water Movements During Internal Curing", *Concrete International*, 2006, vol. 28, n° 10, p. 39-45.

D.P. Bentz, E.F. Irassar, B.E. Bucher & W.J. Weiss, "Limestone Fillers Conserve Cement", Part 1, *Concrete International*, 2009, vol. 31, n° 11, pp. 41-46 ; Part 2, *Concrete International*, 2009, vol. 31, n° 12, p. 35-39.

D.P. Bentz & M.A. Peltz, "Thermal and Autogenous Shrinkage Contributing to Early-Age Cracking", ACI *Journal of Materials*, 2008, vol. 105, n° 4, p. 414-420.

D.P. Bentz & K.A. Snyder, "Protected Paste Volume in Concrete: Extension to Internal Curing Using Saturated Lightweight Fine Aggregates", *Cement and Concrete Research*, 1999, vol. 29, p. 1863-1867.

D.P. Bentz & P.E. Stutzman, "Curing, Hydration and Microstructure of Cement Paste", ACI *Materials Journal*, 2006, vol. 103, n° 5, p. 348-356.

J. Bickley, R.D. Hooton & K.C. Hover, *Preparation of a Performance-based Specification for Cast-In-Place Concrete*, RMC Research Foundation, Silver Spring, Maryland, États-Unis, 2006.

J.D. Birchall & A. Kelly, "New Inorganic Materials", *Scientific American*, 1983, vol. 248, n° 5, p. 104-115.

R.H. Bogue, *La Chimie du ciment Portland*, Eyrolles Éd., Paris, 1952.

G. Brundtland (dir.), *Our Common Future: The World Commission on Environment and Development*, Oxford University Press, Oxford, Royaume-Uni, 1987.

H.W. Chung, "How Good is Good Enough – A Dilemma in Acceptance Testing of Concrete", ACI *Journal*, 1978, vol. 75, n° 8, p. 374-380.

City of Montreal, *High Performance Concrete (HPC) Compressive Strength of 50 MPa or More*, Standard Technical Specification 3VM-20, City of Montreal Department of Public Works, Transportation and Environment, Division Laboratories, Montréal, Canada, 2005, 18 p.

M. Collepardi, A. Borsoi, S. Collepardi, J.J. Ogoumah Olagot & R. Troli, "Effects of Shrinkage Reducing Admixtures in Shrinkage Compensating Concrete under Non-Wet Conditions", *Cement and Concrete Composites*, 2005, vol. 27, p. 704-708.

L. Coppola, R. Troli, T. Cerulli & M. Collepardi, "The Influence of Materials on the Performance of Reactive Powder Concrete", *International Conference on High-Performance Concrete and Performance and Quality of Concrete Structures*, Folorianopolis, Brésil, 1996, p. 502-513.

D. Cross, J. Stephens & M. Berry, "Sustainable Construction Contributions from the Treasure State", *Concrete International*, 2010, vol. 32, n° 5, p. 41-46.

D. Cusson & T. Hoogeveen, "Internal Curing of High-Performance Concrete with Pre-soaked Lightweight Aggregate Sand for Prevention of Autogenous Shrinkage Cracking", *Cement and Concrete Research*, 2008, vol. 38, n° 6, p. 757-765.

H.E. Davis, "Autogenous Volume Changes of Concrete", *43rd Annual General Meeting of ASTM*, 1940, vol. 40, p. 103-112.

R.E. Davis, "A Summary of the Results of Investigations Having to do with Volumetric Changes in Cements, Mortars and Concretes, Due to Causes Other than Stress", *Journal of the American Concrete Institute*, 1930, vol. 26, p. 407-443.

K.W. Day, *Concrete Mix Design, Quality Control and Specification*, E and FN SPON, Londres, Royaume-Uni, 1995, 350 p.

Y. Deshpande, J.E. Hiller & C.J. Shorkey, "Volumetric Stability of Concrete Using Recycled Concrete Aggregates", in A.M. Brandt, J. Olek & I.H. Marshall (dir.), Proc. Int. Symp. *Brittle matrix Composites 9*, Varsovie, Pologne, 25-28 oct., IFTR & Woodhead Publishing Limited, Varsovie, Pologne, 2009, p. 301-311.

R. Dhir, K. Paine, T. Dyer & A. Tang, "Value-added Recycling of Domestic, Industrial and Construction Waste Arising as Concrete Aggregate", *Concrete Engineering International*, 2004, vol. 8, n° 1, p. 43-48.

V. Dodson, *Concrete Admixtures*, Van Nostrand Reinhold, New York, États-Unis, 1990, 211 p.

H. Dumez & A. Jeunemaître, *Understanding and Regulating the Market at a Time of Globalization – The Case of the Cement Industry*, MacMillan Press, Londres, Royaume-Uni, 2000, 238 p.

A. Duran-Herrera, P.C. Aïtcin & N. Petrov, "Effect of Saturated Lightweight Sand Substitution on Shrinkage in a 0.35 w/b Concrete," ACI *Materials Journal*, 2007, vol. 104, n° 1, p. 48-52.

S.A. Duran-Herrera, O. Bonneau, N. Petrov, K.H. Khayat & P.C. Aïtcin, "Autogenous Control of Autogenous Shrinkage", *ACI* SP-256, American Concrete Institute, Farmington Hils, Michigan, États-Unis, 2008, p. 1-12.

A.S. El-Dieb, M.M. Abdel-Wahab & M.E. Abdel-Hameed, "Concrete Using Tire Rubber Particles as Aggregate", in R.K. Dhir, M.C. Limbachiya & K.A. Paine (dir.), *Recycling and Use of Used Tyres*, Thomas Telford, Londres, Royaume-Uni, 2001, p. 251-259.

N.N. Eldin & A.B. Sénouci, "Tire Rubber Particles as Concrete Aggregate", ASCE *Journal of Materials in Civil Engineering*, 1993, vol. 5, n° 4, p. 478-498.

G. Fathifazl, A.G. Razaqpur, O.B. Isgor, B. Fournier & S. Foo, "Recycled Aggregate Concrete as a Structural Material", *Canadian Civil Engineer*, 2007-2008, vol. 24, n° 5, Hiver, p. 20-23.

R. Féret, «Sur la compacité des mortiers hydrauliques», *Annales des Ponts et Chaussées*, 1892, 2ᵉ semestre, p. 5-161.

E.M. Gartner, J.F. Young, D.A. Damidot & I. Jawed, "Hydration of Portland Cement", in J. Bensted & P. Barnes (dir.), *Structure and Performance of Cements*, 2ᵉ édition, Spon Press, Londres, Royaume-Uni, 2002, p. 57-113.

J. Gebauer, S.C. Ko, A. Lerat & J.C. Roumain, "Experience with a New Cement for Special Applications", *2ⁿᵈ International Symposium on Non-Traditional Cement and Concrete*, Brno, République Tchèque, 2005, p. 277-283.

K.A. Godfrey, Jr., "Concrete Strength Record Jumps 36%", ASCE *Civil Engineering*, 1987, vol. 57, n° 11, p. 84-88.

A. Goldman & B. Bentur, "The Influence of Micro Fillers on Enhancement of Concrete Strength", *Cement and Concrete Research*, 1993, vol. 23, n° 8, p. 962-972.

H.F. Gonnerman, "Study of Methods of Curing Concrete", *Journal of the American Concrete Institute*, 1930, vol. 26, p. 359-396.

J.L. Granju & J. Grandet, "Relation between the Hydration State and the Compressive Strength of Hardened Portland Cement Pastes", *Cement and Concrete Research*, 1989, vol. 19, n° 4, p. 579.

J.L. Granju & J.C. Maso, "Hardened Portland Cement Pastes, Modelisation of the Microstructure and Evolution Laws of Mechanical Properties":
- "I-Basic Results", *Cement and Concrete Research*, 1984, vol. 14, n° 2, p. 249
- "II- Compressive Strength Law", *CCR*, 1984, vol. 14, n° 3, p. 303
- "III-Elastic Modulus", *CCR*, 1984, vol. 14, n° 4, p. 539.

T.C. Hansen (dir.), *Recycling of Demolished Concrete and Masonry*, RILEM Report No. 6, Chapman & Hall, Londres, Royaume-Uni, 1990.

P. Hawken, A. Lovins & L. Hunter Lovins, *Natural Capitalism*, Little, Brown & Company, Boston, États-Unis, 1999, p. 70.

G. Hoff & R. Elimov, "Concrete Production for the Hibernia Platform", Supplementary Papers, Second CANMET/ACI *International Symposium on Advances in Concrete Technology*, Las Vegas, États-Unis, 1995, p. 717-39.

T. Holland, *Silica Fume User's Manual*, The Federal Highway Administration, Washington, D.C., États-Unis, 2005, 193 p.

R.D. Hooton, M.R. Nokken & M.D.A. Thomas, *Portland-Limestone Cement: State-of-the-Art Report and Gap Analysis for CSA A3000*, Cement Association of Canada Research and Development Report SN3053, 2007, 59 p.

R.D. Hooton & A. Weir, "Green Concrete Goes for the Gold at 2010 Winter Olympics", *Concrete International*, 2010, vol. 32, n° 2, p. 45-48.

R. Houpert, «Le Comportement à la rupture des roches», *Proceedings*, International Conference on Rock Mechanics, Montreux, Suisse, Balkema, Rotterdam, Pays-Bas, 1979, vol. 3, p. 107-114.

G.M. Idorn, "30 Years with Alkalis in Concrete", *Alkalis in Concrete Research and Practice*, Copenhague, Danemark, 1983, 18 p.

O. Jensen & E. Hansen, "A Model for the Microstructure of Calcium Silicate Hydrate in Cement Paste", *Cement and Concrete Research*, 2001, vol. 30, n° 1, p. 101-16.

O.M. Jensen & P.F. Hansen, "Water-Entrained Cement-Based Materials: I. Principles and Theoretical Background", *Cement and Concrete Research*, 2001, vol. 31, n° 4, p. 647-654.

O.M. Jensen & P.F. Hansen, "Water-Entrained Cement-Based Materials: II. Experimental Observations", *Cement and Concrete Research*, 2002, vol. 32, n° 6, p. 973-978.

W. Jin, C. Meyer & S. Baxter, "*Glascrete* – Concrete with Glass Aggregate", ACI *Materials Journal*, 2000, vol. 97, n° 2, p. 208-213.

C. Jolicœur, T. Cong To, E. Benoît, R. Hill, Z. Zhang & M. Page, "Fly-ash Carbon Effects on Concrete Air Entrainment: Fundamental Studies on Their Origin and Chemical Mitigation", *World of Coal Ash (WOCA) Conference*, 4-7 mai, Lexington, Kentucky, États-Unis, 2009, 23 p. (http://www.flyash.info/)

C. Jolicœur, P.C. Nkinamubanzi, M.A. Simard & M. Piotte, "Progress in Understanding the Fundamental Properties of Superplasticizers in Fresh Concrete", ACI SP-148, American Concrete Institute, Farmington Hills, Michigan, États-Unis, 1994, p. 63-88.

C.D. Johnston, "Waste Glass as Coarse Aggregate for Concrete", *Journal of Testing and Evaluation*, 1974, vol. 2, n° 5, p. 344-350.

H. Kada, M. Lachemi, N. Petrov, O. Bonneau & P.C. Aïtcin, "Determination of the Coefficient of Thermal Expansion of High-Performance Concrete from Initial Setting", *Materials and Structures*, 2002, vol. 35, n° 245, p. 35-41.

J. Kett, *Engineered Concrete – Mix Design and Test Methods*, CRC Press, Boca Raton, États-Unis, 2000, 170 p.

B.G. Kim, Ph.D. Thesis, "Compatibility between Cements and Superplasticizers in High-Performance Concrete: Influence of Alkali Content in Cement and of the Molecular Weight of PNS on the Properties of Cement Pastes and Concrete", Université de Sherbrooke, Québec, Canada, 2000.

P. Klieger, "Early High-strength Concrete for Prestressing", *Proceedings*, World Conference on Prestressed Concrete, San Francisco, États-Unis, 1957, p. A5(1)-A5 (14).

S.H. Kosmatka, "In Defence of the Water-Cement Ratio", *Concrete International*, 1991, vol. 13, n° 9, p. 65-69.

S.H. Kosmatka, B. Kerkoff, W.C. Panarese, N.F. McLeod & R.J. McGrath, *Design and Control of Concrete Mixtures*, 7ᵉ édition, Cement Association of Canada, Ottawa, Canada, 2002, 368 p.

K. Kovler & O.M. Jensen, "Novel Technique for Concrete Curing", *Concrete International*, 2005, vol. 27, n° 9, p. 39-42.

K. Kovler & O.M. Jensen, *State of the Art Report: Internal Curing of Concrete*, RILEM Technical Committee 196-ICC, RILEM Publications S.a.r.l., Bayeux, 2007, 140 p.

P.C. Kreijger, "Plasticizers and Dispersing Admixtures", *Concrete International*, The Construction Press, Londres, Royaume-Uni, 1980, p. 1-16.

P.C. Kreijger, "The "Skin" of Concrete – Research Needs", *Magazine of Concrete Research*, 1997, vol. 39, n° 140, p. 122-3.

M. Lachemi & R. Elimov, "Numerical Modeling of Slipforming Operations", *Computers and Concrete*, 2007, vol. 4, n° 1, p. 33-47.

H. Lafuma, *Liants hydrauliques*, Dunod Éd., Paris, 1951, 139 p.

S. Laldji & A. Tagnit-Hamou, "Properties of Ternary and Quaternary Concrete Incorporating New Alternative Cementitious Material", ACI *Materials Journal*, 2006, vol. 103, n° 2, p. 83-89.

S. Laldji & A. Tagnit-Hamou, "Glass-Frit for Concrete Structures: a New Alternative Cementitious Material", *Canadian Journal of Civil Engineering*, 2007, vol. 34, p. 793-802.

H. Le Chatelier, *Recherches expérimentales sur la constitution des mortiers hydrauliques*, Dunod Éd., Paris, 1904.

H. Liang, H. Zhu & E.A. Byars, "Use of Waste Glass as Aggregate in Concrete", in 7th UK CARE Annual General Meeting, UK Chinese Association of Resources and Environment, Greenwich, Royaume-Uni, 2007, 15 sept., 7 p.

P. Lura, O.M. Jensen & K. van Breugel, "Autogenous Shrinkage in High-Performance Cement Paste: an Evaluation of Basic Mechanisms", *Cement and Concrete Research*, 2002, vol. 33, n° 2, p. 223-232.

C.G. Lynam, *Growth and Movement in Portland Cement Concrete*, Oxford University Press, Londres, Royaume-Uni, 1934, 139 p.

V.M. Malhotra, "CANMET Investigations Dealing with High-Volume Fly Ash in Concrete", *Advances in Concrete Technology*, 2e édition, CANMET, Ottawa, Canada, 1994, p. 445-482.

V.M. Malhotra, "High-Performance Fly Ash Concrete", *Concrete International*, 2002, vol. 24, n° 7, p. 35-40.

V.M. Malhotra, "Reducing CO_2 Emissions – The Role of Fly Ash and Other Supplementary Cementitious Materials", *Concrete International*, 2006, vol. 28, n° 7, p. 42-45.

V.M. Malhotra, "Reducing CO_2 Emissions", *Concrete International*, 2006, vol. 28, n° 9, p. 42 -45.

V.M. Malhotra & P.K. Mehta, *Pozzolanic and Cementitious Materials*, Gordon & Breach, Amsterdam, Pays-Bas, 1996, 191 p.

V.M. Malhotra & P.K. Mehta, *High-Performance Fly Ash Concrete*, Supplementary Cementing Materials for Sustainable Development Inc. Ottawa, Canada, 2008, 142 p.

C. Maltese, C. Pistolesi, A. Lolli, T. Cerulli & D. Salvion, "Combined Effect of Expansive and Shrinkage Reducing Admixtures to Obtain Stable and Durable Mortars", *Cement and Concrete Research*, 2005, vol. 35, p. 2244-2251.

E. Marciano, Ph.D. Thesis No 1452, "Sustainable Development in the Cement and Concrete Industries", Université de Sherbrooke, Sherbrooke, Québec, Canada, 2003.

F. Massazza, "Pozzolans and Pozzolanic Cements" in *Lea's Chemistry of Cement and Concrete*, Arnold, Londres, Royaume-Uni, 1998, p. 478-632.

B. Mather, "Self-Curing Concrete, Why Not?", *Concrete International*, 2001, vol. 23, n° 1, p. 46-47.

V. Mechtcherine, L. Dudziak & J. Schulze, "Internal Curing by Superabsorbant Polymers (SAP). Effects on Material Properties of Self-Compacting Fibre-Reinforced High Performance Concrete", Proceedings of the International RILEM Conference, *Volume Changes of Hardening Concrete: Testing and Mitigation*, O.M. Jensen, P. Lura & K. Kovler (dir.), RILEM Publications S.a.r.l., Bayeux, 2006, p. 87-96.

K.W. Meeks & N.J. Carino, "Curing of High-Performance Concrete: Report of the State-of-the-Art", *NISTIR G29S*, National Institute of Standards and Technology, Gaithersburg, MD, États-Unis, 1999, p. 1-7.

P.K. Mehta, "Concrete technology for sustainable development – An overview of essential elements", *Concrete Technology for a Sustainable Development in the 21th Century*, E and FN Spon, Londres, Royaume-Uni, 2000, p. 83-94.

P.K. Mehta & D. Manmohan, "Sustainable High-Performance Concrete Structures – The U.S. Experience with High-volume Fly Ash Concrete", *Concrete International*, 2006, vol. 28, n° 7, p. 37-42.

C. Meyer, "Glass Concrete", *Concrete International*, 2003, vol. 25, n° 6, p. 55-58.

C. Meyer, "Recycled Materials in Concrete", in S. Mindess (dir.), *Developments in the Formulation and Reinforcement of Concrete*, Woodhead Publishing Limited, Cambridge, Royaume-Uni, 2008, p. 208-230.

H. Mihashi & J.P. de B. Leite, "State-of-the-Art Report on Control of Cracking in Early Age Concrete", *Journal of Advanced Technology*, Japan Concrete Institute, 2004, vol. 2, n° 2, p. 141-154.

S. Mindess, J.F. Young & D. Darwin, *Concrete*, 2e éd., Prentice-Hall, Upper Saddle River, New Jersey, États-Unis, 2003, 644 p.

D. Mitchell, "What does this All mean to the Structural Engineer?", in *Anna Maria Workshop, Sustainability in the Cement and Concrete Industry*, 2006, 8 p.

R. Morin, G. Haddad & P.C. Aïtcin, "Crack-Free High Performance Concrete Structures", *Concrete International*, 2002, vol. 24, n° 9, p. 51-56.

F. Moulinier, S. Lane & A. Dunster, "The Use of Glass as Aggregate in Concrete", The Waste and Resource Action Programme, Oxford, Royaume-Uni, 2006, 21 p.

S. Nagataki & H. Goni, "Expansive Admixtures (Mainly Ettringite)", *Cement and Concrete Composites*, 1998, vol. 20, p. 704-708.

M. Nehdi, S. Mindess & P.C. Aïtcin, "Optimisation of High-strength Limestone Filler Cement Mortars", *Cement and Concrete Research*, 1996, vol. 26, n° 6, p. 883-893.

A.M. Neville, *Properties of Concrete*, 4e édition, Pitman, Londres, Royaume-Uni, 1995, 844 p.

A.M. Neville, Communication personnelle, 1996.

A.M. Neville, *Concrete: Neville's Insights and Issues*, Thomas Telford, Londres, Royaume-Uni, 2006, 314 p.

P.C. Nkinamubanzi & P.C. Aïtcin, "The Use of Slag in Cement and Concrete in a Sustainable Development Perspective", *WABE International Symposium on Cement and Concrete*, 30-31 mars, Montréal, Canada, 1999, p. 85-110.

P.C. Nkinamubanzi, M. Baalbaki, J. Bickley & P.C. Aïtcin, "Slag for HPC", *World Cement*, 1998, vol. 29, n° 10, p. 97-103.

A.V. Nielsen & P.C. Aïtcin, "Properties of High-Strength Concrete Containing Light, Normal and Heavyweight Aggregate", *Cement, Concrete and Aggregates*, 1992, vol. 14, n° 1, p. 8-12.

A. Nonat, "The Structure of C-S-H", *Cement Wapno Beton*, 2005, (2), p. 65-73.

K. Obla, H. Kim & C. Lobo, *Crushed Returned Concrete as Aggregates for New Concrete*, RMC Research & Education Foundation, 2007, 44 p.

J.P. Ollivier & A. Vichot, *La Durabilité des bétons*, Presses de l'École nationale des Ponts et Chaussées, Paris, 2008, 868 p.

A. Otha, T. Sugiyama & T. Momoto, "Study of Dispersing Effects of Polycarboxylated-based Dispersants on Fine Particles", *ACI SP-95*, American Concrete Institute, Farmington Hills, Michigan, États-Unis, 2000, p. 211-227.

M. Papadakis & M. Venuat, *Fabrication et Utilisation des Liants Hydrauliques*, 2ᵉ édition (autopublié), 1968.

S.B. Park, B.C. Lee & J.H. Kim, "Studies on Mechanical Properties of Concrete Containing Waste Glass Aggregate", *Cement and Concrete Research*, 2004, vol. 34, n° 12, p. 2181-2189.

J. Pera, L. Coutaz, J. Ambroise & M. Chababbet, "Use of Incinerator Bottom Ash in Concrete", *Cement and Concrete Research*, 1997, vol. 27, n° 1, p. 1-5.

J.C. Phillips & D.S. Chan, "Refuse Glass Aggregate in Portland Cement Concrete", in M.A. Schwartz (dir.), *Proceedings, 3ʳᵈ Mineral Waste Utilization Symposium*, Chicago, U.S. Bureau of Mines and IIT Research Institute, États-Unis, 1972.

M. Pigeon & R. Pleau, *Durability of Concrete in Cold Climates*, E and FN SPON, New York, États-Unis, 1995, 244 p.

G. Pons & J.M. Torrenti, "Shrinkage and Creep" (en français), in J.P. Ollivier & V. Vichot, *La Durabilité des bétons*, Presses de l'École nationale des Ponts et Chaussées, Paris, 2008, p. 167-216.

C.S. Poon & D. Chan, "Influence of Contaminations Levels in Recycled Concrete Aggregates on the Properties of Concrete Products", in N. Banthia, T. Uomoto, A. Bentur & S.P. Shah (dir.), *Construction Materials*, Proceedings of ConMat '05 and Mindess Symposium, Vancouver, Université de Colombie-Britannique, Vancouver, Canada, 2005, CD-ROM.

T.C. Powers, "A Discussion of Cement Hydration in Relation to the Curing of Concrete", *Proceedings of the Highway Research Board*, 1947, vol. 27, p. 178-188.

T.C. Powers, "Properties of Hardened Cement Pastes", *J. Amer. Ceram. Soc.*, 1958, vol. 41.

T.C. Powers, "Structure and Physical Properties of Hardened Portland Cement Paste", *Journal of the American Ceramic Society*, 1958, vol. 4, n° 1, p. 1-6.

T.C. Powers, P.C.A, *J. of Res. and Dev. Labo.*, 1961, vol. 3, p. 47-56.

T.C. Powers, Proc. 4ᵗʰ Int. Cong. Chem. Cem., Washington D.C, 1962.

T.C. Powers, Participation au livre de H.F.W. Taylor, *The Chemistry of Cements*, Academic Press, Londres & New York, 1964, tome 1, p. 392-416.

T.C. Powers & T.L. Brownyard, (série de 8 articles) Proc. of ACI, 1947, vol. 43, n° 2 à 8.

S. Raphaël, S. Sarkar & P.C. Aïtcin, "Alkali-Aggregate Reactivity – Is it Always Harmful?", *Proceedings* of the VIIIᵗʰ International Conference on Alkali-Aggregate Reaction, Kyoto, Japon, 1989, p. 809-814.

M.R. Rixom & N.P. Mailvaganam, *Chemical Admixtures for Concrete*, 3ᵉ édition, E and FN SPON, Londres, Royaume-Uni, 1999, 437 p.

L.R. Roberts & P.C. Taylor, "Understanding Cement – SCM – Admixture Interaction Issues", *Concrete International*, 2007, vol. 29, n° 1, p. 33-41.

R.A. Rohde, Image created by Robert A. Rohde/Global Warming Art (2006), http://en.wikipedia.org/wiki/File:Greenhouse-Gas-by-Sector-png.

K. Sakai, "Contributions of the Concrete Industry Toward Sustainable Development", in Y.M. Chun, P. Claisse, T.R. Naik & E. Ganjian (dir.), *Sustainable Construction Materials and Technologies*, Taylor & Francis, Londres, Royaume-Uni, 2007, p. 1-10.

M. Saric-Coric, Ph.D. Thesis No 1349 (en français), "Superplasticizer/Cement//Slag Interactions – Concrete Properties", Université de Sherbrooke, Québec, Canada, 2001.

B. Scheubel & W. Natchwey, "Development of Cement Technology and its Influence on the Refractory Kiln Lining", *Refrakolloquium '97*, Refratechnik GmbH, Göttingen, Allemagne, 1997, p. 25-43.

J. Schlaich, "Quality and Economy, Concrete Structure for the Future", *Proceedings of IABSE Symposium*, Versailles, IABSE-AIPC-IVBH, Zurich, Suisse, 1987, p. 31-40.

E. Schrader, "Statistical Acceptance Criteria for Strength of Mass Concrete", *Concrete International*, 2007, vol. 29, n° 6, p. 57-61.

Y. Shao & C. Shi, "Carbonation Curing for Making Concrete Products – An Old Concept and a Renewed Interest", in *Proceedings of the 6ᵗʰ International Symposium on Cement and Concrete*, 2006, vol. 2, p. 823-830.

C. Shi, & Y. Wu, "CO_2 Curing of Concrete Blocks", *Concrete International*, 2009, vol. 31, n° 2, p. 39-43.

J. Skalny, S. Mindess & A. Boyd, "Materials selection and proportioning for durability", *Proceedings of the Anna Maria Workshops 2003: Testing and Standards or Concrete Durability*, in *Materials Science of Concrete: Special Volume on Concrete Technology*, The American Ceramic Society, 2006, p. 59-64.

G. Skripkiunas, A. Grinys & B. Cernius, "Deformation Properties of Concrete with Rubber Waste Additives", *Materials Science (Medziagotyra)*, 2007, vol. 13, n° 3, p. 219-223.

N. Spiratos, M. Pagé, N.P. Mailvaganam, V.M. Malhotra & C. Jolicœur, *Superplasticizers for Concrete*, Supplementary Cementing Materials for Sustainable Development Inc., Ottawa, Canada, 2003, 322 p.

H.H. Steinour, "Some Effects of Carbon Dioxide on Mortar and Concrete – Discussion", *Proceedings of the American Concrete Institute*, 1959, vol. 55, p. 905-907.

A. Tagnit-Hamou, Communication personnelle, 2008.

A. Tagnit-Hamou & A. Bengougam, "The Use of Glass Powder as Supplementary Cementitous Material", *Concrete International*, 2012, vol. 34, n° 3, p. 56-61.

A. Tagnit-Hamou & S. Laldji, "Development of a New Binder Using Thermally-treated Spent Pot Liners from Aluminium Smelters", SP-219, American Concrete Institute, Farmington Hills, MI, États-Unis, 2004, p. 145-459.

M.M.R. Taha, M.M. Abdel-Wahab & A.S. El-Dieb, "Rubber Concrete: a New Addition to Polymer Concrete", in N. Banthia, T. Uomoto, A. Bentur & S.P. Shah (dir.), *Construction Materials*, Proceedings of ConMat '05 and Mindess Symposium, Vancouver, Université de Colombie-Britannique, Vancouver, Canada, 2005, CD-ROM.

P. Taylor, "Performance-Based Specifications for Concrete", *Concrete International*, 2004, vol. 26, n° 8, p. 91-93.

E.I. Tazawa, "Unit Process of Shrinkage Behaviour Based on Dynamic Analysis of Cement Paste in Different Maturity", Communication personnelle, 2000.

P.D. Tennis, "Portland Cement Characteristics – 1998", *Concrete Technology Today*, 1999, vol. 20, n° 2, p. 1-3.

The Concrete Centre, "Sustainable Concrete", The Concrete Centre, Surrey, Royaume-Uni, 2007.

M.D.A. Thomas, D. Hooton, K. Cail, B.A. Smith, J. de Wal & K.C. Kazanis, "Field Trials of Concrete Products with Portland Limestone Cement", *Concrete International*, 2010, vol. 32, n° 1, p. 35-41.

I.B. Topçu & T. Bilir, "Effect of Bottom Ash as Fine Aggregate on Shrinkage Cracking of Mortars", ACI *Materials Journal*, 2010, vol. 107, n° 1, p. 48-56.

A. Turatsinze, S. Bonnet & J.L. Granju, "Positive Synergy between Steel-fibres and Rubber Aggregates: Effect on the Resistance of Cement-based Mortars to Shrinkage Cracking", *Cement and Concrete Research*, 2006, vol. 36, n° 9, p. 1692-1697.

A. Turatsinze, S. Bonnet & J.L. Granju, "Potential of Rubber Aggregates to Modify Properties of Cement-based Mortars: Improvement in Cracking Shrinkage Resistance", *Construction and Building Materials*, 2007, vol. 21, n° 1, p. 176-181.

M. Valles, *Éléments d'analyse statistique – Application au contrôle de la qualité dans l'industrie du béton*, Monographie n° 4, CERIB, Paris, 1972, 64 p.

M. Venuat, *Adjuvants et Traitements, Techniques d'amélioration des ouvrages en béton*, publié par l'auteur, 1984, 830 p.

V.H. Villarreal & D.A. Crocker, "Better Pavements through Internal Hydration", *Concrete International*, 2007, vol. 29, n° 2, p. 32-36.

S. Watanabe, Y. Masuda, H. Jimmai, S. Kwoiwa & S. Namiki, "Development and Application of Quality Control System Based on Careful Selection of Coarse Aggregate for High Strength Concrete", 3rd Symposium on *Non-traditional Cement and Concrete*, V. Bilek & Z. Kersner, Brno, République Tchèque, 2008, p. 793-802.

S. Weber & H.W. Reinhardt, "A New Generation of High-Performance Concrete: Concrete with Autogenous Curing", *Advanced Cement Based Materials*, 1997, vol. 6, n° 2, p. 59-68.

A. Weir, Communication personnelle, 2010.

D.A. Whiting & M.A. Nagi, *Manual on Control of Air Content in Concrete*, PCA R8D Serial No. 2093, Cement Association, Skokie, Illinois, États-Unis, 1998, 42 p.

Y. Xi, Y. Li, Z. Xie & J.S. Lee, "Utilization of Solid Wastes (Waste Glass and Rubber Particles) as Aggregates in Concrete", in K. Wang (dir.), *Proceedings*, International Workshop on Sustainable Development and Concrete Technology, 20-21 mai, Beijing, Chine. Iowa State University, Ames, Iowa, États-Unis, 2004, p. 45-54.

J.F. Young, R.L. Berger & J. Breese, "Accelerated Curing of Compacted Calcium Silicate Mortars on Exposure to CO_2", *Journal of the American Ceramic Society*, 1974, vol. 57, n° 9, p. 394-397.

C.J. Zega, Y.A. Villagran-Zaccardi & A.A. Di Maio, "Effect of Natural Coarse Aggregate Type on the Physical and Mechanical Properties of Recycled Coarse Aggregate", *Materials and Structures* (RILEM), 2010, vol. 43, n° 1-2, p. 195-202.

Textes réglementaires

ACI COMMITTEE 116, *Cement and Concrete Terminology*, American Concrete Institute, Farmington Hills, Michigan, États-Unis.

ACI Standard 214 R-02, *Recommended Practice for Evaluation of Strength Test Results of Concrete* (re-approved 1997) ACI Manual of Concrete Practice, Part II, p. 1-20.

ASTM Manual series MNL 7 (1990), *Manual on Presentation of Data and Control Chart Analysis*, 6th Edition prepared by Committee E-1 on Quality Statistics, 106 p.

BS EN 8500-2: 2002, *Concrete – Complementary British Standard to BS EN 206-1: Specification for Constituent Materials and Concrete*, British Standards Institution, Londres, Royaume-Uni, 2002.

Canadian Standard CSA A23.1 and A23.2, *Concrete Materials and Methods of Concrete Construction*, Canadian Standards Association, Toronto, Ontario, Canada, 2004.

National Master Specification, *Cast-in-Place Concrete*, Section 03 30 00, Public Works & Government Services Canada, 2006.

NF EN 197-1 – *Ciment – Partie 1 : Composition, spécifications et critères de conformité des ciments courants* – AFNOR, avril 2012.

NF EN 206-1/CN – *Béton – Spécification, performance, production et conformité* – AFNOR, décembre 2012.

Index